集人文社科之思　刊专业学术之声

集 刊 名：中国社会工作研究

主办单位：中国社会工作教育协会

Vol.20 China Social Work Research

第20辑

集刊序列号：PIJ-2002-002

中国集刊网：www.jikan.com.cn

集刊投约稿平台：www.iedol.cn

中文社会科学引文索引（CSSCI）来源集刊
CNKI 中国学术期刊网络出版总库全文收录

中国社会工作教育协会 编

中国
社会工作研究
China Social Work Research

第二十辑

王思斌 主编

社会科学文献出版社
SOCIAL SCIENCES ACADEMIC PRESS (CHINA)

致 谢

《中国社会工作研究》的出版得到了香港凯瑟克基金会的慷慨资助，特此表示感谢。

ACKNOWLEDGEMENT

The publishing of China Social Work Research has been generously funded by the esteemed Keswick Foundation Ltd., Hong Kong.

中国社会工作研究　　　　　　　　　　　　　　第二十辑

China Social Work Research　　　　　　2021 年 12 月出版

中国社会工作研究　第二十辑

第 1~30 页

© SSAP，2021

迈向整合范式的社会工作：超越科学
与艺术范式之争[*]

刘　莉　何雪松^{**}

摘　要　社会工作的专业信心与合法性危机主要根源于独立理论的缺失与多元认识论的模糊。如何构建统一且独特的知识框架是社会工作历经百年发展的实践反思与理论自觉。本文聚焦中西方社会工作对理性的科学范式与浪漫的艺术范式的争辩与分歧，从认识论、方法论、实践取向及其不足之处进行梳理和总结，尝试建构社会工作的整合范式，重申社会工作科学、艺术、政治等多元属性，弥合社会工作发展的范式分野，以此回应理论指导和实践需要，并为中国社会工作理论建设开启新的想象空间。

关键词　社会工作　科学范式　艺术范式　整合范式

一　问题的提出：两种范式的对立

发轫于西方，以利他主义为核心、以科学助人为方式的社会工作

---

*　基金项目：国家社会科学基金重大项目“社会治理背景下我国社会工作行动本土化理论框架与实践体系研究”（16ZDA084）。

**　刘莉，华东理工大学社会工作系博士生，刘莉，362895321@qq.com；何雪松，华东理工大学社会工作系教授、博士生导师，cedarhe@ecust.edu.cn。

专业，至今已历百年。与西方社会工作起源类似，中国社会工作的引入与发展也是出于社会转型背景。改革开放以来，中国社会急剧转型，日常生活、经济发展与社会秩序均面临新的挑战。中共十六届六中全会提出的"建设宏大的社会工作人才队伍"，是社会工作的一个重要发展契机，社会工作逐渐成为国家制度结构的有机组成部分，与社会建设、社会治理以及和谐社会等宏大叙事密切关联，逐渐走入大众视野。然而在中西方，不管是教育发展、从业人数攀升还是社会工作组织的扩张，依然无法消除源于社会大众和专业内部对社会工作专业绩效和优势的质疑和反思，如缺乏连贯的理论基础、职业化阻隔以及专业无法应对当代挑战等，这些意味着社会工作在专业信心与专业效能上面临危机，甚至有学者提出要终结社会工作（Maylea，2021）。尤其是在理论方面，社会工作理论的缺位或者理论"弱"已成为学者与实务工作者的共识，这主要有两点原因。第一，社会工作理论多是"拿来主义"，医学、精神分析、心理学与社会学是其理论借鉴的主要来源，这与西方社会工作注重临床个案的实践传统有关，所以在实践中对于社会工作的定位也比较模糊。但实际上社会工作的研究领域十分广阔，研究价值更是突出指向社会的公平正义。此外，作为实践者认为社会工作是实践性的专业，经验干预与实操价值优先，应当悬置理论指导，甚至在实务中去理论、反理论（文军、何威，2014），但忽视社会工作理论无疑会极大地阻碍社会工作的发展。第二，专业多元主义导致社会工作实践困境。社会工作对不确定性、复杂性、独特性以及价值冲突性的觉察，已经导致了专业多元主义的出现（舍恩，2007：33）。社会工作关于专业角色、价值伦理、知识与技巧的互相争论，业已构建出实践本质的多元化与不断转换的复杂意象。社会工作多元的理论观点，在不确定性和价值冲突性的情境中发挥着阐释功能，但于实践者而言，矛盾和多样的理论基础却带来了困境，他们必须在诸多取向中选择一个去实践；而理论内部的紧张，又导致其在解决问题时，难以提供一致的答案，这极大分散了社会工作者的注意力，阻碍了社会工作的专业化发展。为回应质疑和挑战，中外学者越来越多地关注到社会工作的学科意识和理论意识，探索理论模式的整合与方法的调适，希望社会工作在解析社会困顿、解释社会运作和解决社会问题上表现出更强的穿透力、批判力和更丰富的想象力。

当我们试图厘清社会工作的知识来源与实践传统时，社会工作是科学还是艺术的讨论已成为不可忽视的主流。社会工作中科学与艺术的分庭抗礼来源于它对个体与社会双重关注的对立，以及与社会工作话语中随处可见的内在－外在、直接－间接、临床－行政、宏观－微观、主观－客观、专业主义－管理主义等二分话语紧密连接（文军、吴越菲，2016）。这种非此即彼的二元对立使得知识共识与干预探索变得松散，阻碍了知识积累的连续性。目前学界对从何种角度和层次去理解社会工作的科学性与艺术性的概念和意义还有待廓清。同时，社会工作实践的问题和差距的存在也反映了对社会工作属性的偏差理解，有知识扩张的冲动和知识扩散的迹象，但缺乏知识生产的中心和累积。因此，基于社会工作范式与实践传统的分裂与对垒，本文在国内外研究基础上，试图从理性的科学范式与浪漫的艺术范式在认识论、方法论、实践取向及不足等层面剖析两种范式的优势与差异，并提出社会工作的整合范式。

二　社会工作的科学范式及其局限

库恩认为，范式是一种对本体论、认识论和方法论的基本承诺，回答了事物存在的真实性问题、知者和被知者之间的关系问题，以及研究方法的理论体系问题，是共同体成员围绕特定学科或者专业领域所建立的共同信念（库恩，1981）。社会工作在日常实践和认知逻辑方面也存在一定公认范式，这些理论和原则对社会工作专业共同体起规范作用，并协调其看法和行为方式。

（一）　实证传统：科学范式的哲学基础

当代对认识论的思考使社会工作科学和研究与逻辑实证主义统治下的科学理想不那么遥远。实证主义肇始于法国哲学家奥古斯特·孔德，他基于经验主义，汲取西方众多哲学家思想，创立了实证主义体系，将自然科学的思路应用于人类社会，将科学革命的原则应用于实际的社会目的。实证主义主张现实是客观、唯一的实在，推崇用观察与实验的科学方法来研究社会、揭示规律，强调研究者与研究客体的独立性，以保持知识与科学的统一。1917年，社会工作科学化的先驱者里士满在《社会诊断》一书中开宗明义，社会诊断是一个科学的过程，在服务过程中，需要提供科学的诊断、评估与鉴定，自此"成为科学"是社会工作不懈追求的目标。加之弗莱克斯纳对社会工作专业性质疑的声音久久萦绕，刺激社会工作坚定走向"实证"之路。第二次世界大战后，从英美到北欧，社会工作同仁寻求专业地位合法性的努力都与科学知识有关（何国良，2017）。20世纪80年代以后，西方社会进行了福利政策与福利体系改革，市场成为分配资源的主要机制，从政府支持到市场竞争，社会工作有效性日益得到承认。在此背景下，循证实践成为社会工作发展主流，实证主义作为循证实践的主要哲理基础，明确体现在社会工作的理论体系和实践架构中。

在2011年美国南加州大学社会工作学院举行的"塑造社会工作科学"的研讨会上，布雷克（Brekke，2012）提出社会工作即将/应该是一门科学，因为社会工作有自己的科学大纲：领域、核心构造和品质特征。这激起了学术界对社会工作科学性探讨的浪潮，并主要集中在三个方向。一是认可社会工作作为一门科学的路径，并从认识论与方法论等层面进行论证，尤其强调方法对理论极为重要，是塑造社会工作科学的关键。郭申阳（Guo，2015）认为定量方法对社会工作的科学性有重要意义，定量研究人员的首要任务是遵循实证主义/后实证主义原则，用实证数据检验理论，以提高社会工作研究的严谨性，推动科学知识库的产生。在社会工作研究和实践中，社会调查与统计、社会实验等实证方式也被广泛使用。二是像布雷克一样，认为社会工作是一门跨学科的行动科学。行动科学在社会工作中构建了知识文化的潜力，是实践中关联科学知识和构建专业身份的必要基础。社会工作科学作为一种应用科学，需要通过合作来构想社会工作科学与实践的耦合（Sommerfeld，2014）。尽管区分社会工作科学与其他科学具有难度（Marsh，2012），但社会工作因其独特的生物、心理、社会视角能够给跨科学团队提供有关社会因素的相关知识，如社会工作在健康与疾病中对社会因素研究的贡献。三是否认社会工作已经做好科学的准备，社会工作更应该去利用科学。肖（Shaw，2014）的观点具有代表性，首先，要考虑社会工作的参考框架、利益共同体，或者包容边界应该是什么；其次，在什么意义和层次上，认识论和本体论的一致性对作为科学的社会工作是必不可少的；最后，在何种意义上社会工作应该被视为一门学科。她认为，我们应该像做相反的事情一样，坚持不懈地使社会工作对科学产生影响，因为对社会工作科学的追求远没有那么丰富的想象力和深远影响。目前，社会工作有多元的认识论与方法论，尤其方法的多元令人感到不安，并且循证运动的"证据层次"存在质疑，社会工作科学的适当领域也难以界定（Anastas，2014）。

与此相反，有学者认为不论是研究还是作为福利事业体系，社会工作需要一个动态的、自由的范式，以此不断调整自身去适应包罗万象的社会事实与服务供应，不需要规范性的概念或研究规则，去定制一个标准型的科学知识体系。事实上，"塑造科学社会工作"的倡导人布雷克就已承认社会工作对科学知识的贡献相对有限，并落后于护理学、临床心理学和精神病学等邻近学科。因此，社会工作团体不得不从知识的角度来定义专业的独特性，在其他社会科学的背景下建立身份和地位。格莱泽（Glazer，1974：346）根据知识技术的专精化，将专业划分为"主要专业"与"次要专业"。主要专业由一个明确目标所规约，在稳定的体制脉络中操作执行，它们的背景是系统化、基础性的知识，科学知识则是这些知识的原型。相反，次要专业的学科是不严谨的。模糊的目标、变动的实践脉络以及不固定的专业知识内容，并未发展出系统化的、科学的专业知识基础，其必须依赖和效仿优势学科的知识和理论。社会工作作为一项专业实践，目前所需知识体系几乎都是"他山之石"，很可能沦为次要专业。总的来看，虽然社会工作在认识论和方法论上存在的分歧从未终止，但其从未放弃对专业"科学性"这一核心目标的追求，因为立足于"科学的"社会工作从根本上区分了专业社会工作与非专业的助人活动，这也是学术化过程的核心（Shaw，2014）。这一观点暗示了社会工作应该依靠实证研究，以科学理念和方法解决社会问题，并在社会认知与知识层面达成普遍共识。

（二）实践倾向：证据为本与精准管理

受到循证医学科学主义的吸引，社会工作实践赞同并模仿医学和心理学，循证科学成为社会工作行业的主流范式，大多数社会工作者投身于心理治疗事业。社会工作中的"循证实践"是"最佳研究证据与临床专业知识和患者价值观、偏好的整合"。其中"最佳研究证据"主要来自基础和应用科学的临床研究。循证实践作为一个综合决策过程，旨在提高社会工作的干预成效（Drisko & Grady，2012）。区分于传统实践模型，循证社会工作致力于寻找治疗效果的经验证据，向来访者提供治疗替代方案，并允许服务对象做出最终决定（McNeece & Thyer，2004），这凸显了社会工作的独特性和专业优势。循证社会工作实践主要聚焦直接的临床诊断和微观服务，如医学、精神卫生领域。对"最佳证据"的强调，表达了循证实践的科学诉求。该范式下的社会工作服务，坚持经验临床和证据为本的实证主义实践观，分析倾向还原论与标准化，强调问题个体归因。证据为本的专业实践不受偶然性和个体性经验影响，为了在实践中找到最佳的操作架构和可被复制的干预策略，社会工作者需要进行多次假设分析和收益比较，以此确定衡量实践的尺度。在干预过程中，社会工作者坚持价值中立，他们与服务对象之间形成的是一种普遍的专业性关系。在此过程中，社会工作更多是对科学的使用，而非以一门科学的身份出现。循证社会工作受到赞誉的同时，在日常实践中也面临诸多挑战。许多人将实证研究视为客观知识的主要来源，越来越倾向于将"证据"等同于研究结果，而忽视了客户/服务对象的价值观和偏好（Gilgun，2005；Drisko & Grady，2015）；任务导向的行政管理和技术实践在一定程度上阻碍了社会工作对隐性知识和内在经验的获取，除了临床知识，准实验、质性研究和案例研究等非实验研究对于确认概念化、识别有效性也至关重要（Rubin，2014）。此外，循证社会工作在社区实践、行政实践和社会政策等宏观社会工作层面涵盖明显不足（McNeece & Thyer，2004）。

然后，新自由主义和新管理主义的影响日益加强且波及社会服务领域，社会工作总体发展趋势从政府官僚机构内提供的服务转向受管理的官僚机构服务，多由政府资助和立法决定。政府购买服务的兴起为社会工作科学范式提供了一个发展机会，服务外包和项目化运作促进了社会工作的精准管理。精准管理是以"证据"和"量化"为基础的。核心要义是不断细化、量化服务目标，明晰责任主体、行动方案，采用科学的管理原则，降低目标与结果之间的时间成本、资金成本和风险成本，提高服务管理的效率和成效。社会工作服务作为政治中的一种商业模式，每个从业机构都在争夺有限的政府预算资源。面对公共服务私有化和购买服务资金减少的困境，社会工作需要利用有限资源来界定和干预不断变化的社会现实。基于成本控制、行政效率和绩效考核，以科学的程序和标准开展社会工作服务，成为社会工作从经验管理转向规范管理的有效体系之一。与西方一样，中国专业社会工作的发展主要依靠政府购买服务实现，通过项目化运作，服务以科学实证主义为实践导向，精准化的科学管理在项目化运作中得以强化，促进社会工作朝技术化、标准化的方向发展。与此同时，以成效考核和组织管理为核心的"技治主义"日渐凸显。尤其是伴随政府购买服务规模的扩大，迫于政府问责和绩效考核压力，文本管理、量化服务成为主要应对任务，提高收益、追求效率成为社会工作专业合法性的保证（何雪松、刘莉，2021）。嵌入行政权力网络的社会工作逐渐成为一项治理技术，呈现"外部服务行政化、内部治理官僚化和专业建制化"（朱健刚、陈安娜，2013）。要而言之，社会工作的案例/项目管理实践是一种基于量化、操作化的目标与结果、成本和绩效等多维度来推进的。然而，社会工作采用精准管理也使自身引入了新的控制。为提高社会工作的"生产力"，业务导向的运营管理和信息技术系统的监控模式，被应用到社会工作劳动过程中（Harris，1998），社会工作劳动的程序化和商品化成为新兴趋势（Howe，1994）。面对政府规范、培训和绩效指标的管控，社会工作决策更多以法律、程序和规则来取代专业的自由裁量权。在此过程中，社会工作更多是对社会生活的控制和监管，而不是承担更广泛的社会福利责任，通过积极倡导、争取权益，参与公共政策制定，以减轻管理主义行政化和官僚化对社会工作的影响（Morgan & Payne，2002）。

（三）意外后果：科学范式的不足

科学是一种经验分析型知识，旨在理解物质世界的规律性本质，并通过技术控制实现物质资料和社会再生产（特纳，2001：244）。伴随互联网、大数据和人工智能等新技术浪潮的涌现，社会工作的科学范式得到进一步深化，社会工作标准化与技术化合作更加纯熟，能够更为快速抓取实务和评估"证据"，甚至将决策权赋予科技，以寻求最佳的行动路线来回应个人与公共困境议题。作为工具实证主义的有效使用者，社会工作的科学范式在现代化社会中日益受到来自学科内外的双重挑战。一是社会工作内部的极端专业主义，过分强调将问题归因于个体，而忽视了社会结构的影响。科学范式的推崇者希望将社会工作变成一个负责任、有担当以及客观化的专业，但如果只是以面向证据的知识来为自己的专业行为决策，对于外来压力，如政治要求、机构原则、个人喜好等皆悬置不顾，就会导致社会工作成为数据为本的形式框架，专业灵活性及自主性没有发挥的空间（何国良，2017），从而对实务提供、知识生产以及预期受益产生影响。此外，社会工作已有的准备不足以掌握和使用"循证实践"的理念及方法，机构文化倾向官僚程序，并畏惧出错，社会工作者对研究工作及成果的怀疑和抗拒等也影响对科学范式的信任（Gray et al.，2013）。二是代表着现代性方法论的实证主义随着自身内在矛盾爆发而逐渐受到人文主义范式的攻讦。现代性本身充满着张力，体现为理性化与自由主义、工具理性与价值理性之间的矛盾难以调和。进入21世纪，现代化谬论后果越来越以极端的形式表现出来，多样性与选择性伴随碎片化和两极化不断增加，社会与政治生活不再是按照传统的身份和共同的价值观来组织，社会冲突更加剧烈，社会利益取向更为广泛。各种形式的极端现代主义已经用"占统治地位的"科学观点代替了科学知识与实践知识之间宝贵的协作，科学的技术旨趣只是满足了人类利益的某一方面，"成为专家及其机构争夺制度霸权的政治斗争的一部分"（斯科特，2004：426）。后现代主义则从代表性、权利和既得利益、连续性三个方面，攻击了现代性对科学的信仰，否定了任何知识体系的特权地位。后现代主义强调，作为人类的创造物，知识与它得以产生的环境是相关的，并且是伴随产生的（特纳，2001：243～246）。长期以来存在于社会科学尤其是社会学中的科学主义深刻影响了社会工作的发展，但学科有别，社会学关注社会运行机制，更强调客观性阐释，与科学范式的内在机理不谋而合；而社会工作本身起源于人道主义，为因个体或社会结构导致的弱势和边缘群体提供专业帮助，助其自身发展与实现社会融入，充满着感性与责任。科学范式的社会工作从一种客观而冷漠的角度将需要帮助的个人或群体看作质点或数据，获得让人"变好"的结果数据而非关注改变的具体进程，被视为服务的首要目标，忽视了服务对象的主体性发展。

社会工作内部张力是学科本身对科学范式的否定或修正。社会工作在内外双重张力的作用下，科学范式的不足日渐明显，而与科学范式相反的艺术范式则应运而生，为社会工作的发展带来了新的认识论与方法论基础，形成了新的发展动向。恰如库恩（1981：345）所言，艺术发展中并没有科学的内在疑点，科学传统在它日益无力解决疑点，不能完成自己的使命时，就会陷入危机。

三 社会工作的艺术范式及其限制

社会工作一直缓慢接受其与艺术的理论联系，更多将艺术作为一种浪漫化的创造性概念。英格兰等人（England，1986；Siporin，1988；Goldstein，1992）较早地关注了艺术与社会工作的关系。社会工作作为一种艺术形式，激发了实践者的想象力、创造力和直觉能力，相对于科学在提供技术和改进工具上的贡献，艺术在社会工作的核心价值观、有效沟通、意义关系等方面有着重要影响，并可在治疗过程中为服务对象和从业者创造一种审美体验。赫斯和博斯（Huss & Bos，2019）主编的《社会工作实践中的艺术——理论与实践：国际视野》，是国际上系统论述艺术与社会工作关系的著作，主要阐述了艺术与社会工作之间的理论联系，并结合来自世界各地的微观和宏观社会工作中的艺术实践案例，展现了艺术在不同文化环境中的适应和应用、所需的技能和实践知识，以及艺术在干预社区发展、推动社会变革中发挥的重要作用，再造了关于社会工作的想象（Huss & Bos，2019）。新自由主义和新管理主义的勃兴影响了社会工作与艺术进行联结的理论与实践探索，而临床科学、循证运动、评估干预模型日益成为主流。尽管如此，在过去30多年里关于社会工作的艺术属性的争辩和理论应用一直没有停歇。艺术范式受到社会工作科学范式影响并与之对话，为21世纪社会工作重新定义提供了可能。

（一）实证传统之外：艺术范式的哲学基础

艺术经常以"科学"的对立面出现，而其背后有着不同的认识论基础。实证传统之外的哲学基础被看作探索艺术范式的重要思想资源，它们强调体验与领域，更加注重情境。本文主要从人文主义、社会建构以及社会批判理论等方面，来探讨作为艺术范式的哲学传统。

社会工作自诞生以来，一直受到西方人文主义思想的影响。人文主义（Humanism），是针对某种文化（神本位和物本位）偏僻而兴起的一种哲学思潮和世界观，产生于中世纪的文艺复兴运动。布洛克将人文主义视为一种传统，一种关注"人"和"人的经验"的传统（布洛克，1997：5），其核心含义是把人置于一切事物和秩序的中心，强调人的独立性和创造能力。西方人文主义历经文艺复兴、现代人本主义和后现代人本主义三个阶段，尤其是后现代主义进入话语体系，具有明显的反制科学的性质。人文主义具备浪漫主义的艺术特征，与艺术有着特殊的关系，并应用于各种艺术形式，能够将文本创作、语言建构和价值导向进行关联、融合，并对现实主义进行解构。艺术与人的自由和解放紧密连接，是对爱欲的承诺，所承担的使命是同社会压迫斗争，与常规疏离，揭示现实中的禁锢和压制，将单向度的人从科学异化和技术控制中解放出来（马尔库塞，1989）。艺术范式的社会工作在人文冲动中找到了自己的独特生存空间。社会工作是一门内含价值的生成性学科，关注人的存在和价值。艺术范式的社会工作尊崇人文主义，坚守以人为本的哲学理念，反对暴力歧视、主张自由平等。人文主义在中国有着深厚的传统，这种传统是建立在儒、释、道融合构筑的哲学基础上的，尤其是儒学的人文主义构成了中国传统人文主义的主流，并决定了中国的求助关系和助人行为不同于西方以理性主义为主导的工作模式，中国亟须建立人文主义的社会工作模式（王思斌，2001）。在知识上，人文主义认为社会工作是反思的知识，要回到"人本"的知识倾向，强调知识生产场域的自主性。受人文主义影响的社会工作理论有人本主义理论、存在主义理论、灵性视角以及优势视角等。

社会建构主义，作为一股影响力很大且极具争议的学术思潮，在社会科学领域发展较为晚近，包括科学知识社会学、现象学社会学、常人方法学、符号互动论以及女性主义理论等。社会建构主义逐渐进入社会工作领域，凭借其对主流实证传统比较彻底的批评，成为一种替代性的认识论基础（何雪松，2005）。社会建构主义的基本观点认为社会是被人建构的，可以通过实践创造改变社会。知识生产和理论发展具有历史、文化的特殊性，真理只有置于情境和关系中才能被理解。在应用层面，社会建构主义借社会问题研究得以扩展和说明，其核心命题"建构社会问题"，深刻影响了社会问题的认定、教育与学习的过程以及助人实践，对重新反思科学与社会的关系大有裨益（苏国勋，2002）。在社会工作领域，建构主义与后现代主义在一定程度上有共同的脉络，它们反对中心化、整体性叙事，认为人类只能发现"微观的小故事"，试图寻找模式化的关系和宏观的历史规律是不可能的（何雪松，2007）。社会建构主义否定科学宣称的存在外在的现实和本质，并认为经验世界是杂乱无序的，没有任何一种理论可以知晓全部，也无法在各种理论解释中获取共识。社会建构主义还认为，任何事实都是相对和特殊的，其关注共识形成的社会情境与权力关系。这一思想构成了社会工作艺术范式的认识论和方法论的重要基础，并深刻影响了社会工作的理论和实践，如叙事治疗、寻解治疗、优势模式。社会建构主义要求社会工作者树立批判意识，质疑生活世界中"习以为常"和"理所当然"的知识结构，不断反思自身价值立场，并对不确定性持开放态度。既然社会问题是被建构的，解决路径就是跳出原定叙事，重新界定问题并建构新话语体系。

　　社会批判理论，作为反实证主义传统的另一理路，促使社会工作重新审视理论模式与专业实践的定位。批判理论对资本主义和现代社会中的各种现实矛盾和不平等进行了猛烈抨击，主张通过推动革命来改造社会，以实现目标背后的哲学思考和人道主义关怀，即实现马克思所谓的人的全面自由发展（《马克思恩格斯选集》第一卷，1995）。在经典时代，批判理论成为工人阶级形成和确认合法性的行动指南。随着现代性内容的转变，批判理论从对意识形态的政治经济学批判转向对社会生活的文化批判，经历了马克思、新旧马克思主义以及其他批判理论思想的发展与交融，吉登斯将转向前后的两种批判理论总结为"解放政治"和"生活政治"（吉登斯，1998：246～270）。社会工作，作为一种批判的方法（Fook，2012），自诞生以来一直带有批判的传统。全球化的兴起和市场驱动的社会服务管理方法，已经威胁到社会工作批判实践传统的延续（Healy，2018），对批判性社会工作实践的需求相比以往更加紧迫。社会工作的批判理论借鉴现代主义与批判理论、后现代主义和后结构思想的方法，尝试与葛兰西、布迪厄、哈贝马斯、鲍曼等社会理论家对话（Garrett，2015），揭露不公正的社会结构对于社会生活的持续影响，质疑国家作用，动员边缘化群体和被压迫者一起参与政治，探索对抗特权、促进社会正义和结构变革的批判实践（Green，2020）。批判性社会工作在欧洲已成为一种合法的实践话语，且批判性实践领域具有多样性，包括对个体生命历程的洞察、心理健康和残疾挑战、受监禁影响的人、寻求庇护者等（Healy，2020）。

以人文主义、社会建构和社会批判为主的哲理流派构成了艺术社会工作的认识论基础，与之密切相关的社会工作理论，成为社会工作实践的核心。与实证传统主导的问题、缺陷、障碍等实践导向不同，艺术范式的社会工作助人模式以发展的眼光，关注案主自身行为价值和社会情境脉络，反对专家话语霸权和专业简单分类，强调以直观、启发性的表现形式去推动社会变革。

（二）实践取向：注重情感与关系

艺术范式社会工作的实践取向不同于科学范式，更加注重对情感性和关系性的发现和建构，以此实现更好地助人。弗林（Flynn，2019）从作为治疗和治疗的辅助工具，作为个人治疗中相互作用的构建结果，作为恢复健康社区的社会投资以及作为加强社会规范、树立价值观和政治信仰的工具四个层面来区分和理解艺术的社会工作。艺术家与社会工作者可以围绕助人方式、人际关系、社会投资、社会意识形态这些方面进行合作，开展联合教育项目，进行项目开发和评估等活动以实现融合。

1. 作为表达与情感载体的艺术

作为情感与社会的表达，音乐、戏剧、绘画、雕塑、影像等艺术形式经常出现在社会工作实践中。艺术与社会工作的关系可以追溯到早期的赫尔大厦（Nissen，2019），在早期社会实验中，学习、创作和展示艺术的空间都是主要参考点。亚当斯（Adams，2005）和她的同事就曾介绍雕塑、绘画和精细建筑等表现形式，以及作为与移民合作的方法，并将其引入新的表达规范。作为实践的艺术，社会工作成为人们表达个人权利、提升个体能力与追寻成长意义的辅助工具（Flynn，2019），通过艺术表达困苦与逆境，来象征性地自我表达和互动以增强自身复原力。一直以来，社会运动与社会变革与艺术有着特殊关系

（Huss & Bos，2019）。艺术赋予个人、社区定义、想象和表达的力量，在揭示和反抗压迫结构与关系方面具有特殊价值和非凡潜力（Hocoy，2005；Timm-Bottos，2006；Grassau，2009）。作为交流工具，艺术可以传达社会不公，吸引关注与激发兴奋，建构意义和促进社会福祉（Adams，2002），增发各个层次的积极变革，增加解放的机会（Nissen，2019）。新兴艺术形式融入专业实践，扩展传统的工作方法，出现了更多感官的、面向行动与整合的策略，如摄影、音乐、舞蹈，以支持个体的自我表达、交流和反思。而艺术表达的本质在于情感传递和响应，因此，艺术范式社会工作离不开对情感的审视。社会工作是一项情感劳动，服务与介入的过程需要卷入社会工作者大量的情感，艺术提供了一种恰适的形式以进行情感输入。作为服务对象苦难与困境的情感表达，艺术成为结合工作、个人和情感的重要模式，成为社会工作主体情感行为的载体，表现了艺术情感的运思过程和审美发现。

2. 作为关系的艺术

社会工作实践艺术的表达以关系为基础。本文从研究对象、专业关系建立、专业关系保持、专业实践四个关键层面来阐释艺术范式的关系性。第一，社会工作的研究和介入对象是"社会关系"（里士满，2019；张昱，2019）。里士满对于个案社会工作的定义是"个案社会工作是一门艺术，用以调整个人与个人之间以及个人与社会之间的关系"（里士满，2019：8）。社会工作并非仅仅强调以个人为中心的救济，更强调以社会关系为对象的服务工作，调查、诊断、治疗的每个步骤都需放入关系脉络来理解，渗透着社会关系的作用，而个人或社区变革的核心也是服务对象关系网络的调整与改变（杨超、何雪松，2017）。第二，专业关系的创造、建立、引导。作为一种交际媒介，艺术可以增强社会工作者与服务使用者之间的交流，促进专业关系的构建。帮助边缘经验的表达，呈现服务使用者的社会背景，抵消特定的专业话语对传统的集体叙事的限制，这些叙事往往遮掩了缺乏资源的社会结构问题，并使压迫合法化。联结艺术实践，可以释放不安的经验，为服务使用者探索安全的可能性，摆脱惯习束缚以及痛苦的感知模式（Sindling，Warren，& Paton，2014）。第三，专业关系的保持。艺术为社会工作提供了一套创造性机制、一个过渡空间（Huss，2012，2018）。一是用于社会工作者与服务使用者以及决策者之间，使之保持一定的距离，避免服务和证据被政治化；二是社会工作者的关系调适。社会工作者在提供个案服务，处理各种社会问题时，需要卷入个人情感，潜在地面临很高的创伤传导、同情疲劳，以及其他类型的压力。艺术本质上是自我调节和富有弹性的，能够提供较不具体但成本低、自我可持续的替代方法，以解决创伤和同情问题，调节情绪，并为社会工作者提供一个安全控件，以此通过自己与他人的情绪反应来识别和工作（Huss & Bos，2019）。三是拓展社会工作关系，强调"当事者性"。只有服务对象和社会工作者都理解关系艺术的重要性，才能达致双方智识与情感的深层沟通，以及对社会工作服务更深入的把握（杨锃，2021）。第四，作为专业实践的关键。协同服务对象改变的过程就是艺术的过程，其中服务对象最本质的改变就是"关系"网络的调整，调整与自己、家庭、社区、社会等环境的关系，以此实现个人与个人、他者、社会的良性互动。可以说，社会工作本身就是关系的实践，变革的核心是服务对象的"关系网络"，如何建立、创造、反映和引导关系进行帮助本身就是一项艺术。在此过程中，社会工作者不是机械地回应问题的劳工，而是"创造审美"和"自我实践"的艺术家，推动社会工作理论和实践的创新（施旦旦，2020）。

（三）艺术范式的智慧、证据与障碍

"逻各斯"和"米提斯"是所有社会科学都会面对的两个问题，前者崇尚精密科学的秩序，以现代理性主义的认识论为前提，后者重视实用主义，强调在地化和情景性，二者的冲突既贯穿历史，又充斥当下。

1. 艺术范式的实践智慧

斯科特（2004）用"米提斯"来指称实践智慧。他认为，"米提斯"是将蕴含于地方经验中的各种知识形式与国家及其机构所使用的抽象知识进行比较的手段。其核心特征是不易言传与经验，适用于很多大体相似但又不完全相同的情况。从某种意义上说，实践智慧位于"天资灵感与被编纂知识间的巨大中间地带，前者根本无法使用任何公式，而后者却可以通过死记硬背学会"。与斯科特一样，英国哲学家波兰尼（2000）明确反对科学性的计划，认为诸精密科学属性的完全客观性是一种错觉，一种虚假的理想。长期以来的客观主义、官方教条式干预框架歪曲了世界万物，只能建立个人知识去恢复它们本来的面目。在他那里，个人性、默会性和寄托是个体知识认识论的三大支柱，在言传认识的背后真正处于主导地位、起决定作用的是默会认识。显性知识与科技知识可以用概念、命题、公式、图形等加以陈述，而默会知识与它们不同，一般不能通过系统表述，是一种身心合一的认识活动，依赖经验积累和直觉判断，需要"摄悟"，需要从细部觉察以理解整体。默会知识是大量存在的，我们生活于其中就像是生活于用自己的皮肤织就的衣服里一样。关于实践智慧和默会知识的表述，我们还可以从人类学家芮德菲尔德（2013：94～95）的"小传统"概念里获得启发。他认为"大传统"是处在庙堂之高的少数精英思考出来的，"小传统"则是自发地萌发出来的，然后"就在它诞生的那些乡村社区的无知的群众道德生活里摸爬滚打挣扎着持续下去"（芮德菲尔德，2013：95），相较科学范式的特权声音和宏大叙事，与艺术相关的"小传统"、实践智慧则和平头百姓们的日常生活紧密联络。

　　社会工作知识的获得与"个人知识""实践智慧"的建构特征相似。首先，社会工作是一门实践学科，其知识与技巧不能远离实践而只是书写和口头交流；其次，艺术的社会工作崇尚人的价值和尊严，强调个案的特有经历过程和成效，关注真实的多变性及复杂性，审慎对待被建构的科学主义理论思路，不接受社会工作规范的工作程序，依据具体情景化的场景，灵活行动和发挥功能。艺术范式与社会现实世界的各种情景高度相关。"米提斯"与"个人知识"离不开对地方性文化及其情景化的理解和重视，关注知识的生成条件和为其辩护的社会、历史、政治、经济、文化脉络以及背后的价值观。"情境性"是社会工作的重要特征，其特定任务与知识生产总是与特定的情景高度关联。与情景化紧密连接的是地方知识，地方知识不单指特定的、具有地方特性的知识，"地方性"除特定的地域意义外，更强调知识生成的特定情境、立场、视域、价值观等（吉尔兹，2000），就像所谓"正宗"的西方社会工作模式在本土落地并不顺利，中国人眼中的合情合理，在西式的教科书中得不到解释。重申地方性知识和实践智慧，旨在矫正科学主义泛滥的弊端，减少中心对边缘的统治，寻求专业与地方性知识的结合。应该说，艺术范式的社会工作能够保持个人自主、职业道德和知识自由，具有相对独立性和自治性。

2. 艺术范式的实践证据与制度障碍

探究艺术在社会工作中的重要性不可避免要回答：艺术是否与社会工作评估和研究有关；艺术能否为社会工作提供证据（Huss & Bos，2019）。相较科学的技术知识，社会工作的艺术范式能创造更具代表性的知识与情感表达，扩大捕捉研究参与者的实践经验范围。艺术范式还可以提供额外的研究数据，如肢体语言、视觉素材和情感变化等，这些往往是解决矛盾的关键且隐秘的线索。作为表达方式的艺术既可以是研究对象，也可以成为研究产品，便于交流与接触服务使用者（Bojner et al.，2017）。此外，艺术作为一种展示方式，使研究者能更好地获得体验的经验。

尽管已有研究表明作为艺术治疗的干预有效性可以被证明，但是这种证据似乎不足以适应文本主义和管理范式的要求。作为艺术价值使用的矛盾心理主要有两点：一是艺术干预的研究结果难以概念化和测量，缺乏将艺术融入实践的科学基础（Konrad，2019）；二是社会经验知识难以转化成知识应用，也难以传授。艺术范式的使用需要能够转化成知识应用与研究，如何由抽象到具体、从理论变革到行动策略，一直是艺术未被明确使用甚至边缘的原因。尽管专业与艺术的结合非常必要且极具积极潜力，但在实际上仍有阻碍，尤其是制度结构上的阻碍。被规划的、狭隘的制度环境压制了艺术技能以及专业向上的精神。艺术能为多领域的社会行动和临床干预提供信息，但是如果艺术环境、基本假设及其框架与服务使用者的经验现实不一致，福祉成果以财政为导向，以短期攻城心态为重点，并在实践使用上遭遇偏见，那么艺术的社会工作将无法有效地施展，艺术的有效性和持续性也将十分有限。因此，这也凸显了将社会工作科学范式与艺术范式进行整合的现实和理论的必要性。

四　迈向整合范式的社会工作

行文至此，关于社会工作实践本身是一门艺术，还是一门有结合可能的科学，出现了新的争辩（Bent-Goodley，2015）。在实践中，科学与艺术范式并非二元对立，已有研究者意识到社会工作科学与艺术的双重属性（Grady & Keenan，2014；Samson，2014）。基于科学范式与艺术范式的区别和联系，亟须发展一种新的范式来削弱二者两极化的紧张和对立关系。

（一）　科学范式和艺术范式的区别与联系

科学范式遵循工具实证主义的传统及其原则，实践取向是保守的、控制的、维稳的，带有一定的制度性功能。科学的技术主义是自上而下、需要被监管的，政府外包或是市场购买，有一套严格的考核与问责机制，需要按照计划行事和公开透明。科学的方法与探究能够加深对社会工作实践的认知，并系统地评估职业集体行动，为从业者和环境之间提供重要的联系，建立职业群体之间熟悉且共同的知识和理解基础，为实践创造一致性和可预测性，使从业者们能够在知识发展的基础上进行交流。与此相反，艺术范式的实践受到人文主义传统和社会建构主义的认识论的影响，在意识形态上是相对激进和解放的，认为这个世界是多元的、被建构的，没有统一的标准。艺术的社会工作，既要求以人为本，强调人的主体性，又要求社会工作者看到现实生活的复杂性和多样性，能够以纯熟、丰富的经验面对挑战。与临床、循证的程式化过程不同，社会工作是充满"米提斯"的活动，需要回应、临场发挥，以及专业技巧的逐次接近。艺术的社会工作实践常常需要思维活跃，实时反映参与者之间的互动，最终结果也是无法预先设定的。

运用科学的研究手段来证明干预成效是职业化与专业化发展的要求。科学知识是不证自明的，经由"严格的规则、原理和命题，精确且完整地表现出来"，是社会事实的清晰化，一旦发现就要被系统化、客观化和精确化表达和证实，因此科学知识很难自己添加新内容，知识生产相对封闭。艺术的社会工作作为另一种理念形式，在组织、实践、教授上与科学社会工作不同：艺术范式知识是在一定情境下的特殊，强调其发现、使用所处的具体情景，而科学知识是普遍场景的适用；科学知识是非个人化的、准确量化的一般惯例，关注考证"是什么"，而艺术知识关注个人直觉和技能，是短暂且不断变化、模糊且无法预计的，主要解释"为什么"，常常难以言明，不具备严谨的逻辑。这些差异也是二者不被综合交流的主要原因。

科学范式和艺术范式分别代表着收敛式思维和发散式思维，形成相互牵引的"张力"（库恩，1981）。这两种张力在理论上是分裂对立的，如果严格区分，社会工作的艺术与科学范式的分歧更多体现在认识论上，而在实践上二者很难分开，具有明显的互补性。科学与艺术思想看似平行，但通过变换观察角度可以看到二者互相重叠或渗入。社会工作科学范式彰显了实证主义的强大力量，艺术范式则弥补了科学范式的不足，加入了更多的个体性、情感性与特殊性因素，但艺术范式依然面临着实践中的显著性制度障碍。两种范式的张力程度提醒着社会工作范式是持续还是革新。基于科学范式的区别与联系，本文认为社会工作需要将科学范式与艺术范式联结，构建一种迈向整合性的知识体系，为社会工作发展提供更多综合性、系统性的力量，通过防止以往范式的割裂和盲点，从而全面覆盖社会工作应当发挥效用的领域。其中，实现整合的社会工作需以科学与艺术范式的转译以及二者的协同为基础。

（二）社会工作的整合范式及其意义

整合是当前社会工作理论应用的一个重要趋势（何雪松，2017）。可将已有研究主要分为社会工作的实践整合与理论整合两大进路。第一，实践的整合。一是社区本位的服务整合。该类研究坚持社区社会生态视野，关注社区关系重建，致力于社区网络的整体营造（文军、吴越菲，2015）。二是将"整合"作为一个概念分析框架，关注价值理念、实务操作和技术方法的反思与整合，如郭伟和（2019）整合了社会工作的结构主义、实用主义、实证主义三大实践研究传统；伯顿（Borden，2010）将社会工作的实践整合归纳为技术整合、共同因素视角以及理论整合三个方面；童敏（2009）针对社会工作专业化的矛盾和张力，指出关爱服务对象和提供专业化服务不能偏废，人与环境互动两者不能割裂，个案、小组和社区三大专业方法需要整合、价值理念与际服务方式需要融合。第二，理论的整合。这类研究一般从社会工作理论的基础来源、建构视角、建构内容进行分析与整合。文军、吴越菲（2016）基于中西方社会工作理论的发展，分别从理论范式选择、实务取向、技术方法、基本逻辑四个层面探讨整合理论的一般特征、应用处置原则，整合范式理论标志着社会工作理论体系从"多元竞争"发展到"多元统一"再到"内在有序"。综观现有文献，首先，整合社会工作服务具有明显优势，可以实现资源整合、工具整合、技术整合等；其次，不论是实践整合还是理论整合，都强调个体与社会的联结、互动以及关系的重要性；最后，学界对整合研究理路达成一定的共识，即理论体系从单一论到二元互动论，到建构论，再到整合论的发展路径。社会工作整合范式的探索方兴未艾，但尚未没有形成统一的理论基础与实践模式，尤其缺少基础性的理论建设。本研究在于从认识论、方法论、实践论等元理论层面进行"范式"梳理，基于"科学"与"艺术"两大范式的对立与互构，提出符合当前社会语境，尤其是中国语境的第三条道路"整合范式"，并认为整合范式是内在有序的发展状态，更注重整合范式的理论内涵的阐发。

整合范式的兴起基于以下原因：其一，社会工作理论的多样化与实务的趋同性日渐加强，多元整合态势越发明显，这是理论发展到一定阶段的必然；其二，单一理论模式存在不足，任何单一理论模式都只聚焦于社会现象的某些方面而忽视其他方面，创建具有整合意义的框架能够弥补这一缺陷，均衡内部差异；其三，服务对象的问题错综复杂，生活经验充满多样性，将不同理论的不同层面放置在一起，能够提升服务成效的可能性。社会工作整合范式的提出，旨在处理应用科学与艺术这两种不同范式的社会工作理论，以及在二者之上创建一种具有整合意义的理论。

整合范式以科学范式和艺术范式为基础，因此辨析二者在认识论、方法论和实践论等维度的差异是建构整合范式的基础（见表1）。根据词源学，认识论是关于科学的一种论说，今天主要用来指代认识的现代哲学理论，能够将特殊与一般、深入与浮浅、精确与近似、进步与传统的对立表达出来（巴罗，1999：1~5）。作为社会工作理论体系和具体实操的逻辑起点，整合范式的认识论基础是多元的，承认社会工作的实证主义、社会建构主义和批判主义传统基础，知识建构坚持中层理论取向和后实证主义立场，倡导对经验性的具体问题的研究，通过有限的中层理论发展出普遍性的理论体系。整合范式的认识论倾向于实用主义。实用主义（pragmatism）作为美国现代主流哲学思潮，主要被用以改造西方经验主义和理性主义两大传统（杜威，2002），第二次世界大战后逐渐在全世界扩展，实用主义社会科学随之构成了全球性的霸权知识体系（赵鼎新，2018）。实用主义的代表人物杜威主张以实验－行动为导向，将经验与自然、主体与客体统合起来，从行动效果上直接检验知识的价值（郭伟和，2019），理论传统是研究"有用行动"（刘平等，2018）。舍恩的专业实践理论秉承杜威的实用主义哲学思想，在持续的、复杂的、具有不确定的实践情景中，强调经验反思和行动反思（舍恩，2007：30~49）。从方法论来说，实用主义社会科学范式具有显著优势，很容易将本体性论述转化为经验层面的机制性论述，打通本体和认知/方法层面的联系（赵鼎新，2018）。实用主义的社会工作整合范式，关注各种差异性的经验现象和机制规律，承认社会问题的多样性和复杂性，不断反思理论与现实的差距；同时关注现实生活，把满足人的需求作为理论成功的指标（江怡，2004），体现了社会工作理论的能动性。在实践论上，作为一项开放性实践活动，整合范式自觉将科学的目标和艺术的手段相结合，以实用主义的情景预设作为行动研究的母体，整合科学知识和实践智慧，以此提升社会工作的专业性和有效性（郭伟和，2019）。尽管社会工作充满多样性和复杂性，但依然存在一定范围内的具有普适性的解释范式和行动方案。科学范式与整合范式之争在于科学实验（理论概念）与日常实践的差距，艺术范式与整合范式的分歧在于专业实践的"有用性"。整合的社会工作在科学与艺术之间架起一座桥梁，力求把艺术社会工作的零散经验、难以统一的标准与冷冽的科学观点系统化，蕴含了不同范式之间的沟通准备与合作意愿。

表 1　社会工作三种范式的辨析

分类	科学范式	艺术范式	整合范式
认识论	实证主义	实证传统之外	实用主义
方法论	科学实验、经验证实	体悟觉察、批判、反思	辩证的多元主义方法论
实践论	循证科学导向 规范性、标准化	注重情感和关系 强调情景和地方文化	科学为目标、政治为指导 艺术贯穿实践
实践取向	保守、控制	激进、解放	积极非激进
价值关怀	真	美	真、善、美
理性类型	工具理性	价值理性	中庸理性
实际效应	以结果为结果	以过程为结果	兼顾过程和结果的结果导向
不足之处	日益行政化	制度障碍	——

　　实践取向上，科学范式的标准化、规范化背后是控制、保守与稳定，就一定意义而言，实践旨在去社会变革，聚焦静态的临床个体变化；艺术范式的兴致在于解构原有的压迫、权力与控制，试图建构一个平权世界，实践充满激进性和解放性；整合范式认为科学与艺术的实践同等重要，反思微观实践的技术化倾向，同时推进组织建设、价值引领、政策倡导，关注社会结构性的挑战，基本态度是"积极而非激进"的（何雪松，2020）。部分激进主义学者提出"废除、终结社会工作"（Maylea，2021）以换取特定角色实属乌托邦式的专业构想，忽视了现实世界的复杂性，"积极而非激进"是在既定政治框架下的理性选择，对于理解社会工作本土化的社会历史脉络非常重要。价值取向反映了一个群体或学科的整体心态。科学的社会工作强调技术理性，注重效益最大化，价值关怀指向工具理性，强调社会工作的实用功能。在社会科学中，普遍将价值观视为潜在噪音，低估甚至忽视直觉、情感在有效实践上所发挥的重要作用。艺术的社会工作与情感、感性挂钩，依从道德行事，倚重价值理性，表现了社会工作的情感功能。社会工作关心"做"和"感觉"，难以做到真正的价值中立，但并不意味着社会工作要脱离理性的现实性，专业地位需要以科学知识作为干预技能的理论基础，使用科学方法成为社会工作职业建设的重要组成部分（Longhofer & Floersch，2014）。科学范式求真，艺术范式尚美，整合范式向善，"真－善－美"完整地构成社会工作的价值结构（王思斌，2018：1～14）。社会工作的实用属性与绩效合法性密切相关。在实际效应上，科学范式的社会工作以结果为首要，"以结果为结果"；艺术范式将本身作为目的，"以过程为结果"成为旨趣；而整合范式"兼顾过程和结果的结果导向"，强调经验事实和归纳，以效果和功能为行动原则。社会工作的整合范式作为一种再对比方法、一种"合成法"，是一种综合性的判断。作为"调和者"，却又容易被批评是折中主义，相对"普遍主义的宏伟""浪漫主义的真诚"，实用主义被认为是狡诈的、去道德化的（罗蒂、艾彦，2005）。"折中"，在哲学语义上是"有选择能力的"，折中是将来自各种不同源的概念进行"混合"与"配对"，是不同理论的互相挑战或互补，也是社会工作进行实务时不可避免会做的事（Beckett，2013：59）。因此，整合范式的社会工作选择艺术与科学的"中道"，叩其两端，允执其中，以中庸理性统摄专业理性。中庸理性与工具理性、价值理性有共通之处，却不完全相同。作为一种理性行动取向，中庸以整全的视野、节制的心态，求取恰如其分的最大化，使得理性沟通的价值共识得以可能。中庸，不是平均、庸俗和妥协，而是择善固执，以谋求行动体系和谐共处（张德胜等，2001）。整合范式的中庸理性具备工具性格，要求社会工作者对结构环境和互动关系有敏锐的觉察，拿捏分寸，兼顾情理。整合的社会工作需要更为开放的探讨，其意不在于机械地叠加科学和艺术，而是对具体问题具体分析的灵活探索，兼具二者之上或介乎其间，减少各自闭境自守。此外，整合的社会工作注意共性，追求规律而非抹杀个性，并非所有的社会因果关系都可以放入冷静的、可实验的框架中解释，尽管这是科学性的表现，像类似文化这种本身具有嬗递性、背景性以及无法言传地方性的知识，是无法通过现代科学标准化的构想与驯化的。因此，整合范式的社会工作需要不断协调实务、研究以及教育场域之间的关系，以适应开放、流动的专业场景需求。

（三）迈向整合范式：基于两种范式的转译和协同

20世纪50年代，斯诺（1994）就指出，科学和人文正被割裂成两种文化，科学和人文知识分子日益分化为言语不通、社会关怀和价值判断迥异的两个群体。这种分裂不仅是智力贫乏还关涉社会不公。社会工作的发展也受到两种文化的影响，尤其是在科技洪流中，认知科学、人工智能、大数据拉远了科学与艺术的距离，要促成科学与艺术的融合，就要破除对科技的盲目崇拜，改正敏锐思想只存在于艺术转瞬即逝的偏执。今天，重新审视"斯诺问题"的价值在于看到两者的分裂必然会妨碍教育、知识、社会发展，甚至将社会工作推至危险的境地。科尼什（Cornish，2017）通过对社会工作科学与艺术的实践考察，提出第三种文化——艺术与科学的融通，将科学的审视与独特的认识表达结合起来，有效汲取每种方法所提供的优势，尤其强调社会工作的"道德基础"和"伦理转向"。社会工作范式之争亦是身份的辩论，不仅在于知识基础的差异，还在于自身道德的基本认识，社会工作是一种有意识的道德实践。整合范式的特点在于其包含了多层次和复合性的文化结构，里面包括科学、艺术和政治，不仅强调科学和艺术的综融，还凸显道德和政治的属性。专业的即政治的。社会工作的政治性不单体现在微观实践中社会工作者与服务对象之间的动态权力关系（Hartman，1993），其政治性任务还在于倡导一种社会融合、追求社会公正的公民社会工作模式（Powell，2001）。相较于艺术范式强调对正式制度的超越和隐匿国家意识形态的揭示，在过度的政治判断边缘试探（Gray & Webb，2009），科学范式正在封闭的规范语境中努力克服政治恐惧，整合范式的政治性则主要以道德伦理和实践推动，强调政治性不是为了与国家、正式规则做对抗，而是在社会民主政治背景中，成全社会工作与国家社会福利的亲和。在西方福利国家，以英国社会工作为例，自 20 世纪中后期开始，社会工作就成为国家与社会的中介，以一种国家官僚化的专业劳动而存在，社会工作对社会福祉的道德关注，更多是以服务制度目的实践形式呈现（Derber，1983）。其实，不论是在西方还是中国，社会工作发展都离不开政治，并表现出政治关联性（何雪松、杨超，2019），政治语境对社会工作的影响具有强势性、导向性、选择性以及综合性。在中国社会治理中，只有当社会工作与社会、党政利益契合时，才能获取更大的制度性空间。但用政治取代知识并非可靠途径，因此善的维度还有"伦理"蕴涵。基于两种文化的差异，科学与艺术范式走向整合范式需要经由转译和协同来实现。

任何被实际应用的一般性知识都需要富有想象力的转译，尤其是社会工作，更需要将普遍的一般性知识进行转译。变动不居的社会万象、差异化的服务需求，以及难以标准化的实践知识都在挑战着社会工作的专业效力。科学范式的知识通过验证能够获得积累与技能保存，而实践的田野经验更能实现创新和扩散。学科和知识专业化的过度发展与分化，存在问题就是不能处理社会不同部分之间的相互作用和交换关系。社会工作者对艺术兴趣的激增，与其说是对战，不如说是一种平衡。接受循证实践是社会工作知识发展的必要条件，对实践艺术的捕捉和特殊时刻的记录也要抱持开放且谨慎的态度，不想当然地去想象专业关系，为专业引进新奇力量。社会工作强大的科学范式和正在勃兴的艺术范式之间存在显著差异，这些差异现实构成了整合范式的知识转译基础。

社会工作实践的艺术与科学是相互联系的（Healy，2008；Connolly & Harms，2013；Bent-Goodley，2015），并构成了社会工作的重要品质。二者相互对立不可通约，但具备协同的可能，要想继续保持相关性，社会工作必须拥抱艺术与科学。相关性就是艺术和科学的交汇点，关于实践主体的个人经验与日常生活逻辑的共识，也是整合范式构筑新理论的知识起点。社会工作整合范式的整合策略表现为三种。第一种是"折中"，即科学与艺术范式或多种理论范式的联结和融合，可以以某一问题为中心，或某一实践模式形成的干预和理论模式，如将认知行为治疗和人际治疗整合起来治疗妇女的抑郁症，在认知行为治疗中加入优势视角。第二种是"共同因素法"（何雪松，2017：258），辨识出不同实践理论的共同核心要素，这些共同要素是由策略、技能激活和促进的条件或过程，所形成的模型为实践提供一个可接近的、经验支持的、跨理论的概念基础（Cameron & Keenan，2010），如兰伯特（Lambert，1992）总结了心理治疗建设性变化的四个持续性因素：案主生活圈的因素，良好人际关系的品质，积极的期望、希望和安慰剂效应，技术操作和理论原则；德里斯科（Drisko，2004）认为干预的共同因素是案主及其脉络、期望和治疗关系。第三种为"拓展法"，以一种整体性的视角，在科学和艺术范式的实践传统上加以扩展，汲取艺术的高雅文化与科学的严肃知识，包括一些基于科学与艺术的区别特征而衍化出来的新要素，从而构建一种新的关于知识、技术和价值的稳定理论体系。

社会工作专业面临的是复杂和不断流变的事实，因此应该重新审视和扩展专业实践、意识形态和知识技能，重视多学科之间的沟通与融合，不断吸取现有理论前沿，促进新型专业教育体制建立，以及专业人员在宏观和直接实践上的更多参与。当然，整合范式的策略和实践有效性都有待继续挖掘和证明，不管我们使用何种策略，主要目标是相同的：促进社会工作发展，探索出综合性、广泛性的理论模式，以回应现实难题，维护社会公平正义。

五 结语

社会工作在初创和发展阶段存在多重范式，表明社会工作存在巨大的专业潜质和丰富基础。各范式侧重点不同，难言高低，但各有长短。社会工作科学与艺术范式的争论一直贯穿着社会工作的学科发展与实践进步，随着社会工作在经济社会发展中日益重要，减少学科内部纷争似乎迫在眉睫。科学范式自社会工作诞生以来一直占据发展主线，艺术范式的出现是对科学范式的矫枉过正，作为"反叛"部分，具有战斗精神。科学与艺术的认知分歧，并未完全割裂社会工作，说明二者在理论与实践之间存在共识，能够并行不悖。但如果各自过分强调自身范式的绝对优势，恰恰走向极端。面对变动不居的社会和纷繁经验，除了保持范式间的公平对话，社会工作的一个可能策略是迈向整合范式，超越社会工作科学与艺术范式的区隔，发展出一个整合性的社会工作知识框架，以此结束单一、松散的行动框架，进而提供系统且有效的整合服务（文军、吴越菲，2016）。

　　整合范式的社会工作具有更强的包容性，不是简单的范式叠加与暧昧不明，而是破除科学与艺术范式之间的紧张对立，并在其基础上开启适用于本土的探索。这种新取向在方法上以科学为目标，艺术手段贯穿实践过程，是多层次多层面的系统性干预。整合范式的社会工作旨在研究者、教育者、实务者与服务使用者之间建立关系网络，从而在知识生产、教育研究、实务操作几个方面形成社会工作的行动网络，以避免唯智主义和学究式谬误，缩小实践逻辑与理论逻辑的差距。在知识体系建构层面，整合范式既承认基于日常生活经验，弥散碎片化的实践智慧，也对科学话语下技术性、标准化的评判保持审视和警惕。综融技术的理性和艺术的烂漫，塑造严肃且活泼的社会工作知识形象。整合范式的社会工作不仅体现中庸理性，也是在理论与实践上回应着本土与全球的最新动态与变化。

　　质言之，本文基于社会工作科学与艺术的理论与应用的梳理，提出迈向整合性的社会工作的知识体系与实践框架，旨在弥补与整合两者的分裂，是对本土社会工作理论和田野工作的想象与探索，对于整合范式的社会工作如何落实到实践生活层面，有效性、生产性以及可持续性发展，仍需要实践进一步检验和修正。

参考文献

阿伦·布洛克（1997）：《西方人文主义传统》，董乐山译，生活·读书·新知三联书店，第 5 页。

安东尼·吉登斯 (1998):《现代性与自我认同》,赵旭东、方文译,生活·读书·新知三联书店。

巴罗 (1999):《认识论》,王长明、尚忠华译,商务印书馆。

杜威 (2002):《哲学的改造》,商务印书馆。

郭伟和 (2019):"中国社会工作专业实践的研究理路——整合结构主义和实用主义、实证知识和实践智慧的本土创新",《社会工作》第 4 期,第 13～19 页。

何国良 (2017):"久违的实践研究:创造社会工作学的路向",《中国社会工作研究》第 2 期,第 1～43 页。

何雪松 (2005):"社会工作的认识论之争:实证主义对社会建构主义",《华东理工大学学报》(社会科学版) 第 1 期,第 18～22 页。

何雪松 (2007):"社会工作的四个传统哲理基础",《南京师大学报》(社会科学版) 第 2 期,第 33～38 页。

何雪松 (2017):《社会工作理论》,格致出版社、上海人民出版社。

何雪松 (2020):"积极而非激进:宏观社会工作的中国图景",《学海》第 1 期,第 119～122 页。

何雪松、刘莉 (2021):"政府购买服务与社会工作的标准化——以上海的三个机构为例",《华东师范大学学报》(哲学社会科学版) 第 2 期,第 127～136 页。

何雪松、杨超 (2019):"中国社会工作的本土化:政治、文化与实践",《济南大学学报》(社会科学版) 第 1 期,第 24～29 页。

赫伯特·马尔库塞 (1989):《单向度的人——发达工业社会意识形态研究》,刘继译,上海译文出版社。

江怡 (2004):"美国实用主义哲学的现状及其分析",《哲学动态》第 1 期,第 27～31 页。

克利福德·吉尔兹 (2000):《地方性知识:阐释人类学论文集》,王海龙、张家瑄译,中央编译出版社。

刘平、周彦汐、袁城、张娜 (2018):"构建社会工作一般基础理论的思考",《中国社会工作研究》第 1 期,第 1～28 页。

罗伯特·芮德菲尔德 (2013):《农民社会与文化——人类学对文明的一种诠释》,王莹译,中国社会科学出版社。

罗蒂、艾彦 (2005):"普遍主义的崇高、浪漫主义的深度、实用主义的狡诈",《国外社会科学》第 5 期,第 120～122 页。

《马克思恩格斯选集》第一卷,1995,人民出版社。

玛丽·埃伦·里士满 (2019):《求索的一生:里士满社会工作的专业化历程》,郑国锋主译,华东理工大学出版社。

迈克尔·波兰尼 (2000):《个人知识:迈向后批判哲学》,许泽民译,贵州人民出版社。

乔纳森·H. 特纳 (2001):《社会学理论的结构》,邱泽奇、张茂元等译,华夏出版社。

施旦旦 (2020):"作为'艺术'的社会工作与社会工作的'艺术性'",《华东理工大学学报》(社会科学版) 第 6 期,第 29～39 页。

斯诺 (1994):《两种文化》,纪树立译,生活·读书·新知三联书店。

苏国勋 (2002):"社会学与社会建构论",《国外社会科学》第 1 期,第 4～13 页。

唐纳德·舍恩 (2007):《反映的实践者:专业工作者如何在行动中思考》,夏林清译，教育科学出版社。

童敏（2009）："社会工作本质的百年探寻与实践"，《厦门大学学报》（哲学社会科学版）第 5 期，第 60～67 页。

托马斯·库恩（1981）：《必要的张力：科学的传统和变革论文选》，纪树立、范岱年、罗慧生等译，福建人民出版社。

王思斌（2001）："中国社会的求—助关系——制度与文化的视角"，《社会学研究》第 4 期，第 1～10 页。

王思斌（2018）：《社会工作之真善美》，北京大学出版社。

王思斌、阮曾媛琪（2009）："和谐社会建设背景下中国社会工作的发展"，《中国社会科学》第 5 期，第 128～140 页。

文军、何威（2014）："从'反理论'到理论自觉：重构社会工作理论与实践的关系"，《社会科学》第 7 期，第 65～78 页。

文军、吴越菲（2015）："灾害社会工作的实践及反思——以云南鲁甸地震灾区社工整合服务为例"，《中国社会科学》第 9 期，第 165～181 页。

文军、吴越菲（2016）："超越分歧：社会工作整合理论及其应用"，《社会科学》第 3 期，第 75～83 页。

杨超、何雪松（2017）："社会工作的关系视角"，《学海》第 4 期，第 134～140 页。

杨锃（2021）："社会工作的艺术性：论'当事者性'与'本真性'"，《社会建设》第 1 期，第 37～49 页。

詹姆斯·C. 斯科特（2004）：《国家的视角：那些试图改善人类状况的项目是如何失败的》，王晓毅译，社会科学文献出版社。

张德胜、金耀基、陈海文、陈健民、杨中芳、赵志裕、伊莎白（2001）："论中庸理性：工具理性、价值理性和沟通理性之外"，《社会学研究》第 2 期，第 33～48 页。

张昱（2019）："社会工作：从本质上实现人的改变"，《社会科学辑刊》第 6 期，第 42～49 页。

赵鼎新（2018）："从美国实用主义社会科学到中国特色社会科学——哲学和方法论基础探究"，《社会学研究》第 1 期，第 17～40 页。

朱健刚、陈安娜（2013）："嵌入中的专业社会工作与街区权力关系——对一个政府购买服务项目的个案分析"，《社会学研究》第 1 期，第 43～64 页。

Beckett，C（2013）：《社会工作实务与理论：整合连用取向》，洪敏琬译，洪叶文化出版社。

Garrett，P. M.（2015）：《社会工作与社会理论》，黄锐译，华东理工大学出版社。

Adams，J.（2002）．"Art in Social Movements：Shantytown Women's Protest in Pinochet's Chile." *Sociological Forum* 17（1）：21－56.

Adams，J.（2005）．"When Art Loses Its Sting：The Evolution of Art in Authoritarian Contexts." *Sociological Perspectives* 48（4）：531－558.

Anastas，J. W.（2014）．"The Science of Social Work and Its Relationship to Social Work Practice." *Research on Social Work Practice* 24（5）：571－580.

Bent-Goodley，T.（2015）．"The Art and Science of Social Work Revisited：Relevance for a Changing World." *Social Work* 60（3）：189－190.

Bojner，E. H. et al.（2017）．"Arts as an Ecological Method to Enhance Quality of Work Experience of Healthcare Staff：A Phenomenological-hermeneutic Study." *International Journal of Qualitative Studies on Health and Well-being* 12（1），https：//doi. org/

10. 1080/1748263. 2017. 1333898.

Borden, W. (2010). *Reshaping Theory in Contemporary Social Work: Toward a Critical Pluralism in Clinical Practice.* New York: Columbia University Press.

Brekke, J. S. (2012). "Shaping a Science of Social Work. " *Research on Social Work Practice* 22 (5): 455 −464.

Briskman, L. (2014). *Social Work with Indigenous Communities: A Human Rights Approach.* Sydney: Federation Press.

Cameron, M. & Keenan, E. K. (2010). "The Common Factors Model: Implications for Transtheoretical Clinical Social Work Practice. " *Social Work* 55 (1): 63 −73.

Connolly, M. & Harms, L. (2013). *Social Work: Contexts and Practice (3rd ed.).* South Melbourne, Victoria. Australia: Oxford University Press.

Cornish, S. (2017). "Social Work and the Two Cultures: The Art and Science of Practice. " *Journal of Social Work* 17 (5): 544 – 559.

Derber, C. (1983). "Managing Professionals: Ideological Proletarianization and Postindustrial Labor. " *Theory and Society* 12 (3): 309 – 341.

Drisko, J. (2004). "Common Factors in Psychotherapy Outcome: Meta-Analytic Findings and Their Implications for Practice and Research. " *Families in Society* 85 (1): 81 – 90.

Drisko, J. W. & Grady, M. D. (2012). *Evidence-based Practice. New York: Springer.*

Drisko, J. W. & Grady, M. D. (2015). "Evidence-Based Practice in Social Work: A Contemporary Perspective. " *Clinical Social Work Journal* 43 (3): 274 – 282.

England, H. (1986). *Social Work as Art: Making Sense for Good Practice.* London, Allen and Unwin.

Flynn, M. L. (2019). "Art and the Social Work Profession: Shall Ever the Twain Meet?" *Research on Social Work Practice* 29 (6): 687 – 692.

Fook, J. (2012). *Social Work: A Critical Approach to Practice.* SAGE Publications, Limited.

Gilgun, J. (2005). "The Four Cornerstones of Evidence-based Practice. " *Research on Social Work Practice* 15 (1): 52 – 61.

Glazer, N. (1974). *Schools of the Minor Professions.* Minerva.

Goldstein, H. (1992). "If Social Work Hasn't Made Progress as a Science, Might it be an Art?" *Families in Society* 73 (1): 48 – 55.

Grady, M. & Keenan, E. (2014). "Beyond The Manual: Using Research and Evidence in Social Work Practice. " *Clinical Social Work Journal* 42 (2): 101 – 106.

Grassau, P. (2009). "Resilience and ' Turning It Out': How the Arts Engage with Relational and Structural Aspects of Oppression. " *Canadian Social Work Review* 26 (2): 249 – 265.

Gray, M. , Joy, E. , Plath, D. & Webb, S. (2013). "Implementing Evidence-based Practice: A Review of The Empirical Research Literature. " *Research on Social Work Practice* 23 (2): 157 – 166.

Gray, M. & Webb, S. A. (2009). "The Return of The Political in Social Work. " *International Journal of Social Welfare* 18 (1): 111 – 115.

Green, B. A. (2020). "Drowning In Neoliberal Lies: State Responses Towards People Seeking Asylum. " *The British Journal of Social Work* 50 (3): 908 – 925.

Guo S. Y. (2015). "Shaping Social Work Science: What Should Quantitative Researchers Do?" *Research on Social Work Practice* 25 (3): 370 – 381.

Harris, J. (1998). "Scientific Management, Bureau-professionalism and New Managerialism: The Labour Process of State Social Work." *British Journal of Social Work* 28 (6): 839 – 862.

Hartman, A. (1993). "The Professional Is Political." *Social Work* 38 (4): 365 – 366.

Healy, K. (2008). "Critical Commentary on 'Social Work as Art Revisited'." *International Journal of Social Welfare* 17 (2): 194 – 195.

Healy, K. (2018). "Reinventing Critical Social Work." *Critical Social Work* 2 (1).

Healy, K. (2020). "Doing Critical Social Work: Transforming Practices for Social Justice." *Australian Social Work* 73 (3): vii – viii.

Hocoy, D. (2005). "Art Therapy and Social Action: A Transpersonal Framework." *Art Therapy: Journal of the American Art Therapy Association* 22 (1): 7 – 16.

Howe, D. (1994). "Modernity, Postmodernity and Social Work." *British Journal of Social Work* 24 (5): 513 – 532.

Huss. E. (2012). "Utilizing an Image to Evaluate Stress and Coping for Social Workers." *Social Work Education* 31 (6): 691 – 702.

Huss, E. (2018). "Arts as a Methodology for Connecting Between Micro and Macro Knowledge in Social Work: Examples of Impoverished Bedouin Women's Images in Israel." *British Journal of Social Work* 48 (1): 73 – 87.

Huss, E. & Bos, E. (2019). *Art in Social Work Practice: Theory and Practice: International Perspectives.* Taylor & Francis Ltd.

Huss, E. & Sela-Amit, M. (2019). "Art in Social Work: Do We Really Need It?" *Research on Social Work Practice* 29 (6): 721 – 726.

Kirk, S. & Reid, W. (2002). *Science and Social Work: A Critical Appraisal.* New York, NY: Columbia University Press.

Konrad, C. S. (2019). "Art in Social Work: Equivocation, Evidence, and Ethical Quandaries." *Research on Social Work Practice* 29 (6): 693 – 697.

Lambert, M. J. (1992). Psychotherapy Outcome Research: Implications for Integrative and Eclectical Therapists. in Handbook of Psychotherapy Integration.

Longhofer, J. & Floersch, J. (2014). "Values in a Science of Social Work: Values-Informed Research and Research-Informed Values." *Research on Social Work Practice* 24 (5): 527 – 534.

Marsh, C. J. (2012). "From Fish and Bicycles to a Science of Social Work." *Research on Social Work Practice* 22 (5): 465 – 467.

Maylea, C. (2021). "The End of Social Work." *The British Journal of Social Work* 51 (2): 772 – 789.

McNeece, C. A. & Thyer, B. A. (2004). "Evidence Based Practice and Social Work." *Journal of Evidence-Based Social Work* 1 (1): 7 – 25.

Morgan, S. & Payne, M. (2002). "Managerialism and State Social Work in Britain." *Hong Kong Journal of Social Work* 36 (1 – 2): 27 – 43.

Nissen, L. B (2019). "Art and Social Work: History and Collaborative Possibilities for Interdisciplinary Synergy." *Research on Social Work Practice* 29 (6): 698 – 707.

Powell, F. (2001). *The Politics of Social Work.* Sage Publications.

Rubin, A. (2014). "Bridging the Gap Between Research-supported Interventions and Everyday Social Work Practice: A new Approach." *Social Work* 59: 223 – 230.

Samson, P. (2014). "Practice wisdom: The Art and Science of Social Work." *Journal of Social Work Practice* 29 （2）：119 – 131.

Shaw, I. (2014). "A Science of Social Work? Response to John Brekke." *Research on Social Work Practice* 24 （5）：524 – 526.

Sindling, C. , Warren, R. & Paton, C. (2014). "Social Work and the Arts： Images at the intersection." *Qualitative Social Work* 13 （2）：187 – 202.

Siporin, M. (1988). "Clinical Social Work as an Art Form." *Social Casework* 69 （3）：177 – 183.

Sommerfeld, P. (2014). "Social Work as an Action Science： A Perspective From Europe." *Research on Social Work Practice* 24 （5）：586 – 600.

Timm-Bottos, J. (2006). "Constructing Creative Community： Reviving Health and Justice through Community Arts." *The Canadian Art Therapy Association Journal* 19 （2）：12 – 26.

Travis, R. & Deepak, A. (2011). "Empowerment in Context： Lessons from Hip-Hop Culture for Social Work Practice." *Journal of Ethnic & Cultural Diversity* 20 （3）：203 – 222.

Zhang, Q. , Tan, W. , et al. (2021). "Comparative View on Social Work Education and Practices as Art and Science for China and the USA." *The British Journal of Social Work*, https：//doi. org/10. 1093/bjsw/bcab116.

中国社会工作研究　第二十辑

第 31 ~ 49 页

© SSAP，2021

成己—知人—成务：整全取向的
社会工作实践智慧*

施旦旦　　侯利文**

摘　要　实践智慧基于又超越纯粹社会工作理论知识的范畴，成为破解理论与实践之间的张力，重构社会工作知识样态的重要切入口。目前社会工作学界虽然意识到实践智慧的重要性，但存在零碎化和"个人化"的实用主义迷思。本文在现象学视域下考察实践智慧的哲学谱系，即实践智慧在哲学上的概念释义（是什么），然后从行动研究的视角来辨析实践智慧应该如何产生（怎么做），最后结合社会工作的教育和实践，提出从"成己"到"知人"再到"成务"的整全取向的实践智慧知识体系。

关键词　实践智慧　现象学视域　整全取向　成己—知人—成务

---

* 基金项目：国家社会科学基金青年项目"社会工作融入基层社会治理的路径差异与模式创新研究"（18CSH057）、国家社科基金重大项目"社会治理背景下我国社会工作行动本土化理论框架与实践体系研究"（16ZDA084）。感谢刘晓春老师在论文写作中给予的启发和指导。

** 施旦旦，浙江财经大学社工系讲师；侯利文，华东理工大学社会工作系副教授，通讯作者，houliwen@ ecust. edu. cn。

一 "实践智慧"的再提出

作为助人科学与艺术的社会工作，在中国大陆快速发展的过程中引发了较多的争议（何雪松，2017：203～213），出现诸如"专业化"与"去专业化"（雷杰，2014）、"西方化"与"本土化"（范明林、徐迎春，2007）等不同话语体系的争辩，这些争辩都指向移植西方脉络、指涉实践属性的社会工作理论无法很好地回应本土社会工作发展的议题，亦即以实践为基础的理论走向与实践的分割和不匹配（侯利文、徐永祥，2018）。

这种理论与实践的割裂，指向社会工作是一门艺术还是科学的传统争论，而实践智慧（practice wisdom）则被视为是弥合争议的重要桥梁。萨姆森（Samson）就指出作为艺术和科学的实践智慧，可以有效连接社会工作的理论与实践，也是提供有效社会工作实践的关键（Samson，2015）。社会工作的与众不同不在于它的跨学科性质，也不在于其强调人在环境中的重要性，而是其无可替代的实践智慧（Chu & Tsui，2008）。重提"实践智慧"既符合中国社会的智识传统，也有利于建立社会工作专业发展的在地性和自主性。尽管证据为本的实践，有利于强化社会工作的科学性，但它也遮蔽了实践智慧在具体情境下的重要意义。认识到实践智慧对建构理论的重要意义是必要的，这是建构中国社会工作理论的一个重要路径（何雪松，2017：203～213）。

实践智慧来自社会工作的实践属性和"艺术和局势的判断"，这种"艺术和局势的判断"源于社会工作的实践本质上是一种情境化的实践，它要求实践者运用专业判断来决定做什么和何时做，实践者必须考虑地点、实践等具体情境，也必须考虑他们的个人经验和自我知识以及与情景的互动。帕顿（Parton）认为社工专业区别于其他专业的最重要特点之一在于社工专业的理论与实践是紧密交织在一起的，其本质上具有模糊性、复杂性和不确定性。而这种人与情境的独特性、模糊性使社会工作者在面对个人、团体与社区时除了基本技能之外，由于服务对象的不同，每次的服务过程都有其独特性，这与艺术本质相同，也使实践智慧远远超过纯粹性知识的范围，具有了方法论的价值（Parton，2000）。奥沙列文（O'Sullivan）指出，实践智慧需要相当的知识储备，以及社会工作者应当创造性、直觉性地运用实践知识（O'Sullivan，2005）。还有学者指出，实践智慧是在综合运用实证研究、理论，以及在直接实践的过程中来理解生活的复杂性，并且实践者将实践智慧与知识生产联系起来，包含了基于个人对于情境的主观体验，将社会工作理论、准则融入行动过程，以及实践者在干预过程的情境反馈中学习，以促进知识生产的过程（Klein & Bloom，1995）。在这一过程中，社会工作者能够感知问题，通过良好学习的行为模式迅速做出反应，综合孤立的数据元素，绕过理性分析和深入思考，与自己的直觉形成交流（Isenberg，1989：97 - 98）。德瓦恩（Dewane）则进一步具体指出，技能卓越的实践不仅包括个体通过培训、教育、干预技术所获得的，还包含蕴含生活经验和信念系统的"自我"的反身性运用（Dewane，2006），即实践智慧是一种通过个人的反思和内省而获得的知识类型。当然更进一步，在社会工作中，实践智慧不仅是分析经验的智慧，也是以礼貌、善良、体贴、慈悲、仁爱为特征的智慧或品质，必须通过社会工作者和服务对象这两个主体间的接触来培养（Cheung，2017）。如此使实践智慧除了兼具科学与艺术的双重知识面向，还深具道德意涵。

梳理以上研究可以发现，实践智慧基于又超越纯粹社会工作理论知识的范畴，成为重构社会工作知识样态，探索本土化知识生产的重要切入口。目前，国内社会工作学界虽然意识到实践智慧的重要性，并对"社会工作实践知识的意涵和发展路径"（王海洋，2016）、"社会工作实践智慧的生成与运用"（马志强、许鸿宇，2020）等议题进行了富有启发性的学术探讨。但总体而言，实践智慧的本质内涵有待展开且亟须辨识，尤其是回归到哲学层面进行探讨释义，更重要的是在社会工作教育和实践中，实践智慧到底应该怎么产生仍有待进一步明确与释疑。由此，本文在现象学视域下考察实践智慧的哲学谱系，即实践智慧在哲学上的概念释义（是什么），然后从行动研究的视角来辨析实践智慧应该如何产生（怎么做），最后提出整全取向的实践智慧的知识体系，继而尝试建构社会工作实践智慧的生成路径与研究理路。

二　现象学视域下实践智慧的知识探究

（一）亚里士多德"实践智慧"的提出

人们对"实践智慧"的理解有着不同的视角，且受制于不同文化传统。根据学者的研究，实践智慧（phronesis）① 概念被当代哲学所重视，来自海德格尔对亚里士多德伦理学的现象学解释，亚里士多德对《尼各马可伦理学》第 6 卷中"实践智慧"概念的解释，构成其"基础存在论"的前提。在《尼各马可伦理学》第 6 卷中，亚里士多德把人类的灵魂区分为理性与非理性两个部分。而在理性的灵魂中又可以分成思考"不变的事物"与思考"可变的事物"；前者的思考模式被称为认知的，后者被认为推理的（亚里士多德，2003）。在亚里士多德看来，人类灵魂之所以能思考可变的事物，依靠的是实践智慧。一个具有实践智慧的人就是善于从生活总体上考虑对他自身是善的和有益的事情。所以实践智慧不同于代表永恒真理的知识（episteme），因为实践智慧的实践对象包含着变化（洪子嵩等，2003：1140~1142）。

实践智慧的特点是善于考虑，考虑的总是具体的、可变的事物。相比普遍的知识，具体的知识尤为重要。具体的东西不是科学的对象，而是感知的对象。实践智慧的感知不同于对具体事物的感知，而是像我们在判断出眼前的图形是一个三角形时的那种感知（亚里士多德，2003：179）。这表明实践智慧的感知包含了理智的成分，接近于数学的感知。这两种感知都有一个"停止点"，而不会无休止地变化，如在数学感知中这个停止点就是领会到这个图形是三角形，而在实践的感知中这个停止点就表示达到的"适度"（邵华，2011）。实践智慧将具体知识和普遍知识结合起来，其特点就在于通过对具体事务的感知而达到实践。

回溯亚里士多德的传统可以发现，亚里士多德将实践智慧作为处理个别具体场景下的知识，是为了区分普遍意义上的"理论智慧"，

---

① "实践智慧"一词可译为英文"prudence"，亦可意译为"practical wisdom"，来源于拉丁词"prudentia"，是对希腊词"phronēsis"的翻译。此外，这个词的英译还有"practical intelligence""intelligence"等。

并鲜明地体现不同于理论理性的实践理性。由此反观西方社会工作在追求实证主义和工具主义专业化过程中存在的迷思，即"实践智慧"的被忽略（侯利文、徐永祥，2018）。社会工作在迈向专业化的过程中将作为实践的"praxis"转为技术实践观的"practice"，崇尚"工具专家专业主义"，乐于以"社会工程学"（social engineering）或"社会医学"（social medicine）自居（余云楚，2005：67~89），致力于将社会工作的知识客观化，主张通过可操作性、可测量性、可操控性、普遍性和代表性的研究方法，来建构社会工作的普遍性的知识。实际上，贴近生活经验的研究取向和知识建构逻辑，是社会工作的专业优点而非缺点，社会工作的发展历史却使实践工作者失去了对生命细致变化辨识的能力，对场域脉络间交织牵动的力量视而不见。最常见的现象是社工在"理论应用于实际"思维影响下，过于依赖理论而远离具体的情境（王海洋、王芳萍、夏林清，2019）。

（二）伽达默尔对"善"的"实践智慧"的发展

在当代哲学的"实践转向"中，实践智慧进一步凸显了实践问题的优先性，且在伽达默尔（Gadamer）那里被赋予了崭新的使命，甚至具有重新拟定哲学方向之功效。伽达默尔对实践智慧内涵的分析主要不是根据实践知识和理论知识的关系，而是根据实践知识和技艺知识的关系（邵华，2015：56）。在伽达默尔看来，对象的区分不是区分实践知识和技艺知识的唯一标准，技艺知识是用以达到对事物的拥有和控制，从而支配事物的制造手段，它的本质在于通过对正确手段的先行知识尽可能地为制造服务探究方式。实践智慧作为一种实践的理性反思能力，不像技艺那样先行规定具体的事情，因为并没有关于本己的"善的生存"的先行支配性知识（伽达默尔，2003：241）。

这种"善的生存"的先行支配性知识体现为"实践智慧"作为一种个体的人的实践之德性，达到"对自身的操心的觉醒状态"，使人能够本真的存在着（伽达默尔，2003：241）。个人实践的德性是个人作为"人"的中心地位和本质特征，是一种选择的品质，并不以导向自我利益的"精明"为目标。相反，它使个人融入共同体，融入社会（田海平，2018），强调向善的改变和对人的自由的解放和觉醒。

伽达默尔的实践智慧指出实践智慧与人的存在密切相关，使普遍目的的善和具体情况得到了统一。这种对实践智慧的阐述启发了伽达默尔，要维护实践知识模式的独立性，反对科学技术对实践领域的侵入产生对人的技术控制，应该用实践智慧来引导技术理性，为善的目的服务（邵华，2015：59）。由此，实践智慧契合社会工作作为一种道德实践（朱志强，2000：89）的本质，即社会工作的实践应具有道德性、价值性和解放性等特点，是符合社会总体的"善"的实践。这种"善"的实践对目前存在技术官僚化的社会工作来说无疑是重要提醒，实践智慧不仅涉及经验和技能，还包括从业者的道德感。社会工作如果无法践行道德和价值使命，就极有可能沦为"堕落的天使"（Specht & Courtney，1994）和"温柔的警察"（soft cops），逐步背离实践智慧中善的旨归。

（三） 列维纳斯的"他者"对"实践智慧"的补充

亚里士多德和伽达默尔对实践智慧的论述更多是立足实践者自身。伽达默尔并未尝试建设性地显示存有论立场在实际的理解活动上的意涵，即理解者对被理解者一些想法的批判和修订，使理解难免偏颇（李洁文，2005：39）。这时候就需要将列维纳斯（Levinas）的"他者"（the other）哲学拉进来，进一步修正对理解的看法。在列维纳斯看来，西方哲学也可被称为一种"消化哲学"，这是因为其自我学的立场内含了暴力化的倾向。自我学总是喜欢跟自己一样的东西，对于不同于自己的东西往往采取同化或者消灭的态度。

在列维纳斯看来，笛卡尔的"我思故我在"是对于"我思"而言的，所谓认识非我就是消除非我的他性，就是将陌生存在者的独特性变成一个主题或者对象，将其置于先验概念之下。所谓概念的认知就在于抓住个别者和陌生者，将其纳入自己的普遍性（江璐，2019）。于是，一切权力就从这里开始，人类的自由是借助于普遍性而让外在事物屈服于自己，这不仅仅意味着对于外在事物的单纯认识，更意味着对于它们的掌握、驯化、占有。正是在占有中，实现了对于多样性的同一化。可以肯定，去占有就是在维持被占有的他者的存在的同时又悬置了他者的独立性。在同一性哲学所反映的文明中，自由即意味着一种财富。减少了他者的理性即代表着占有和权力（列维纳斯，2016：17）。

列维纳斯认为使客观世界得以确立的并非主体之间的和谐，而恰恰是彼此之间的限制。列维纳斯赋予了唯我论以更宽泛的、伦理的内涵，他将内在性视为一种自我中心的生活形态。例如在早期短文《论逃离》中，他将之与小资产阶级耽于内心、自满自足于占有事物的生活联系在一起。在这一理解下，内在的领域不只是孤独个体的体验域，更是其自由实行权能、将事物及他人化为己有的世界，而列维纳斯则认为，客观性之所以可能在于"我"首先意识到他人所经验的是"我"无法经验的，意识到"我"剥夺和占有了他人的食物（刘国英，2016）。

在列维纳斯看来，"他者"是完全独立的他者，与"我"有着完全不同的特征，"他者"对于"我"有着不可知性、"我"不能替代"他者"，"他者"也不能被我所同化。列维纳斯指出，他者的相异性并不依靠区分我与他的任何特性，因为这种性质上的区别恰恰意味着我们之间的种属共同体已经取消了相异性。在列维纳斯看来，自我与他者的关系不是一种"肩并肩"的集体性关系，而是一种既相异又相邻的关系，即"无关系的关系"。"无关系的关系"突破了认识论上的主客对立关系，其核心要求是，自我既非与他者对立，也非与他者共在，而是与他者"隔绝"。自我不是至高无上的主体，他者也不是任由自我去支配和控制的对象。自我与他者的关系不再是主客二元对立的关系，而是一种伦理关系，即自我对他者负有永恒的伦理责任。这种关系的实质就是没有任何共性作为中介，是个体与个体直接相遇的关系（Levinas，1979：14）。

列维纳斯的他者哲学是主体放弃了自我对他者之支配性的伦理学，是对于现代性、同一化的批判（江璐，2019）。对他者的诠释实际上直接揭开了人们对自我理解的角度和深度，纳入"他者"的实践智慧也恰恰能够回应社会工作实践过程中的"理解"议题。对社会工作者来说，不仅与世界发生知和行的关系，而且面临认识自我与他人的问题，涉及社会工作者与服务对象之间的主客体互构，即需要接纳"他者"，进入服务对象"异己"的生活世界，并从他者的"异己"世界来理解自我和他者的关系。在社会工作中所常提及的"同理""接纳"无疑是从"他者"的视域出发。社会工作的实践智慧需要"他者"，"他者"并不只是一个"另我"，他人恰是我所不是者。他人之所以是他人，并非由于其性格，或相貌，或心理，而是由于其他异性本身，他人就是，例如弱者、贫者、寡妇和孤儿，然而我却是富有和有力的（列维纳斯，2020：77）。他者作为超越之维是主体性的构成性要素，恰恰是在伦理关系、在为他人的责任中，自我才成为最充分、最完整意义上的自我，完成社会工作者内在客观性的超越。"他者意识"和"为他性"可以帮助社会工作者走出狭隘的自我中心性，深层次地理解助人关系本质并重视自我反思，并且做到与服务对象共在，这种共在并非企图改造和消灭彼此之间的差异性，而是承认他者。社会工作的实践智慧纳入"他者"之后，"认识自己"和"认识世界"获得了统一，联结了对自我和世界的解释和改造，丰富了实践智慧中的认知理解关系，从而真正实现了对"他者"人格尊严及生命存在的关怀和尊重。

前文在现象学视域下考察社会工作实践智慧的哲学意涵，将实践智慧回溯到亚里士多德，实现理论智慧与实践智慧的区分，到伽达默尔这里，实践与技艺相区隔，赋予实践以德性和善，再后来，本文将列维纳斯的"他者"带进来，实践智慧构成了主客体共在的互构。由此，社会工作的实践智慧是一种响应实践情境之具体性和多样性、蕴含着向善的价值伦理，并表现为纳入他者、共享理解的实践理性。

三 行动研究是生成实践智慧的新途径？

上文对"实践智慧"意涵的分析昭示其重心并不在于给出事物"是什么"的解释，而是要探讨"应当如何"或"怎么做"的理性判断和价值关切（田海平，2018）。也就是说，在社会工作实践中，实践智慧到底应该如何生成？迪比茨（Dybicz）认为实践智慧的过程可以被视为"洞察力、技能和价值观"的动态相互作用，在判断复杂世界时经常应用。判断复杂情况可能是基于知识的，需应用相关事实、理论和隐性（tacit）知识；然而在评估现有知识的局限性时（反思时），需要关键技能、直觉和基于价值的判断，判断哪些知识"应该"到位是具有挑战性的，这个过程必须被视为批判性、直观和创造性的探索过程（Dybicz，2004：200）。麦克弗森（McPherson），就如何实现智慧的解释建立在专业知识模型之上，认为需要通过"无意识的无能"到"有意识的无能"，再到"有意识的能力"，最后形成"无意识的能力"，从而实现实践智慧的转化过程（McPherson，2005）。在这一过程中，专业的社会工作者面对与以往类似服务对象的案例，可能会持续应用熟悉的经验、理论甚至程序知识以获得这种无意识的能力（Thompson & West，2013），并且需要个人在复杂社会情境下对自我身份进行批判性反思（Whitaker & Reimer，2017；Cohen & Sherman，2014；Collins，2007）。无论是对实务场域模糊性的判断回应，还是对现有知识的批判开放态度，实践智慧与行动研究有着天然的契合性。在国内一些研究中，行动研究俨然已经成为生成实践智慧的新途径（杨静，2013；张和清，2015；侯利文、徐永祥，2018）。

　　行动研究（Action Research）是一种新兴的研究范式，也被看作一种实践培力增能之助人工作方法（古学斌，2013）。行动研究在社会工作研究中的时间并不长，通过文献查阅可以发现，国内以行动研究方式对社会工作开展研究的文章相对较少。就现有的国内文献经过整理可以发现，国内行动研究主要集中在以下几点：一是行动研究的定义、特征等（李炯英，2003）；二是行动研究的意义（古学斌，2017）；三是行动研究具体实践例子的操作情况（范明林，2015）；等等。梳理已有的研究可以发现，行动研究与实践智慧有其内在的契合性，比如行动研究带有很强烈的实用关怀，行动研究需要不断反省自己的主体位置和行动位置，以及与被研究者之间的关系，从而成为反映性的实践者（舍恩，2018：58）。

　　但是依靠行动研究是否就能够完全生成实践智慧？在笔者看来，行动研究是从如何处理的角度来尝试讨论社会工作的实践属性和实践智慧，因为它是从"怎么做的"这一实际操作层面出发，这就容易陷入批评实证主义所忽略的"社会工作是什么"的讨论，把"社会工作是什么"当作行动者都知道的默会知识。也就是说，在行动研究中很难有对于社会工作本质和实践属性的深入探讨，更多只是在工具技术层面解决了理论与实践的断裂问题。所以，做行动研究的人似乎隐约感到理论与实践在自己身上的断裂消除了，但是大多仍然不知其所以然，因为只是知其然，而未能从知识的层面对"社会工作是什么"进行探究，继而达致知其所以然的功夫是缺失的。因此，行动研究只能在操作技术层面解决实践智慧的生成途径，而无法整体性回答实践智慧的问题。

四 迈向整全取向的实践智慧的知识体系

从诠释学视域出发，亚里士多德强调实践智慧的实践取向，伽达默尔凸显了实践智慧的"善"的意涵，列维纳斯的"他者"成为新的理解关怀，以及行动研究在实践智慧具体生产路径上有所贡献。结合社会工作的教育和实践，社会工作的实践智慧是一个多层次的概念系统，涵盖"实践智慧是什么"和"实践智慧怎么做"两大问题，涉及德性、真善、理解和行动等多个维度，关联自我与他人、认识与实践的不同命题。由此，我们对社会工作实践智慧的理解，囊括了价值论上的个体"德性"、方法论上的"理解"和"他者"，以及与操作路径上的行动研究，映照出个人与社会、事实与价值、理论与实践的"双重关涉"。

结合前文的梳理，在此基础上，笔者提出整全取向的社会工作实践智慧知识体系，包含"德性层次"、"真善层次"、"理解层次"和"行动层次"，从而构成德性和真善层次的"成己：完善自我、内化美善"，到理解层次的"知人：深层理解、他觉自明"，再到行动层次的"成务互为主体、知行合一"（见图1），形成从哲学意涵到操作行动的知识生产路径，丰富了对实践智慧的本土化探讨。

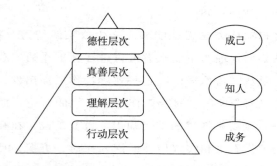

图1 整全取向的社会工作实践智慧知识体系

（一）德性层次：社会工作教育和日常生活中修炼内化

按照亚里士多德的论述，"实践智慧"作为一种特殊的理智德性，它具有造福邦国和繁荣人类生活的执行功能，即在协调个人和集体利益的同时引导其他诸种德性，"实践智慧"由此被理解为人类个体德性活动的理智的向度（邵华，2011），正如社会工作专业从一开始就带有很深的社会关怀，承载着道德的重量（Specht & Courtney，1994）。在社会工作中实践智慧不仅是分析经验的智慧，还涉及社会工作者的道德特质。作为道德实践的社会工作首先应该立足实践智慧的德性层次，德性层次要求社会工作者在社会工作教育和日常生活中修操练德，即"成就自己"——个体的自我完善。

1. 基于人文教育的自我身心关怀

社会工作是富有人文主义精神和以关怀为本的专业，它把人类的尊严、与生俱来的价值和权利都放在优先位置。在社会工作介入过程中，人文精神的思想贯穿其中（Clark，2006）。但这种人文主义的印记在后来社会工作的教育中却日渐模糊，专业教育往往借助"人"的神圣性，为专业承诺在人性中打下高贵的椿柱，却没有同时开启社会工作教育中的人文主义价值关怀，无法让社会工作者寻找到安身立命的空间。正所谓"己立而立人、成己而成人"，社会工作人文关怀教育一定是以对"人"的理解为基础，帮助其先内在修炼成为一个"人"。因为当我们对"人"的理解、体会、承担的分量不足的时候，社会工作者即使怀抱专业价值使命，其内心也是空虚的，一旦面对压力就有可能产生倦怠逃离的想法。只有借由人文主义的自我关怀，包括生命探究、反观自照、意义建构等，整合和建构为社会工作者的生命动能，才能让社会工作者走在"成己"的道路上，有源源不断的动能来产生实践智慧。

2. 内化社会公平正义的专业使命

社会工作自诞生以来，一直致力于促进社会平等，实现社会正义，一直保持着对弱势群体的社会关怀。社会工作者致力于社会变革，特别是那些脆弱的、受压迫的个人和群体一起，并代表他们致力于社会变革……社会工作者致力于保证所有人都有途径得到所需资讯、服务和资源，践行机会平等，并以有意义的方式参与决策（NASW，1999）。正是基于这一传统，很多学校都将社会正义、人权和关注弱势群体等议题纳入社会工作培养目标（郑广怀，2020）。由此可见，社会工作教育必须培养学生具备足够的社会关注和社会公平意识，这构成了社会工作的核心价值理念。因此，在教育中帮助学生树立牢固的价值理念并且身体力行是社会工作教育的特质（田玉荣，2004）。

目前，社会工作教育实际上是回避了社会工作专业推动社会正义和社会改变的价值取向，或许它也引领了社会工作实践的发展，但只是引领了技术化的实践，进而掩饰了社会工作教育与现实社会发展的无关性（向荣，2017）。而丧失其道德属性和社会属性的社会工作实践变成例行性实务工作，短期看或许能回应群众当前的具体困扰，但究其实质是"修补式"服务，缺乏对问题根源之结构性的洞察。由此对既有结构的维持，反而因此使结构性难题更难改变，远离了实践所指的"彻底（或根基）"的改变之意义（王海洋、王芳萍、夏林清，2019）。因此，社会工作教育和实践应该重申社会工作具有公平正义的价值使命，增加结构性社会工作、激变社会工作、宏观社会工作等思维或内容，而非局限在对个人和技术的过分关注。在德性层次，内化社会工作的专业使命，"成己"并不是单纯的自我关怀，而是将专业自我和私底下的自我相整合，是在成就专业下的社会性的"成己"。

（二）真善层次：在社会工作教育和实践中辨明伦理价值

伽达默尔对"善"的实践智慧的发展，认为实践智慧与"善"或"好"的实践紧密相关。实践之"善"关涉行为主体的心灵状态或内在善的维度，不仅展现出作为实践理性之卓越运用的实践德性的理智向度，而且触及"实践智慧"作为"实践之真"的维度。实践智慧的"真"与"善"呈现在社会工作的价值伦理中，价值伦理的落实正是体现社会工作的"真善"之义，知道怎样介入才是善的（ethical-know-how）。

1. 强调伦理价值的落实和困境引导

价值伦理是社会工作专业发展的灵魂，社会工作的价值伦理成为社会工作者实践的工作指引，也将专业的"真"和"善"落实到服务对象身上。这种涉及价值伦理"真""善"的落实并不单单是价值陈述，因为理性上的明白并不会带来价值伦理的绝对捍卫。社会工作作为强价值介入的实践，也就是说，社会工作者如何身体力行地践行价值伦理是一个需要讨论的议题（朱志强，2000：100）。专业价值伦理一定附着在个人的价值伦理上，正如如何理解服务对象自决，如何才不会使服务对象自决过度等。对于社会工作教育和实践来说，强调伦理价值落实和困境引导成为实践智慧在真善层次生成的重要依托。首先，提升社会工作价值伦理内容在专业教育中的比重。相对于丰富多样的方法类课程，少有学校在本科阶段直接开设与社会工作价值和伦理相关的课程（郑广怀，2020）。其次，不单单是简单的伦理陈述，更应该强调困境引导和自我价值的整合，更好地理解自身价值与专业价值之间存在的不可逾越的关联。考量加入在本土实践过程中所呈现的伦理价值，尤其是涉及困境和两难局面的疏解与处理，配备疏导伦理困境的督导机制。

2. 将艺术之美植入社会工作教育和实践

若要达到实践智慧中的美善目的，除了在价值伦理上的强化引导，也需要将艺术之美植入社会工作教育和实践，达到"美善"之目的。将艺术之美植入社会工作教育和实践包含两种途径。首先，专业教师在社工教育中融入艺术元素。教师的穿着品位、言谈举止、个人修养以及对艺术追求的身体力行对学生来说都有艺术启发的价值，当然这也有赖于教师在日常生活中不断提升对艺术和美的感知能力，主动创造生活中点滴的美。除了环境熏陶与教师的身教，在既有的社会工作课程中注入艺术内涵，许多既有的社会工作课程都可以涵盖艺术教育，特别是服务方法课程，例如可以在个案工作、团体工作、社区工作这些课程中穿插艺术教育。即使在理论课程部分，社会工作理论及人类行为与社会环境课程，也可涵盖艺术如何影响个体与社会改变之论述（施旦旦，2020）。其次，在社会工作实践中更加注重将艺术作为表达和治疗的媒介。艺术作为一种表达媒介让社会工作者和服务对象都可以得到自由充分的表达，社会工作者与服务对象之间的关系并非有着强烈的指导性或者是权威的存在，而是开放和伙伴式的。社会工作者鼓励服务对象能够基于原本所提供的基础做法创造出不同的作品，从而发挥服务对象的优势，他们彼此互为教学者。通过艺术性的实践，可以形成更为互动和平等的专业关系，激发社会工作实践者的实践智慧。

（三）理解层次：融入服务对象"他者"世界的共情反思

1. 悬置预设后的深度视域融合

实践智慧以实践为目的，以变革世界的实践关切接引对世界的理论解释，以解释世界的理论观念倡导对世界的实践变革，在这一互动过程中，实践智慧同时联结了对世界的解释与变革（杨国荣，2012）。也就是说，社会工作实践智慧的生成需要建立在对"他者"理解的基础上，也就是，"知人"——对他人的理解。对他人进行理解的前提是社会工作者要意识到列维纳斯所说的"他者"的异质性以及自我理解的局限性，因为我们赖以理解事物惯常运用的思考模式、存在的观念和假设都存在于一定的背景中，社会工作者只有认识到自己存在和理解的局限，才能开启理解和接纳的大门。社会工作者要对"他者"世界持开放的态度，并且承认服务对象的处境、需要、期望、感受都与他们的语言、历史、传统、视域等分不开。不可能抽离这些脉络，而让社工进入服务对象的处境，设身处地地理解他们。这就是说，社会工作者始终不可能完全摆脱自己的视域，完全从服务对象的角度去理解他们。反而是透过社会工作者和服务对象本人视域上的相互对照和融合，社会工作者可以对服务对象本身的处境有新的理解和抉择（李洁文，2005：35）。

社会工作者要承认受制于自己本身的历史与社会环境而产生的局限性，在悬置自己的预设后产生对服务对象的深度理解和视域融合是尤为重要的。这种深度理解是在推己及人，对服务对象个人和生活世界有所体会了解，尤其是新旧视域的深度融合，并且产生新的双向的理解，即"他觉自明"，由此循环往复，不断产生社会工作者的自我理解感受力（self-awareness）。这种理解感受力不是按照书本理论对号入座地去从事社会工作，而是深入老百姓的生活，深层同理"小人物"的"大故事"（张和清，2015）后而形成的"知人"。

2. 对"他者"世界进行"个人即社会"的反思

社会工作者在进行深度理解和视域融合之后，这种"知人"的深度理解是不可能不涉及社会工作者的反思的。这种反思不仅涉及前面所提到的德性和真善层次，也透过"他者"反向指向所处的社会，与更大的结构性因素相连接，并落实到社会工作实践中。正如女性主义者所提出的"个人即政治"，透过个人世界与他者世界，乃至更大的社会政治结构的交互理解，理解到个人命运的集体处境，如此才会产生交相呼应的深度理解。例如，对于遭受家庭暴力的女性，如果只是一味地理解同理，而没有看到其身处的结构性位置，社会工作者反而容易成为结构性共犯，忽略了"社会"的根源，并不能达到实践的"善"的目的。

也就是说，社会工作者在开放自己、悬置预设的同时，应该带有批判性的视角，增加理解的社会性面向，进行"个人即社会"的结构性反思。如果说视域融合指向的是社工自身，则"个人即社会"指向社会层面，符合实践智慧中对于德性和真善层次的指向，也涉及个人与社会的互动性理解。社会工作者在理解层次既需要开放自己，进入服务对象的生活世界，也需要在纳入他者的同时进行结构性反思，如此才能真正达致实践智慧的理解层次。

（四）行动层次：互为主体（intersubjectivity）的反映性对话和介入性行动

1. 具体情境性下的反映性对话和实践

实践智慧所指向的价值目标，除了表现为"成己"，还有"成务"，即对现实世界的改造，达到知行合一。"成务"来自实践智慧"应该如何做"的追问，而行动研究是从行动层次来回答实践智慧的生成问题。如何进行行动研究？一般来说在行动研究里，信息搜集、分析解释信息和根据信息与分析解释做出新的行动选择，持续循环反复进行，三者环环相扣，几乎同时都进行着（陶蕃瀛，2004）。对于行动研究者来说，首先需要返回到行动研究者主体进行返身拆解，在社会位置处境与社会关系脉络中进行觉察；同时对自己的行动对他人及外部环境产生的影响能清楚辨识（王海洋、王芳萍、夏林清，2019），从而形成具有道德承载的反思性实践。在面对复杂的、特殊的情境时，唐纳德·舍恩（Schön）认为作为反映性实践者会寻觅问题情境的独特性，重新框定问题，从过去的资料库中挑选出一些经验帮助其理解目前的处境，并采取探索性实验，培养自己"相似地看待着"和"相似地解决着"的能力，使得这个独特而不确定的情境会通过试图改变而获得理解，也会通过试图理解而发生改变（舍恩，2018：111）。当然这是一个循环的过程、一个螺旋周期，而非一个线性过程（古学斌，2013）。作为行动层次的实践智慧，行动研究重视框架实验以找到情境化的解决策略，起到举一反三、有效解决问题的作用，从而逐步形成具体行动的实践智慧。

2. 默会知识的师徒传授和实践反求

在行动层次，社会工作的实践智慧常常会被认为是默会知识（tacit knowledge）的呈现。社会工作者的实践性知识具有内隐性，它们是社会工作者通过实践其技艺而获得的，以实践智慧的形式而存在，不能简单被交流或教授，除非拥有它的个人换到了不同的环境中，个体去实验它（England，1986）。默会知识在社会工作实践中发挥着重要作用，影响行动层次实践智慧的形成。

行动层次中的默会知识大体上可以通过"师徒传授"和"实践反求"两种机制获得（马志强、许鸿宇，2020）。"师徒传授"类似中国古代匠人学艺的口耳相传、慧心相授，师傅通过诱导提示、身行示范等方法言传身教，徒弟通过现场观察、反复实践等方法用心练习、消化吸收。"实践反求"是指默会知识"所蕴含着的隐性技巧、文化、价值观等知识始终处于一个缄默的状态"，实践者通过自身的摸索、试错、模仿甚至"照猫画虎""生搬硬套"等方式挖掘、还原、再现、反求某种默会知识。这两种默会知识的形成贯穿在社会工作实习教育和实践中，社会工作者通过向身边资深社工的实践观察、学习请教大致完成"师徒传授"过程，而通过自己完成某项实践任务大致完成"实践反求"的过程，从而在行动层次上积累实践智慧的默会知识。

五 结语

对于社会工作学界来说，目前出现的实践转向和艺术转向无疑说明实践智慧对于社会工作的现实发展具有强烈的回应性。以往对于实践智慧的探讨容易陷入"零碎化"和"个人化"的实用主义迷思，将实践智慧等同于默会知识和实践性知识，无须专门深入研究。而通过对实践智慧概念内涵的梳理、反思和整合，可以发现实践智慧具有的价值取向和实践取向，以"成己""知人"和"成务"说明"理解世界"与"改造世界"的统一，已超出停留在行动研究的情景实验和反映性对话。

回溯实践智慧的哲学意涵，实践智慧对于"善"的价值关切，对实践合理性的追求，对他者的理解都与社会工作的专业本质产生了天然的耦合，这对于目前身处技术理性主义和工具主义漩涡的社会工作来说无疑是一个重要提醒。社会工作若不坚守价值使命，重视实践德性，完善实践智慧，推进实践自觉，则专业实践就会降维成技术化的实务工具，失去专业发展的本源和动力。而通过建立整全取向的实践智慧的知识体系，重拾实践之"善"，辨析实践之"变"，形成实践之"慧"，才能有效破解理论与实践之间的张力，找回社会工作"成己成务"的初心，带来社会工作教育和实践领域的深刻变革，从而开启建构本土社会工作知识体系的道路。

参考文献

范明林（2015）："行动研究：社区青少年社会工作的服务改善"，《浙江工商大学学报》第 4 期，第 110～116 页。

范明林、徐迎春（2007）："中国社会政策与社会工作研究——本土化与专业化"，《社会》第 2 期，第 119～134 页。

伽达默尔（2003）：《伽达默尔集》，严平编选，上海：上海远东出版社。

古学斌（2013）："行动研究与社会工作的介入"，载王思斌主编《中国社会工作研究》（第十辑），北京：社会科学文献出版社，第 1～30 页。

古学斌（2017）："道德的重量：论行动研究与社会工作实践"，《中国农业大学学报》（社会科学版）第 3 期，第 67～78 页。

何雪松（2017）："建构中国的社会工作理论体系"，载李友梅主编《浦东论坛·社会学》，上海：上海人民出版社，第 203～213 页。

洪子嵩等（2001）：《希腊哲学史》（第 3 卷），北京：人民出版社。

侯利文、徐永祥（2018）："被忽略的实践智慧：迈向社会工作实践研究的新方法论"，《社会科学》第 6 期，第 82～93 页。

江璐（2019）："'存在'（Being）之伦理向度——列维纳斯对亚里士多德的批判"，《道德与文明》第 1 期，第 85～89 页。

雷杰（2014）："'专业化'还是'去专业化'？——论我国社会工作发展的两种话语论述"，载王思斌主编《中国社会工作研究》（第十一辑），北京：社会科学文献出版社，第 25～40 页。

李洁文（2005）："理解与社会工作实务：一个诠释论角度"，载何芝君、麦萍施主编《本质与典范：社会工作的反思》，香港：八方文化创作室，第 21～44 页。

李炯英（2003）："行动研究：概述、理据及应用"，《四川外国语学院学报》第 6 期，第 134～138 页。

列维纳斯（2016）：《总体与无限：论外在性》，朱刚译，北京：北京大学出版社。

列维纳斯（2020）：《时间与他者》，王嘉军译，武汉：长江文艺出版社。

刘国英（2016）："他人的先在性——列维纳斯对西方哲学传统的颠覆"，《中国现象学与哲学评论》第 2 期，第 181～209 页。

马志强、许鸿宇（2020）："社会工作的实践智慧：概念构成与培养途径"，《社会福利》第 3 期，第 38～41、57 页。

邵华（2011）："亚里士多德论实践智慧的内涵"，《武汉科技大学学报》（社会科学版）第 1 期，第 1～8 页。

邵华（2015）:《实践智慧与解释学》,北京:人民出版社。

施旦旦（2020）:"作为'艺术'的社会工作与 社会工作的'艺术性'",《华东理工大学学报》（社会科学版）第 6 期,第 29～39、90 页。

唐纳德·舍恩（2018）:《反映的实践者:专业工作者如何在行动中思考》,夏林清译,北京:北京师范大学出版社。

陶蕃瀛（2004）:"行动研究:一种增强权能的助人工作方法",《应用心理研究》第 23 期,第 1～5 页。

田海平（2018）:"'实践智慧'与智慧的实践",《中国社会科学》第 3 期,第 4～25、205 页。

田玉荣（2004）:"从社会工作专业的特质看'专业导入教育'的课程设置",《华东理工大学学报》（社会科学版）第 1 期,第 19～23 页。

汪子嵩、范明生、陈村富、姚介厚（2003）:《希腊哲学史（第 3 卷)》,北京:人民出版社。

王海洋（2016）:"社会工作'关怀伦理'意涵与实践——以珠三角工伤群体社区工作为例",《湖南社会科学》第 3 期,第 104～110 页。

王海洋、王芳萍、夏林清（2019）:"社会工作实践知识的意涵与发展路径——兼论反映实践取向行动研究路数",《华东理工大学学报》（社会科学版）第 3 期,第 1～12 页。

向荣（2017）:"创新、共融、整合:突破当下社会工作教育困境的路径探索",《中国农业大学学报》（社会科学版）第 3 期,第 79～89 页。

亚里士多德（2003）:《尼各马可伦理学》,廖申白译注,北京:商务印书馆。

杨国荣（2012）:"论实践智慧",《中国社会科学》第 4 期,第 4～22、205 页。

杨静（2013）:"回观历史辨识经验寻找变的力量——一个社会工作者的行动研究",《中国农业大学学报》（社会科学版）第 3 期,第 104～113 页。

余云楚（2005）:"社会工作专业化的梦魇:一个社会学的剖析",载何芝君、麦萍施主编《本质与典范:社会工作的反思》,香港:八方文化创作室,第 67～89 页。

张和清（2015）:"知行合一:社会工作行动研究的历程",《浙江工商大学学报》第 4 期,第 98～103 页。

郑广怀（2020）:"教育引领还是教育降维:社会工作教育先行的反思",《学海》第 1 期,第 106～112 页。

朱志强（2000）:"社会工作的本质:道德实践与政治实践",载何国良、王思斌编《华人社会社会工作的本质的初探》,香港:八方文化创作室,第 89～113 页。

Cheung, J. C. -S. (2017). "Practice Wisdom in Social Work: An Uncommon Sense in the Intersubjective Encounter." *European Journal of Social Work* 20 (5): 619 -629.

Chu, W. C. K., & Tsui, M. S. (2008). "The Nature of Practice Wisdom in Social Work Revisited." *International Social Work* 51 (1): 47 -54.

Clark, C. (2006). "Moral Character in Social Work." *British Journal of Social Work* 36 (1): 75 -89.

Cohen, G. L., & Sherman, D. K. (2014). "The Psychology of Change: Self-Affirmation and Social Psychological Intervention." *Annual Review of Psychology* 65 (1): 333 -371.

Collins, S. (2007). "Statutory Social Workers: Stress, Job Satisfaction, Coping, Social Support and Individual Differences." *British Journal of Social Work* 38: 1173 -1193.

Dewane，C. (2006). "Use of Self： a Primer Revisited." *Clinical Social Work Journal* 34 (4)： 543 −558.

Dybicz，P. (2004). "An Inquiry into Practice Wisdom." *Families in Society： The Journal of Contemporary Social Services* 85 (2)： 197 −204.

England，H. (1986). *Social Work as Art： Making Sense for Good Practice.* London： Allen and Unwin Press.

Isenberg，D. (1989). How Senior Managers Think. In W. H. Agor (Ed.), *Intuition in Organizations： Leading and Managing Productively.* Newbury Park： Sage Publications.

Klein，W. C. & Bloom. M. (1995). "Practice Wisdom." *Social Work* 40 (6)： 799 − 807.

Levinas. (1979). *Totality and Infinity.* Translated by Alphonso Lingis, Pittsburgh. Duquesne University Press.

McPherson，I. (2005). "Reflexive Learning： Stages towards Wisdom with Dreyfus." *Educational Philosophy and Theory* 37 (5)： 705 −718.

National Association of Social Workers (NASW). (1999). *Code of Ethics.* Washington, DC： Author.

O'Sullivan，T. (2005). "Some Theoretical Propositions on the Nature of Practice Wisdom." *Journal of Social Work* 5 (2)： 221 − 242.

Parton，N. (2000). "Some Thoughts on the Relationship between Theory and Practice in and for Social Work." *British Journal of Social Work* 30 (4)： 449 −463.

Samson，L. (2015). "Practice Wisdom： The Art and Science of Social Work Patricial." *Journal of Social Work Practice* 29 (2)： 119 −131.

Specht，H. & M. Courtney. (1994). *Unfaithful Angels： How Social Work Has Abandoned its Mission.* New York： The Free Press.

Thompson，L. J., & West, D. (2013). "Professional Development in the Contemporary Educational Context： Encouraging Practice Wisdom." *Social Work Education： The International Journal* 32 (1)： 118 −133.

Whitaker，L., & Reimer, E. (2017). "Students' Conceptualisations of Critical Reflection." *Social Work Education* 36 (8)： 946 −958.

中国社会工作研究　第二十辑

第 50 ~ 72 页

文化分类与制度区隔：社会边缘群体 污名形成的双重逻辑[*]

洪　佩　邓泉洋　费梅苹[**]

摘　要　文化和制度是理解群体污名的两个重要因素，但两者作用于污名形成的内在逻辑尚未得到系统阐释。根据哈贝马斯关于"生活世界"与"制度体系"的划分，对戒毒康复人员在两类交往情境中的污名体验展开分析可以发现，日常生活世界中社会大众基于选择性的文化叙事强化了关于该群体"不良行为特征"的标签与分类，形塑了道德污名；公共生活世界中制度执行者立足风险管控的治理叙事合理化了针对该群体的"违法者"身份及其区隔，建构了风险污名。这一双重逻辑的揭示为更加系统地看待社会边缘群体污名的类型划分及其形成机制和应对策略提供了新的启发。

关键词　边缘群体　污名　文化叙事　治理叙事

一　问题的提出

20 世纪 60 年代，戈夫曼在《污名——受损身份管理札记》一书

---

[*] 本文得到了国家社会科学基金项目"中国社会工作本土化理论与实践模式研究"（项目编号：18BSH153）的资助。

[**] 洪佩，华中师范大学社会工作系讲师，华中师范大学社会学流动站师资博士后；邓泉洋，南昌大学公共管理学院讲师；费梅苹（通讯作者），华东理工大学社会工作系教授、博士生导师。

中将污名（stigma）描述为"一种令人大大丢脸的特征"，即源于身体、性格或族群上有缺陷或不受欢迎，甚至是令人深恶痛绝的属性，从而使得蒙受污名者拥有一种"受损身份"，成为有污点的、丧失了部分价值的人（戈夫曼，2009：2~6）。自此之后，国外学者开展了大量相关研究并逐渐形成了系统性的论述（姚星亮等，2014）。而在中国知网（CNKI）以"污名"为关键词进行搜索的结果显示，国内关于污名的研究直到进入21世纪才慢慢引起重视。从国内外已有文献来看，污名研究不仅包括与艾滋病（Bogart et al.，2008；刘能，2005）、精神疾病（Rüsch，Angermeyer，& Corrigan，2005；徐岩，2017）、心理疾病（Lysaker et al.，2007；同雪莉、彭华民，2013）和身体残疾（Cahill & Eggleston，1995）等疾病相关的污名，还涵盖了与流动人口（李建新、丁立军，2009；文军、田珺，2017）、留守儿童（姚建龙、常怡蓉，2016）和同性恋群体（Jones，2018）等特定社会身份相关的污名。目前，尽管心理学领域从个体角度出发探究污名及其影响的研究仍然占据多数，但在社会学领域也已经有学者开始反思个体污名遭遇背后的社会文化语境和结构制度因素（Bruce & Phelan，2001；吴俊范，2014）。杨柳和刘力（2008）提出的关于中国人污名影响的三层次模型也表明，影响污名的宏观因素主要体现在对污名情形的公共观念和污名的制度形式两个方面。由此可见，文化和制度已经成为理解特定社会中污名形成的两个重要因素。

污名是社会文化建构的产物，这在学界已达成共识。众多学者的研究结果表明，社会公众对某一群体抱有的负面成见与思维定势以及由此导致的针对该群体的社会排斥与歧视，实际上都与特定的社会价值和文化背景密切相关（潘绥铭、黄盈盈、李楯，2006；景军，2006）。特定社会的文化基础还会对污名的表现形式、范围以及被污名者的应对方式产生影响（Wang Weiyi、Angela、李兆良，2017）。因而，同一群体在不同地域或文化变迁中被污名化的过程、形式和程度也会有所不同。例如，有学者基于比较研究揭示了精神疾病患者及其家庭被污名化的状况在中美社会所存在的差异及其背后不同的文化内涵（Yang et al.，2007）。姚星亮、黄盈盈、潘绥铭（2014）的研究也发现，我国在不同时期应对艾滋病问题的意识形态和道德教化的发展变化，以一种政治移情的方式导致社会大众在各个时期形成了不同的针对HIV

感染者的污名叙事。而在污名话语形成的过程中，学术研究者（罗国芬，2018）和大众传媒（张有春，2017）等社会力量则在影响公众看法方面发挥着重要作用，他们关于群体负面形象特征的研究、对问题的夸张报道和广泛传播有可能变成针对被污名群体继续贴"标签"。

除了社会文化观念之外，正式的制度规范也是影响群体污名形成的重要因素，主要表现在直接导致蒙受污名者陷入不利状况的政策制度以及政府相关部门实施的旨在消除污名却并未达到预期效果的干预措施两个方面。这些制度或措施往往会因其正当性和被认可程度，而进一步导致被污名群体的劣势地位以及针对该群体的社会污名具有合法性（赵德雷，2014）。与文化因素相比，很少有研究专门探讨制度因素对污名形成和维系的作用机制，大多都是将其作为背景加以描述（管健，2006；郭金华，2015）。

综上，已有研究分别关注了文化和制度因素对群体污名所产生的影响，将它们作为既定要素来阐述对污名形成的作用。但是，文化和制度绝不应该仅仅只是污名概念的外延，更是其实质性内涵（段文杰等，2021）。因此，对文化和制度在污名形成过程中内在逻辑的忽视，将很大程度上限制对污名现象产生和维系机制的充分理解。戒毒康复人员作为曾经有过违法经历且可能给他人和社会造成利益损害的社会边缘群体，在再社会化的过程中不仅会面临日常生活世界的排斥与歧视，还必须接受公共生活世界的制度约束和限制，能够为污名议题在上述局限的基础上做出进一步探索提供现实素材。本研究将深入该群体生产生活世界的具体情境中观察对其产生最直接、最深刻影响的情境要素并分析这些要素对个体产生消极影响的作用机制。

本文的经验材料来源于笔者针对上海禁毒社会工作同伴教育服务项目培养的同伴辅导员①进行的深度访谈。从 2007 年至今，同伴教育服务项目共培养同伴辅导员 46 名，其中，2 人死亡，3 人复吸。现获

---

① 同伴教育服务是上海禁毒社会工作者在专业实践过程中经过多年探索形成的具有本土特色的戒毒康复服务模式。其中，同伴辅导员的成长与发展是禁毒社会工作同伴教育服务得以开展的基础，因而在服务开展之初就十分重视同伴辅导员的筛选和培养工作，并制订了培养同伴辅导员的计划。该计划设立了规范的同伴辅导员晋升阶梯，包括"同伴辅导员候选人—准同伴辅导员—同伴辅导员"三个级别，并按照同伴的操守时间以及参与活动的表现予以级别认定。

得正式聘用证书的共有 41 名同伴辅导员。鉴于这是一个同质性较强的群体，笔者主要考虑了康复年限、成为同伴辅导员的年限以及性别和年龄等人口学方面的特征，对其中 15 名同伴辅导员分别进行了 3~4 个小时的深度访谈，并在征得受访者同意的情况下全部进行了录音，并对录音进行了逐字转录。文中通过编号的形式对受访者的信息进行了匿名处理，编号方式为"第一个字母为访谈时间顺序；第二个字母为性别，其中，M 为男性，F 为女性"。

二　理论框架

哈贝马斯将社会划分为公共生活体系和私人生活世界，其中，公共生活体系之运转受到正式的制度、政策和法律等具有权力意志的制度体系的指导；私人生活世界是相较于公共生活体系中的公共权力而言的，更为私密和具有个人性，其运转往往依赖于社会层面的道德和文化的影响。借鉴哈贝马斯对个体在社会中两种生活世界的划分，我们可以分析"污名"在不同生活世界中的生成逻辑及其作用发挥。具体来讲，包括日常生活世界中以道德文化要素确立起来的规则对个体的约束和管理作用（蒋帅，2019），以及公共生活世界中制度、政策等制度体系对公共领域的秩序维护。因而，那些超越道德文化和制度体系的行为或者标签就容易被符号化或者身份化，成为"污名"的对象。

基于此，我们就能够通过既有的研究看到，"污名"叙事在生活实践中的两个不同世界中具有不同的表现。其中，在日常生活世界中的叙事逻辑以文化为基础，对人们的日常交往互动产生直接的影响，使被"污名化"的个体在私人生活中容易遭受其他群体的社会排斥；在公共生活世界中的叙事逻辑以制度规范为基础，对人们在公共生活领域的行为约束和沟通交流产生影响，使其普遍受到制度等要素的社会控制。并且，无论是在私人生活还是公共生活中，"污名"得以存在便表征其实现了系统正义（陈德敏、皮俊锋，2020）。换言之，"污名"的产生既包括被污名者所具备的一些客观事实特征，也包含施加污名者基于这些特征的想象和建构，最终体现为施加"污名"的个体或群体实现自我保护的权力实践。基于此，"污名"之所以存在或难以消除，实际上根源于其在现实世界中有着特定的功能。当针对某一个体或群体的"污名"成为普遍议题，或者说在社会中随处可见的时候，就说明"污名"的实施具有被群体和社会所需要的价值。

戒毒康复人员在日常的生产生活中所遭受的社会排斥和社会管控对其私人生活和公共生活都造成了非常重要的影响。一方面，在私人生活领域，他们在家里容易受到家人的责骂和嫌弃，在社区内容易受到邻里的议论和不接纳，在人际交往中容易受到别人的冷漠和排斥。这些都使得戒毒康复人员被排挤到私人生活的角落，较难获得家人、社区和朋友的支持。吸毒人员私人生活受到他者排挤和隔绝的原因在于，吸毒行为触犯了日常生活世界中的道德规范准则。在道德加持之下，触犯准则的个体会被贴上负面的标签，成为不被接纳和认可的人。由此，我们将从道德层面对个体身份的污名称为"道德污名"。另一方面，在公共生活领域，普遍存在着对吸毒/戒毒人员的限制，包括就业和职场晋升受阻，出行受到司法部门的监管等。这些都使戒毒康复人员在公共场域中不敢"冒头"，缺乏安全感。戒毒康复人员受到公共权力检视的根源在于社会稳定治理的需求，即对于社会风险的控制，是为了规避风险而采取的相应策略。在该过程中，戒毒康复人员即使成功戒断多年也仍会被检视，导致其"吸毒者"的负面标签难以摘除。我们将上述社会治理过程中公共权力基于风险控制而产生的污名效应称为"风险污名"。

本文拟将戒毒康复人员在回归融入社会过程中所蒙受的污名，按照其生产生活领域划分为日常生活世界中的道德污名和公共生活世界中的风险污名。其中，日常生活世界中的道德污名表现为文化传承和传播的叙事逻辑，公共生活世界中的风险污名则表现为治理需要和社会控制的叙事逻辑。日常生活世界和公共生活世界中的"污名"生成逻辑及其产生的作用，将共同成为理解"污名"叙事逻辑的重要组成部分。

三 道德污名：日常生活世界中的文化
叙事及其分类逻辑

（一）日常生活世界中戒毒的文化叙事

日常生活世界中的叙事会遵循相应的运转规则，特定时空背景下的文化则成为其载体，承载着对日常生活世界的描述以及日常生活世界组织边界的维护。从这个角度来讲，日常生活世界中人们有关于戒毒康复群体的叙事，无不与我国深受毒品之害的惨痛历史密切相关。在近代历史上，鸦片曾随着西方列强的侵略而不断输入，甚至成为各个阶层老百姓的日常消费品（苏智良，2011：388），其对人类健康造成的巨大危害以"虎门销烟"为代表的禁烟运动让世人皆知，由此开启了我国长达一百多年的禁烟禁毒实践。直至 20 世纪 50 年代，中国共产党领导的禁绝烟毒运动才基本上在全国范围内消除了吸毒现象，创造了举世公认的"无毒国"奇迹（苏智良，1997：4～5）。然而，"无毒国"这一声誉并未维持多久。20 世纪 70 年代后期，随着我国进入改革时期并实施了开放政策，加之受到国际毒潮的侵袭，尤其是金三角贩毒集团实施毒品北上建立"中国通道"后，危害中国近代百余年的毒品问题作为一个严重的政治问题、经济问题和社会问题，再度像瘟疫一般悄无声息地在我国蔓延开来。因此，我国历来都十分重视对毒品贩卖等相关行为的严厉打击，并将禁毒工作视为一场全民参与的持久战。

　　基于上述社会现实，学术研究、大众传媒等文化载体对戒毒康复群体大多采取一种消极负面的叙事方式。具体来讲，现有关于戒毒康复群体的主流研究论述主要是针对该群体的定量调查研究，且多以问题视角看待之。相关研究或将他们视作各种传染性疾病的高危高发群体，对其疾病感染状况和相应的影响因素展开调查（黄金英等，2011；Reilly et al.，2016）；或运用成熟的问卷和量表调查该群体的心理健康状况，提出他们相较于普通人而言存在较为严重的心理问题（卢和丽等，2010；Yi et al.，2016），甚至还形成了特殊的、负性的"吸毒者人格"（汪小琴等，2005）；或关注他们在实现戒毒康复、回归社会的过程中遭遇的困难和社会支持不足等状况（蒋涛，2006；钟莹，2010a）。文学作品、影视画面以及相关报道无不极力渲染毒品神秘可怕的意味，讲述毒品是如何让善良的人变成恶棍、健康人走向死亡的故事，或者关于瘾君子"行尸走肉"的形象以及他们为了吸毒而无恶不作的作品，更是数不胜数。同时，毒品和艾滋病以及毒品和犯罪、恐怖事件之间的关联也进一步导致人们对毒品的看法变得更加负面和情绪化，从而将对瘾君子的恶魔化和妖魔化推向了顶点（格索普，2013：237～

243；周永明，2016：168～173）。

（二） 文化叙事中的群体分类逻辑

关于戒毒康复群体的调查研究以及影视作品的宣传报道，其初衷也许并不在于"污名化"戒毒康复群体。例如，针对该群体疾病感染状况的研究大多是医学院校或医疗机构的学者和实务工作者从预防疾病传播的角度进行的调查，旨在引起人们对该群体疾病感染严重性及其社会危害性的重视，并期望通过研究形成改善该群体生存状况的对策建议。然而，这类研究在内容和结果等方面却呈现高度同质性，进一步强化了人们将戒毒康复群体与各种传染性疾病画等号的认知。也就是说，基于对戒毒康复群体特定面向的高度关注以及所谓的实证研究数据或规模化、典型性报道，学术研究的观点表达和大众传媒的广泛传播通常会以概念化的语言对人的丰富性和复杂性进行简化处理，导致最终呈现的是一些脸谱化的数据和符号，并由此形塑了社会大众关于该群体的负面印象，而忽略了作为个体的戒毒康复人员是一个怎样的人。

> 真的，人家听到你是吸毒的，都是吓（害怕）的；就是全世界都恨这个，你吸毒人家都怕你的。因为那个时候电视里一直放的嘛，都是吓死人的，很惨的，家里的亲戚根本不要的，六亲不认！放出来人家不要吓（害怕）的？所以，如果人家知道你是吸毒的，他也不知道你到底是好还是坏，对不？（MF）

由此可见，人们对于戒毒康复群体固有的印象并不是因为他们真正接触过戒毒康复人员，而是一种基于文化传播所形成的关于该群体的共性想象。这也就是说，即便没有日常交往情境中的现实基础，社会大众依然可以立足上述关于戒毒康复群体的文化叙事形成对该群体的基本印象，并倾向于将其消极负面的特征刻板化、普遍化、放大化，从而掩盖其作为个体的其他特征。基于此，所有人，包括戒毒康复人员自己都在日常生活情境的对话或思维中将戒毒康复群体与其他普通社会大众进行了分类，"吸毒的"则成为一种区别于一般社会大众的特定身份，不能为人所知。

以前觉得自己是很弱势的，觉得我们这种人是在社会底层的，生怕别人在我面前说三道四，或者揭我的老底。如果我去找工作了，我就担心会不会让我打一个政审报告，或者是刚好碰到以前的一个毒友，见我在上班，他会说："她来上班啦？她以前是吸毒的。"（AF）

我将来怎么样去面对我的家庭、我的女儿？她以后肯定要慢慢长大的，不能让她永远背着一个沉重的"十字架"，在背后被别人戳，被人家指指点点，骂她："你爸爸是吸毒的！"（KM）

以前也接受过电视台的采访，但是都要求打马赛克的。为什么道理呢？这对小孩的影响，不太好。我跟小孩也从来不说的，不管参加什么活动，我只能说到社工那里去或者到总部去。（OM）

然而，无论是日常生活中人们"谈毒色变"的口耳相传，还是学术研究中专家学者的群体性诊断，抑或是旨在通过强调毒品危害性以加强社会警示教育的舆论报道和呈现戒毒康复群体病态羸弱形象的影视传媒，在将戒毒康复群体及其所具有的社会危害性呈现在社会大众面前的同时，实际上也已经通过过滤性信息传播预设了观点倾向和情感偏见（王刚、张霞飞，2017）。受此选择性叙事和分类过程的影响，社会大众普遍对毒品和吸食毒品的人深感痛恨。哪怕是相较而言更能理性看待事物的大学生群体，也同样对吸毒者存在较低的包容度（耿柳娜、孟红艳，2014）。

人们对吸毒的人，就像看到瘟神一样；邻居也好，以前的朋友也好，家里人也好，都是远离你的。就好像怕我们一样，好像我们就是瘟神一样，我们自己心里感觉得到。（JM）

（三）群体分类的价值评判与道德污名

道德价值作为日常生活世界运转的重要准则之一，规定着日常生活世界的运转以及日常生活世界中越轨者的标记。上述选择性的叙事过程及其在事实上所造成的群体分类，实则是根据我国特定文化价值语境中有关"何为正常""何为良善"的社会规范共识对戒毒康复群体贴标签和做出价值评判的过程。具体来讲，吸毒成瘾在我国并不仅仅是一种单纯的医学层面的疾病，会对身体造成难以修复的损害，更是一种触犯法律的行为，往往被认为逾越了日常生活世界中的自律原则，并且其不可控的行为还被认为在极大程度上会对家庭乃至社区、社会造成恶劣的影响。因此，人们更加倾向于将其视为一种不良的道德抉择（Li et al.，2015），甚至以偏概全地将吸毒行为这一标记看作戒毒康复人员的整个身份，将他们看成种种不良行为的特征本身，进而将吸毒行为直接与个人品行联系起来，对其进行道德审判。例如，社会大众普遍对戒毒康复群体持有"吸毒的人没什么好人"等观念，认为毒品会导致个人道德沦丧，吸毒者都是道德败坏、十恶不赦的坏人，应该予以严厉惩罚。

> 社会的舆论，所有人都认为我们是戒不掉的，并且是对社会有害的。那么我们这帮人就是社会不需要的人，对吧？这样的话，你可以想象的呀，对于我们这一类人来讲，就会进入到一个更加恶劣的环境！（GM）

> 社会上很多人就认为，吸过毒的人就是十恶不赦的，不能碰的。正因为这么多的人觉得我们是改不了的，所以我也在想通过自己的改变让他们知道，我们这帮人本身不是什么坏人，不是像他们想象得那么坏。但是，要让人家这个想法扳过来，是蛮累的，真的是蛮累的。（DF）

也就是说，在我国特定的文化价值语境中，戒毒康复群体被划分为道德上的弱势群体，被认为是道德上有缺陷和需要改造的人，容易激起他人的厌恶、愤怒、判断和指责（Lloyd，2013）。与之相应，社会大众对该群体的刻板印象也逐渐演变为一种社会偏见（任重远，2016），理所当然地将他们视为社会的对立面，不能或难以成为与正常价值观念相符的"好人"。

　　　　我刚回来的时候，弄堂里的人都戳戳点点的呀，"要抓进去坐牢，吸毒什么的"。都给人家骂的嘛，很难受的嘞。后来经历了我妈妈过世嘛，这个时候就有一个坎过不去了。为什么呢？妈妈当时给我留了一点钱，有几个亲戚是知道我走这条路的，就在我妈妈火葬的那天，别人还说："唉，这下好了，她妈留给她这些钱，正好给她去挥霍呗，继续吸毒呗。"那这个时候情绪是很低落的。（EF）

　　因而，一旦被他人知晓自己曾经的吸毒经历，受到传统文化观念深刻影响的社会大众就会对戒毒康复人员采取避而远之的态度。这就会使得戒毒康复人员及其家人缺乏亲密的人际交往和情感交流，进一步陷入归属感和认同感被双重剥夺的困难处境（杨玲、李鹏程，2007），阻碍其顺利回归正常社会生活。

　　　　时间长了之后，家人看到就讨厌、反对，甚至看到你就要骂、把你推出家门。朋友看到你也是敬而远之，看到你就要避开。那么感觉心里有一种很不舒服的感觉，总归是去找以前的老朋友啦，就是玩这种毒品的朋友啊。那么这样子的话，就又重新吸了。（NM）

　　　　我能感受到，后面有人指指点点的……这样压力太大了，而且（是）很压抑的！你天天在这种环境中，我这种性格比较外向的人，已经要疯掉的感觉。那些内向的人，他肯定要去找一个发泄的地方，那还不是去找以前一起吸毒的朋友？（HM）

　　要而言之，毒品及吸毒行为在我国社会中一直以来都是不被道德框架所接纳的，吸毒经历作为个人人生经历的污点往往也是难以洗清的。即使是社区戒毒康复人员，也同样会由于曾经的吸毒经历而受到道德层面的自我审视和社会审视。也就是说，日常生活世界中关于吸毒行为的文化叙事是负面消极的，那些有过吸毒经历且成功戒断的康复人员还是会因为过往的经历而承受道德层面的污名。由此，舆论、影视作品、社会交往等要素构建的社会文化情境，使得曾经有过吸毒经历的戒毒康复人员在日常生活情境中时常都会遭受到来自其他社会群体的道德污名，在观念、态度和行为上都不被接受。同时，他们自身在这一社会文化情境和文化叙事逻辑中，也不断承担着道德污名所带来的生活压力，从而将此文化叙事逻辑不断内化、实现自我边缘化。

四 风险污名：公共生活世界中的治理叙事及其区隔逻辑

（一）公共生活世界中戒毒的治理叙事

毒品问题是世界范围内公认的重大社会问题，我国禁毒工作的开展也始终面临着严峻的形势，受到党和国家领导人的高度重视。早在2008年，《禁毒法》的颁布实施就从整合戒毒资源、提高戒毒效果的角度出发，重新建构了以社区戒毒、自愿戒毒、强制隔离戒毒三大措施为主体的戒毒体系，推动了我国禁毒工作社会化改革和毒品治理的步伐。党的十八大以来，习近平总书记也曾多次对禁毒工作做出重要指示，强调各级党委和政府要完善毒品治理体系，持之以恒把禁毒工作深入开展下去。2014年，党中央、国务院印发的《关于加强禁毒工作的意见》又进一步明确提出了"毒品治理能力明显提高"的发展目标。

在治理现代化的语境下，我国毒品犯罪刑事政策的变迁（胡江、于浩洋，2019）以及禁毒工作实践的发展（彭善民、胡海英，2010）都已经在一定程度上逐渐显现出"趋于治理"的特征。但是，现有禁毒工作的相关制度安排却难以突破先前重在惩罚的制度惯性，强调的依然是社会管控和司法惩戒取向。在各地禁毒工作的具体执行过程中，针对戒毒康复群体的动态管控和等级管控也日臻完善，尤其是，随着互联网信息技术的发展，越来越强调精细化的分级分类管控和网格化管理。甚至还有可能由于警察权力范围的扩充而大大强化这种倾向（姚建龙，2008），主要体现在以下两个方面：其一，司法系统内部的信息网络对于戒毒康复人员的信息不完善或者更新不及时，导致司法行政机关对戒毒康复人员的戒断认定与公安机关对戒毒康复人员的执法处理相互脱节；其二，在上述基础上，公安机关执法人员倘若忽略已实现戒断康复者正在顺利回归正常社会，在执法过程中不注重方式方法，直接采取较为强硬的态度，则十分容易将曾经有过吸毒经历的戒毒康复人员当作违法犯罪的打击对象。

（二）治理叙事中的身份区隔逻辑

2008 年《禁毒法》的颁布实施，明确了吸毒人员具有“病人、受害者和违法者”三重身份。由此，社会对吸毒者的定位认知发生了根本转变，不再仅仅从犯罪学理论出发将吸毒者定义为“社会越轨者”予以惩罚，而是更加强调挽救和矫正（万艳、张昱，2019）。但是，我国现有禁毒制度安排及其具体执行过程所侧重考量的依然是吸毒者的“违法者”身份，并对其身份危害性进行了预设。同时，在动态管控系统的实际操作中，他们作为“违法者”的身份退出机制也仍不完善。只要有过吸毒被抓获的经历，即使是已经实现康复的戒毒人员，其生活也难以摆脱影响。尤其是在就业、出行、重大公共事务等方面，他们通常需要面对身份核验、尿样检测和管理盘查等管控措施。

> 最麻烦的就是出去旅游，走到哪里，查到哪里，真的是麻烦，哎呀太麻烦了！我上次那个朋友，他们不是几个人组成一个团（出去玩）嘛，（在宾馆）三个警察找不到他，就不停叫他的名字。他的房间在最里面，最后才听到，他说，“你等一下，我换件衣服”。警察一把抓住他说：“不要动！不要动！”他气死了，旅游的人都知道了，十几个房间的人全部都出来了，多尴尬呀！（FF）

戒毒康复人员的“违法者”身份被突出强调，使针对该群体的治理叙事已经跳脱了相关制度本身的规则，直接根据曾经有过吸毒经历而将其不予识别地认定为会严重影响到其他社会群体的利益或有巨大的社会危害，并以维护社会治安为目的将其区隔在中心社会之外。与此同时，戒毒康复人员在被区隔过程中面临的诸多困境，反过来也强化了他们在治理叙事中被制度规训和约束。

一方面，上述制度在对戒毒康复人员形成有效管控的同时，也同样在具体实施过程中导致该群体在就业市场上普遍被视作潜在问题的引发者，因而难以获得中心社会的资源，亦难以享受到法律制度规定的社会权利（于兆波，2018）。例如，虽然《禁毒法》明确了戒毒人员与普通社会大众一样享有就业的相应权利；但是，该群体在就业市场上由于政审制度或身份制度而遭受到的前科歧视与排斥尤为突出，很多用人单位都因此而对他们缺乏基本的信任。这就使得现行政策面临诸多"执行难"的困境与问题（钟莹，2010b）。戒毒康复人员正常就业的基本权利得不到保障，也无法在就业机会的获得方面得到平等对待，经常由于无法通过正式聘用前的人事审查而失去良好的工作机会，甚至即使找到工作也随时会面临失业的风险。

> 出来以后呢，我到几家缝纫店里面去找（工作）。那么人家都说呢，（依）我的技术他们（是）都要的；但是我的身份证给他们，他们一拉，就不要我了。对我来说，又（是）一个打击！这个打击是什么？他就直接跟我说了："你是吸毒的，我们不能要。我聘用你到这里来是做设计的，我把一台电脑交给你，等一下你不要把我电脑给卖掉了！"（BF）

另一方面，戒毒康复人员作为不稳定因素，通常也会被认为容易给城市社会带来各种潜在的风险，影响城市的安全与可持续发展（吴晓林，2019），故而成为社会治理过程中重点管控的对象群体。例如，在一些重大会议或社会活动期间，相关部门都会对其进行动态排摸与管控；在乘坐公共交通工具或外出住宾馆时，也都会面临身份验证以及随之而来的强制性吸毒成瘾认定检测的问题。这些都使得他们过往的吸毒经历被迫曝光，导致其出行、工作等日常生活方面的正常权利也遭到严重剥夺。可见，戒毒康复人员的个人隐私在相关制度规则的约束之下面临着被公开的风险，这对他们的正常生产生活都会产生极为消极的负面影响。

> 我出来后的第一份工作，在宾馆里做行李员，一直做到2010年，我从行李员做到主管了！但是，2010年世博会啊，然后来了一次大审查，所有员工的花名册都送到当地派出所，后来人事部就很婉转地跟我说了这么一句。哎哟，那个时候打击蛮大的！给我的感觉就是，像我们有过这种经历的人，到正儿八经的企业也好，世界500强也好，总归会遇到这种问题的。我身边也有许多人，都面临这种问题！（IM）

（三） 身份区隔的底线安全与风险污名

公共生活世界受公共权力的影响，其核心导向是强调安全稳定发展。党的十八届三中全会首次提出社会治理的概念，强调多元主体的参与，并要求完善治理体系和提高治理能力。治理叙事突出的是党和国家在处理公共生活事务的理念、方式等方面发生转变。但是，各种风险的存在使得治理始终保持着底线思维，强调要确保社会的安全稳定。也就是说，社会安全的治理往往是底线思维的。因此，就业过程中的政审制度以及外出活动的身份查验制度等相关制度安排原本只是一种筛查机制，是作为社会治理的重要手段之一。但是，由于毒品问题治理的特殊性，公安机关一般都会基于吸毒诱发犯罪的潜在关系假定而倾向于在吸毒引发犯罪、损害公共利益前就选择提前介入，对他们进行跟踪与监控（赵雪莲，2020）。由此可见，基于社会安全和公众利益方面的考量，公共生活世界中的制度更加具有规范性和约束性，并针对戒毒康复人员产生了制度性层面的排斥。而这种制度性区隔（古学斌、龚瑶，2016：50～51）在使戒毒康复人员受到一定行为约束与监督的同时，亦不可避免地形成了针对该群体的污名效应。

> 人家宾馆跟 110 联网的嘞，（身份证号码）输入进去他就知道了。这个很不好的，不给人家一条路走。很多人好久没有吃这个东西了，但（因为过往经历导致）工作丢了，就又去弄这个东西了，是不是不给人家一条活路了？所以你看，"一朝吸毒，终生戒毒"这句话有道理吧！以前有这个经历的嘛，就有一个污点一直在这里了。（CM）

由此，戒毒康复人员在治理叙事中实际上是被当作潜在风险的引发者和社会安全的不确定因素，这一针对戒毒康复群体的风险污名则进一步导致了他们在就业、出行等方面面临着较大的风险。尤其是对于那些通过自身努力回归正常社会生活的戒毒康复人员来说，他们的付出与改变只在小范围内得到承认甚至是得不到承认，以致"戒断 3 年未复吸"的制度认定对于他们而言更多的是流于形式，而他们本该获得，也是他们十分期望获得的公平对待的权利也因此被忽略了。

> 我们找工作遇到政审，你说给开个证明，说我们是同伴辅导
> 员，那么社会上承认哇？我们是承认的，人家单位里面知不知道
> 同伴辅导员啊？知道你干吗的吗？或者说我们在从事志愿工作，
> 那谁知道你们志愿做什么啊？他又不懂，对吧？对外面的人来说，
> 他只知道你吸过毒，对吧？（LF）

> 我们一个朋友到国外去旅游，刚到机场里面，"哇哇哇"响
> 的……像我们 Y 老师，她都康复一二十年了，她出去也有这个事
> 嘞！所以说，我们永远都是"黑名单"（中的一员）！但最起码给
> 我们一个档次，给我们一个人生嘛！（康复）十年以下的就不谈
> 了，十年以上的，你就给我们一个名嘛！（MF）

总体而言，公共生活世界中的治理叙事源于政策制度及其治理社
会事务的方式、内容等。这些内容既有发展的导向，也有底线的导向。
吸毒行为以及因吸毒行为而引发的诸多问题会对社会安全产生较大的
冲击，因而我国对吸毒行为的治理始终保持着底线思维，其目标在于
维护社会和谐稳定。基于此，即使戒毒康复人员已经实现了认定戒断，
但过往吸毒经历的存在仍然会使其在现有的政策制度和治理方式中难
以像普通人一样就业、出行等。甚至有关人员在开展特定的工作时，
由于不注意方式、方法而对成功戒断康复人员的正常外出等造成不良
影响。由此，也就造成了戒毒康复人员在公共生活中难以正常生活。
换言之，为了维护和保证社会的安全稳定，治理叙事中有底线思维的
面向。而戒毒康复人员吸毒经历的存在，则使其成为治理叙事中底线
思维的重点治理对象，由此影响了他们在公共世界中的正常生活，并
产生了不良影响。

五 结论与讨论

对污名现象进行探讨，必须将污名置于现实生活世界的互动之中
加以考察。然而，目前关于戒毒康复人员等曾经有过违法经历的社会
边缘群体的主流研究论述，却主要是对该群体在回归社会过程中遭遇
的来自社区层面的具体障碍（Young et al. , 2015）、来自社会大众的歧

视（刘柳、段慧娟，2015）以及来自职业发展体系和司法制度层面的多重排斥（王嘉顺、林少真，2014；林少真，2015；彭睿、王郅强，2019）等困难处境做出的客观描述，所表征的实际上是"污名"的外部发生过程（张友庭，2008），且大多是从污名实施主体的视角来看待污名的生产逻辑及其产生的影响。但是，这些过程是如何得以维系的，以及对于蒙受污名者带来了怎样的体验或造成了怎样的影响？对上述问题的厘清，将有利于我们对戒毒康复群体蒙受污名的复杂过程做出更加充分的理解。

（一）社会边缘群体污名的双重解释

对于因生活变故或行为而导致个体社会身份受损的边缘群体来说，污名的建构过程往往涉及社会制度、社会文化、社会道德等各种外在机制（杨生勇、杨洪芹，2013）。现有研究大多描述了这些外在建构因素给蒙受污名者带来被歧视和被排斥体验的客观事实（廖慧卿、张兴杰、张开云，2020；王惠，2021；肖立志、王颖捷，2021），对其如何发挥作用的内在逻辑却缺乏深入探讨，即为什么这些外在建构因素会造成针对特定群体的污名尚未获得充分回应。本文通过对 15 名戒毒康复人员的深度访谈发现，社会边缘群体污名的形成与维系是文化和制度因素共同作用的产物，其背后隐含着文化叙事的分类逻辑和治理叙事的区隔逻辑（见图 1）。

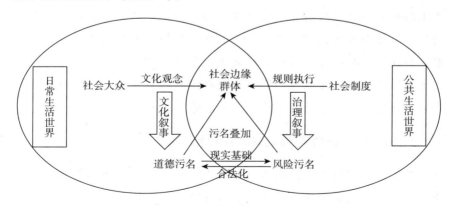

图1 社会边缘群体污名的双重叙事逻辑

一方面，在日常生活世界中，社会大众依据文化的惯性以及现代社会中的舆论与影视等文化传媒形成了对于戒毒康复群体的共性想象，这种固有的社会成见和思维定式将戒毒康复人员与普通公众区分开来，并为其贴上了负面的标签，"道德评判"由此形成。这种道德意义上的分类和人际等级区分，只不过是其他社会群体在遵循社会文化规范行事，但使戒毒康复群体被迫处于一种受轻视、被排斥的不利境况当中。另一方面，公共生活世界中社会控制取向的制度安排实际上强调了戒毒康复人员对自身过往吸毒行为的责任承担，但治安层面的现实考量使他们在遵循当下制度规则约束的同时，也不得不被区隔在中心社会之外，并由此被标记为"潜在风险"的引发者。制度性的排斥与歧视只不过是一种应对风险的方式，其目的是维护社会安全和秩序，但有可能使戒毒康复人员丧失部分正当的生活机会和社会地位，与之相应的资源和权益亦被剥夺。

此外，文化叙事中的研究结论或宣传报道，为社会大众形成关于戒毒康复群体的基本认知提供了认知框架，即人们对于戒毒康复群体"无可救药"、"人性丧失"和"道德败坏"等方面的刻板印象大多来自上述文化符号。同时，这也为正式制度规则将该群体视为诱发犯罪和社会不稳定的潜在预设奠定了现实基础。而治理叙事中的正式规章制度，在对戒毒康复人员的行为进行约束和管控的同时也造成了制度性的排斥与歧视，从而为前述关于该群体的基本看法和潜在预设提供了合法性依据，进而导致针对该群体的污名实现了合法固化。需要指明的是，上述双重污名并不是一种简单的叠加，二者之间相互建构所产生的复合效应最终使得人们对戒毒康复群体的负面刻板印象逐渐转变为一种社会偏见，理所当然地将群体中的每个人都与生理、心理问题，与违法犯罪行为，与背离社会规范等联系起来。这些实际上已经远远超越了吸毒行为本身，从而将戒毒康复人员这一特定身份烙印于个体，并用这一特定身份代替了作为完整生命体的人。

（二）社会边缘群体污名的应对策略

污名应对不仅关乎蒙受污名者个人的生存和正常生活，还关乎整个社会的稳定与和谐发展。其重要性逐渐引起各国政府和研究人员的广泛关注，并从不同侧面开展了大量研究（杨柳、刘力，2008）。但显而易见的是，当前研究主要将污名应对视作"被污名者在具体污名情境中为减少压力的消极影响而有目的地采用的情绪、认知和行为反应"（杨柳、刘力、吴海铮，2010）。立足于此而开展的污名应对策略研究，大多采取一种个体聚焦的倾向，将污名应对看作蒙受污名者的单方面反应（杨运强，2016；赵静、杨宜音，2017）。这种视角实际上也将蒙受污名者和社会赋予他们的贬低性标签置于一种相互对抗的关系之中。

本文从客观视角来区分不同生活世界的污名叙事逻辑以及在污名化过程中可能存在的隐患和风险，据此得以揭示"污名"的存在有其现实基础，进而有其合理性。具体来讲，社会边缘群体是生活在特定时空环境中的，其之所以被污名，往往是行为或者身份等逾越了特定时空的运转规则。因此，探讨个体所处时空环境的运作机理，便能够从过程中了解其为何被污名，而非仅从结果去倒推其被污名的可能原因。在此基础上，社会边缘群体的污名应对策略理应从"污名"实现的功能前提和被"污名"者权利保护的双重要素来考虑，其核心要义在于系统地看待污名的生成逻辑及其外在功能。也就是说，不能单一地强调蒙受污名者的自我改变或单方面寄望于社会情境的变迁，而是需要兼顾污名实施者和蒙受污名者的双重视角（Earnshaw et al.，2013），从消除公众污名和减少自我污名两个方面出发提出相应的干预措施和介入策略，以此应对结构层面的边缘化和心理人格层面的边缘化（徐晓军，2015）。

（三）对去污名化社会工作实践的启发

社会工作作为一门以弱势边缘群体为对象开展服务实践的专业，一直以来都尤为强调人与环境之间的互动。已有的介入研究也逐渐开始注重从个体自身层面的态度行为改变以及外在环境层面的偏见消除或"无歧视环境"营造两个维度同时进行干预的整合实践（French et al.，2015；Pretorius et al.，2016；Paul，2018），强调针对个体、组织、政策等生态系统不同层面进行介入的实践策略（Kahng，2006；何瑞，2017）。但仔细分析上述去污名化的实践策略可以发现，其中对于外在环境要素的界定往往是模糊笼统和不加区分并将其视为一体的。这里需要注意的是，污名的形成是一个长期、循环的历史建构过程，包含了不同污名情境之间的动态循环和相互作用（关文军、颜廷睿、邓猛，2017）。而且，从社会工作专业服务提供注重情境的角度出发，不同情境所包含的要素以及由此引发的问题与需求也是不同的。这表明，"污名"的双重叙事逻辑实际上有其内在一致性，只不过在不同的场域或者情境中，引发"污名"的要素是不一样的。

由此观之，针对社会边缘群体的去污名化社会工作实践需要从日常生活世界和公共生活世界出发，区分"污名"在社会中的真正内涵及其所具有的类型化差别。一方面，从文化叙事着手介入日常生活世界中的道德污名，关键在于增强社会大众对蒙受污名群体的接触意愿或增加群际接触的机会，从而在深度了解的基础上减少对蒙受污名个体及其所属群体的刻板印象、偏见和歧视等。具体来讲，可以通过社会工作者的接纳与支持理念以及相应的知识传播和关系处遇服务来促进亲朋好友和周围他人认知的改变；同时，也可以在促进边缘人群实现自身积极转变的基础上，为他们提供更多接触社会和展示自身生命故事或正面形象的机会，从而打破社会大众对其所属群体的固有印象和消极偏见。另一方面，立足治理叙事介入公共生活世界中的风险污名，重点在于发掘社会制度在实施过程中有可能为蒙受污名群体带来的结构性限制，进而在协助蒙受污名群体积极应对这种限制的同时倡导政策的变革。例如，在治理实践中融入社会工作的理念与策略，从而在确保安全稳定状态的基础上维护社会边缘群体的权益。与此同时，还应积极在政策制度层面为社会边缘群体的权益保障提供建议和进行呼吁。

此外，本文对污名情境的区分以及二者之间相互建构和相互影响关系的剖析还提示我们，社会边缘群体在现实中面临的不同污名情境并不是截然分割的，因而针对此所展开的去污名化社会工作实践也应该是系统整合的。概而言之，社会边缘群体的去污名化社会工作实践必须在日常生活世界和公共生活世界两类交往情境中均获得接纳并在两者之间形成良性循环。前者能够为社会边缘群体提供情感方面的支持和精神方面的慰藉，后者则能够为他们维持基本生存以及保持与社会之间的关联提供保障。

参考文献

陈德敏、皮俊锋（2020）："邻避污名化之省思与回应路径——基于污名功能的视角分析"，《重庆大学学报》（社会科学版），http://kns.cnki.net/kcms/detail/

50. 1023. C. 20200522. 1628. 002. html。

段文杰、李玉梅、何啊龙、吴桐（2021）："基于未感染者与感染者双重视角的艾滋病污名"，《心理科学进展》第 2 期，第 323～337 页。

耿柳娜、孟红艳（2014）："减轻大学生对吸毒人群的艾滋病污名：基于观点采择的研究证据"，《中国特殊教育》第 12 期，第 79～85 页。

古学斌、龚璿（2016）：《与弱势者同行：性/别与社会工作思考》，北京：社会科学文献出版社，第 50～51 页。

关文军、颜廷睿、邓猛（2017）："社会建构论视阈下残疾污名的形成及消解"，《中国特殊教育》第 10 期，第 12～18 页。

管健（2006）："身份污名的建构与社会表征——以天津 N 辖域的农民工为例"，《青年研究》第 3 期，第 21～27 页。

郭金华（2015）："与疾病相关的污名——以中国的精神疾病和艾滋病污名为例"，《学术月刊》第 7 期，第 105～115 页。

何瑞（2017）："服刑人员未成年子女的困境与社会工作的介入"，《北方民族大学学报》（哲学社会科学版）第 6 期，第 111～114 页。

胡江、于浩洋（2019）："新中国 70 年来毒品犯罪刑事政策的变迁与完善——从'打击'走向'治理'"，《广西社会科学》第 11 期，第 109～115 页。

黄金英、卢次勇、黄晋飞、黄桂锋、邓琳、孙小康、曾茜茜（2011）："强制戒毒人群 HIV 和梅毒感染及影响因素"，《中国公共卫生》第 1 期，第 104～105 页。

蒋帅（2019）："地名叙事的去污名化实践——基于盗泉地名历史记忆的考察"，《民俗研究》第 5 期，第 99～111 页。

蒋涛（2006）："吸毒人群社会支持网研究——对重庆市南岸区戒毒所的调查"，《社会》第 4 期，第 160～172 页。

景军（2006）：《艾滋病谣言的社会渊源：道德恐慌与信任危机》，《社会科学》第 8 期，第 5～17 页。

李建新、丁立军（2009）："'污名化'的流动人口问题"，《社会科学》第 9 期，第 56～64 页。

廖慧卿、张兴杰、张开云（2020）："社会救助提升农村贫困残障者的生活机遇了吗？——残障污名与街头官僚、救助政策的交互效应研究"，《公共行政评论》第 6 期，第 21～39 页。

林少真（2015）："制度排斥与社会接纳：吸毒人员回归社会的困境与出路"，《贵州社会科学》第 5 期，第 48～52 页。

刘柳、段慧娟（2015）："关于中国女性吸毒者维持毒品使用行为的研究"，《人口与发展》第 4 期，第 74～81 页。

刘能（2005）："艾滋病、污名和社会歧视：中国乡村社区中两类人群的一个定量分析"，《社会学研究》第 6 期，第 136～164 页。

卢和丽、袁也丰、林武、蔡军、郭明、闵建华、楼青、胡勃、钞雪林、李梦倩（2010）："美沙酮维持治疗患者心理健康状况及影响因素研究"，《现代预防医学》第 15 期，第 2853～2855 页。

罗国芬（2018）："儿童权利视角：农村留守儿童'再问题化'"，《探索与争鸣》第 1 期，第 79～83 页。

迈克尔·格索普（2013）：《"毒品"离你有多远？》，冯君雪译，天津：天津人民出版社，第 237～243 页。

欧文·戈夫曼（2009）：《污名——受损身份管理札记》，宋立宏译，北京：商务印书馆，第 2~6 页。

潘绥铭、黄盈盈、李楯 (2006)："中国艾滋病'问题'解析"，《中国社会科学》第 1 期，第 85~95 页。

彭睿、王郅强 (2019)："社会排斥与毒品亚文化：青少年群体吸毒的双重诱因及其消解路径"，《公共行政评论》第 2 期，第 85~104 页。

彭善民、胡海英 (2010)："趋于治理：上海禁毒工作的当代变迁"，《华东理工大学学报》（社会科学版）第 6 期，第 6~15 页。

任重远 (2016)："污名的道德解析"，《伦理学研究》第 4 期，第 132~137 页。

苏智良 (1997)：《中国毒品史》，上海：上海人民出版社，第 4~5 页。

苏智良 (2011)：《上海：城市变迁、文明演进与现代性》，上海：上海人民出版社，第 388 页。

同雪莉、彭华民 (2013)："大学生心理问题污名认知及应对"，《教育评论》第 6 期，第 75~77 页。

万艳、张昱 (2019)：《我国强制隔离戒毒制度与实践的断裂与重构》第 2 期，第 123~130 页。

汪小琴、熊红星、王敬群、宋波、邓俭 (2005)："157 例女性吸毒劳教人员人格分析"，《中国药物滥用防治杂志》第 3 期，第 134~136 页。

王刚、张霞飞 (2017)："风险的社会放大分析框架下沿海核电'去污名化'研究"，《中国行政管理》第 3 期，第 119~125 页。

王惠 (2021)："城市低保救助中的福利污名：基于定性与定量证据的分析"，《湘潭大学学报》（哲学社会科学版）第 1 期，第 37~44 页。

王嘉顺、林少真 (2014)："社会排斥与另类的生活空间：青年吸毒行为的影响机制分析"，《东南学术》第 4 期，第 165~174 页。

文军、田珺 (2017)："身体、话语和权力：'农民工'群体的污名化建构过程分析"，《学术界》第 9 期，第 154~166 页。

吴俊范 (2014)："上海棚户区污名的构建与传递：一个历史记忆的视角"，《社会科学》第 8 期，第 67~77 页。

吴晓林 (2019)："城市吸毒群体的社会风险与防范——基于 N 省 789 名强制戒毒人员的调查分析"，《河南社会科学》第 1 期，第 103~108 页。

肖立志、王颖捷 (2021)："与成瘾相关的污名与歧视——基于南京市某强制隔离戒毒所青年戒毒人员的定性研究"，《中国青年社会科学》第 1 期，第 108~117 页。

徐晓军 (2015)："社会弱势群体的边缘化及其应对"，《西北师大学报》（社会科学版）第 6 期，第 57~64 页。

徐岩 (2017)："住院精神病患者污名化下的身份抗争"，《广西民族大学学报》（哲学社会科学版）第 5 期，第 79~85 页。

杨玲、李鹏程 (2007)："吸毒者回归社会的过程：归属与认同的剥夺"，《心理学探新》第 2 期，第 91~95 页。

杨柳、刘力 (2008)："污名应对研究：发展脉络、理论取向与展望"，《心理科学进展》第 5 期，第 815~825 页。

杨柳、刘力、吴海铮 (2010)："污名应对策略的研究现状与展望"，《心理科学进展》第 5 期，第 819~830 页。

杨生勇、杨洪芹 (2013)："'污名'和'去污'：农村艾滋孤儿受损身份的生成和消解——基于 J 镇艾滋孤儿社会化过程的历史性考察"，《中国青年研究》第 7 期，第 66~71 页。

杨运强（2016）："听障青少年的污名及其应对策略"，《当代青年研究》第 5 期，第 47～53 页。

姚建龙（2008）："《禁毒法》的颁行与我国劳教制度的走向"，《法学研究》第 9 期，第 15～21 页。

姚建龙、常怡蓉（2016）："留守儿童犯罪：污名化的反思与修正"，《中国青年社会科学》第 4 期，第 135～140 页。

姚星亮、黄盈盈、潘绥铭（2014）："国外污名理论研究综述"，《国外社会科学》第 3 期，第 119～133 页。

姚星亮、王文卿（2014）："AIDS 在中国的污名化：一种政治移情的理论视角"，《云南师范大学学报》（哲学社会科学版）第 4 期，第 120～126 页。

于兆波（2018）："立法视域中的弱势群体保护"，《学习与探索》第 12 期，第 105～111 页。

张友庭（2008）："污名化情境及其应对策略——流动人口的城市适应及其社区变迁的个案研究"，《社会》第 4 期，第 126～147 页。

张有春（2017）："污名与艾滋病话语在中国"，《社会科学》第 4 期，第 87～92 页。

赵德雷（2014）："内化的污名与低劣之位——建筑装饰业农民工底层地位的'合法性'"，《青年研究》第 2 期，第 83～93 页。

赵静、杨宜音（2017）："城管的身份认同威胁及其身份协商策略"，《学术研究》第 4 期，第 63～68 页。

赵雪莲（2020）："失范与回归：青年女性吸毒生涯退出的犯罪社会学分析"，《中国青年研究》第 10 期，第 73～79 页。

钟莹（2010a）："建构主义视角下的吸毒者与社会的'双向排斥'机制及解决策略"，《福建论坛》（人文社会科学版）第 5 期，第 157～161 页。

钟莹（2010b）："男、女两性戒毒人员面临的主要困难与社会福利服务需求的比较分析"，《河南社会科学》第 6 期，第 134～137 页。

周永明（2016）：《20 世纪中国禁毒史：民族主义、历史和国家建构》，石琳译，北京：商务印书馆，第 168～173 页。

Wang Weiyi、Angela、李兆良（2017）："中国文化变量作为应激源对其心理疾病患者的影响"，《东北师大学报》（哲学社会科学版）第 6 期，第 201～206 页。

Bogart, L. M., Cowgill B. O. & Ryan G. et al. (2008). "HIV-Related Stigma among People with HIV and Their Families: A Qualitative Analysis." *Aids and Behavior* 12 (2): 244 −254.

Bruce, G. L. & Jo C. Phelan. (2001). "Conceptualizing Stigma", *Annual Review of Sociology* 27 (1): 363 −385.

Cahill, S. & Robin Eggleston. (1995). "Reconsidering the Stigma of Physical Disability." *Sociology Quarterly* 4 (36): 681 −698.

Earnshaw, V. A., Smith, L. R. & Chaudoir S. R. et al. (2013). "HIV Stigma Mechanisms and Well-being among PLWH: A Test of the HIV Stigma Framework", *AIDS and Behavior* 17 (5): 1785 −1795.

French H., Greeff M. & Watson M. J. et al. (2015). "A Comprehensive Hiv Stigma-Reduction and Wellness-Enhancement Community Intervention: A Case Study." *Journal of the Association of Nurses in AIDS Care* 26 (1): 81 −96.

Jones, L. (2018). "I'm Not Proud, I'm Just Gay: Lesbian and Gay Youths' Discursive

Negotiation of Otherness. " *Journal of Sociolinguistics* 22 （1）： 55 −76.

Kahng, Sang-Kyoung. （2006）. " The Psychological Nad Social Nature of Mental Illness Stigma ： Implications for Social Work. " *Mental Health & Social Work* 22 （4）： 125 − 148.

Li, Li, Liang Li-Jung & Lin Chunqing et al. （2015）. "Addressing HIV Stigma in Protec-ted Medical Settings. " *Aids Care-Psychological and Social-Medical Aspects of Aids/ HIV* 27 （12）： 1439 −1442.

Lloyd, C. （2013）. "The Stigmatization of Problem Drug Users： A Narrative Literature Review. " *Drugs*： *Education*, *Prevention & Policy* 20 （2）： 85 −95.

Lysaker, P. H. , Davis, L. W. & Warman, D. M. et al. （2007）. "Stigma, Social Func-tion and Symptoms in Schizophrenia And Schizoaffective Disorder： Associations Across 6 Months. " *Psychiatry Research* 149 （1 −3）： 89 −95.

Paul, S. （2018）. "Are We Doing Enough? Stigma, Discrimination and Human Rights Violations of People Living with Schizophrenia in India： Implications for Social Work Practice. " *Social Work in Mental Health* 16 （2）： 145 −171.

Pretorius, J. B. , Greeff, M. & Freeks, F. E. et al. （2016）. "A Hiv Stigma Reduction In-tervention for People Living with Hiv and Their Families. " *Health Sa Gesondheid* 21 （1）： 187 −195.

Reilly, K. H. Alan Neaigus, Travis Wendel, et al. （2016）. "Bisexual Behavior among Male Injection Drug Users in New York City. " *AIDS and Behavior* 20 （2）： 405 − 416.

Rüsch, N. , Angermeyer, M. C. & Corrigan, P. W. （2005）. "Mental Illness Stigma： Concepts, Consequences, and Initiatives to Reduce Stigma. " *European Psychiatry* 20 （8）： 529 −539.

Yang, Lawrence Hsin & Kleinman Arthur. （2008）. " ʻFaceʼ and The Embodiment of Stigma in China： The Cases of Schizophrenia and Aids. " *Social Science & Medicine* 67 （3）： 398 −408.

Yang, Lawrence Hsin, Kleinman Arthur & Link Bruce G. et al. （2007）. "Culture and Stigma： Adding Moral Experience to Stigma Theory. " *Social Science and Medicine* 64 （7）： 1524 −1535.

Yi, Siyan, Sovannary Tuot, Pheak Chhoun, et al. （2016）. "Prevalence and Correlates of Psychological Distress among Drug Users in Phnom Penh. " *International Journal of Drug Policy* 36： 25 −32.

Young, Lance Brendan, Kathleen M. Grant & Kimberly. A. Tyler. （2015）. "Communi-ty-Level Barriers to Recovery for Substance-Dependent Rural Residents. " *Journal of Social Work Practice In The Addictions* 15 （3）： 307 −326.

中国社会工作研究 第二十辑

第 73~94 页

儿童虐待的媒体建构及对社会工作专业介入的影响

——基于对 2009~2020 年网络媒体报道的内容分析

赵 芳 谢 颖 杨馥榕[*]

摘 要 本文采用内容分析法，对人民网、新浪网、新京报网三家代表性网络媒体在 2009~2020 年关于儿童虐待的 1603 篇新闻报道进行了定量分析。研究发现儿童虐待媒体报道在政府、媒体、公众三者互动的基础上，通过议程设置建构了儿童虐待议题，包括媒体通过呼应和呼吁作用于政策，以及媒体报道准确性偏差给社会工作专业介入带来的消极影响。期待社会工作者提升与媒体合作的能力，努力将社会工作发展成为一个拥有强大而独特话语权的职业。

关键词 儿童虐待 媒体建构 社会工作专业介入

一 问题的提出

现代社会，网络媒体报道已成为人们日常生活的重要组成部分，

---

* 赵芳，复旦大学社会发展与公共政策学院社会工作学系教授、博士生导师；谢颖，复旦大学社会发展与公共政策学院社会工作学系硕士研究生；杨馥榕，复旦大学社会发展与公共政策学院社会工作学系硕士研究生。

是人们了解社会、关注社会问题、获取信息的重要渠道，深刻地影响了人们的思维方式、行为方式和生活习惯。对网络媒体报道的内容分析为相关研究提供了新的视野。

近年来，通过网络媒体报道，不断有儿童虐待事件进入公众视野，不仅给社会大众传递了实时消息，也影响了人们对于儿童虐待的理解和应对。事实上，所有的媒体行为都是有意图和倾向的，媒体报道的现实是媒体制度内外行动者与环境互动的结果，媒体在报道时与现实世界之间的互动是一种意义的生产和交换过程（江根源，2013）。儿童虐待的媒体报道反映了媒体对儿童虐待的认识论取向，当然，这种认识论取向也是受众影响和选择的结果。当社会工作者在提供儿童服务时，面临的是一个媒体与现实互动后所产生的意义世界，媒体报道影响了儿童保护政策的制定，也建构了受众的认知、感受和信念。如果社会工作者不了解这个世界，也不知道其中的互动过程，则往往无法对服务对象、事件和社会环境做出准确的判断，也无法完成更科学合理的政策倡导和专业介入。基于此，本文试图通过对 2009 年至 2020 年间网络媒体报道的内容分析，探究我国儿童虐待网络媒体报道的建构倾向以及对社会工作服务的影响，具体包括：①这 12 年间，儿童虐待网络媒体报道的建构倾向是什么；②此建构倾向是否准确；③该建构倾向对社会政策和社会工作专业介入产生了怎样的影响。

二　文献回顾

关于儿童虐待报道的研究，一直是研究者们关注的重要议题。

首先，研究者关注的是儿童虐待报道的准确性问题。Cheit（2003）研究了五年内罗德岛一家报纸上所有有关儿童虐待的媒体报道，发现媒体夸大了"陌生人的危险"，更频繁地报道了陌生人所实施的虐待行为，而不是家庭内部虐待，尽管后者占了虐待案件的更多数。Niner 等（2013）分析了马来西亚两份英文报纸在 2010 年有关儿童虐待的报道，发现报道在很多方面扭曲了马来西亚儿童虐待的现实，并且几乎没有揭示虐待的根本原因，而且即使母亲不是肇事者，媒体也有把虐待儿童归咎于母亲的倾向，研究者从女权主义的视角指出这种对母亲的指责掩盖了男性犯罪者的责任。Lonne 和 Parton（2014）对过去

50 年英国和澳大利亚媒体有关儿童虐待的报道进行了批判性分析，指出由于竞争激烈，媒体倾向于过分关注刑事案件，特别是性虐待和身体虐待，而较少关注忽视和情感虐待。还有学者通过对比研究以核验报道数据的真实性，如 Breen（2004）研究了 1993～2002 年两份报纸的新闻报道后发现，媒体报道的儿童性虐待程度和性质与普遍学术研究结果之间存在差异，尤其是在侵害人的归咎比例上，媒体报道的侵害人中陌生人仅占 3%，权威人士则占 45%，而研究数据则显示侵害人 20% 是陌生人，4.6% 是权威人士。Hove 等（2013）分析了 2000～2008 年美国主要报纸关于儿童虐待的报道，发现不同类型儿童虐待的报道与现实不相符，性虐待受到过度报道。

　　其次，学者很早就意识到了媒体报道影响民众对儿童虐待的认知和应对。有学者研究了《被殴儿童综合征》发表之后的媒体氛围，认为在儿童虐待首次进入公共领域的关键时刻，媒体发表的一系列耸人听闻的报道潜意识中把虐待儿童的父母标签化，使得民众不自觉地与儿童虐待的父母拉开距离而不是帮助那些有需要的父母（Pfohl，2014）。Hacking（1991）在此基础上，通过分析过去 50 年关于儿童虐待的报道，进一步提出媒体把虐待儿童的父母标签化为恶魔的后果之一是弱化了社会在解决虐待儿童方面问题的责任。Aubrun 和 Grady（2013）的研究佐证了 Hacking 的观点，在对美国 120 篇关于儿童虐待的报道进行分析后发现，新闻记者很少把儿童虐待放在一个更大的社会预防和应对的背景下讨论，因而限制了民众从社会层面理解这一议题的能力。Lonne 和 Parton（2014）分析了过去 50 年英国和澳大利亚的儿童虐待报道，发现报道过度关注相关个人，忽略了导致虐待的社会性结构因素，例如贫困和社会排斥等。也有学者研究发现，媒体报道的这种传统在慢慢改变。Hove 等（2013）对 2000～2008 年美国主要国家级和城市级报纸报道的研究发现，虽然多年来报道中关于儿童虐待原因和应对方式没有明确的改变，但是儿童虐待已经被建构成社会问题。不过，随后又有学者对 2002 年至 2012 年美国 8 个州新闻机构有关儿童性虐待的报道的内容分析发现，新闻报道对儿童性虐待责任的归属虽被越来越频繁地从社会层面建构，但是个人层面的解决方案仍然是报道中最关注的（Weatherred，2017）。杨瑞丽和宋燕（2011）借鉴台湾学者臧国仁的框架理论，分析了《南方周末》2010 年 3～5

月的校园暴力事件，认为媒体重视理性与法制，能够从事件的社会背景和制度层面探究原因。同样是以《南方周末》为例，李笑欣（2014）则着重对 2013 年儿童伤害事件的报道进行分析，也认为报道能够关注到事件中社会层面的原因，但是媒体的社会责任意识还有待提高。陈伟和熊波（2018）系统分析了 2011 年之后五年间关于儿童监护失职案件的网络媒体报道，发现报道有对社会层面因素的关注，包括从社会管理和个人所处环境的角度分析原因。

再次，学者们研究了媒体报道对社会变革产生的影响。学者们认为，报道在一定程度上向民众揭露了社会问题（Breen，2004），改变了公众对儿童虐待这一议题的了解（Arthur，2012），增强了公众应对和预防儿童虐待的意识（Hacking，1991），推动了积极的制度改革（李笑欣，2014）。另外，学者也讨论了不准确或者歪曲性媒体报道的危害及其对公共政策的影响。Patrick（2001）提出，苏格兰和威尔士 19 世纪 70 年代到 90 年代媒体关于儿童虐待事件的报道导致了儿童福利机构被认为是相关儿童死亡的罪魁祸首，并被大众媒体不断中伤；媒体逐利而为，对于耸人听闻的儿童虐待事件有选择性地报道助长了儿童保护领域中恐惧、责备和不信任的倾向。在发生了儿童虐待的严重事件之后，媒体的报道力度很大程度上影响着民众解决这一问题的压力（Chenot & David，2011）。夸大陌生人危险的报道让民众过多地关注了陌生人，而忽视了家庭内的风险（Ross & Cheit，2003）。如果报道集中在极端案件的刑事司法细节，而不是儿童虐待原因、解决办法和预防措施，则报道就很难帮助政策制定者和公众了解必须采取什么措施来防止未来的虐待（Mejia et al.，2012）。例如，报道忽视了公共卫生在帮助陷入困境的家庭和预防儿童虐待方面的作用，就会阻碍公共卫生领域的改革（Lonne & Parton，2014）。如果报道对儿童虐待的塑造继续停留在个人责任领域，则媒体或公众舆论就很难推动公共政策的变化（Weatherred，2015）。另外，中国学者对人民网 2013～2017 年有关性侵儿童报道的内容分析发现，媒体在采集信息和传播过程中容易对当事人及其家属造成"二次伤害"，而且报道中过度凸显人文关怀则在一定程度上加重了社会对儿童的刻板印象（白明洁，2018）。

最后，学者们试图从儿童虐待事件的报道中探寻事件、报道和政策发展之间的演变规律。有学者认为儿童虐待、报道和政策发展之间呈现一种"恶性循环周期"（见图1），这一周期不仅存在于美国，还存在于很多国家或地区（Chenot & David，2011）。当一个特别严重的虐待儿童案件浮出水面的时候，媒体对于事件的大量跟踪报道使公众对这一议题的关注度会在短时间内骤升，政府或相关部门会做出回应并对案件进行深入的调查，政策会产生相应变革。但随着时间的推移，在媒体对这一惨痛事件的报道频率降低或停止之后，公众的关注度出现回落，慢慢进入"一切照旧"的低谷，低谷期代表着公众对相关机构监督的停顿，而下一个严重事件的发生，将迎来下一个高峰，周期再次重复。

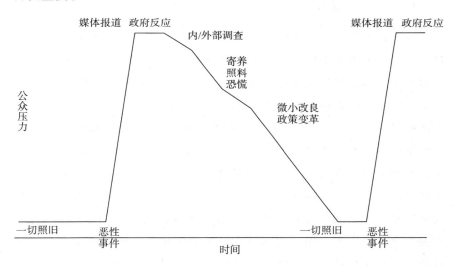

图1　儿童福利领域的恶性循环周期

资料来源：Chenot & David，2011。

　　总体看来，国外的儿童虐待报道相关研究起源较早，涉及的范围广，成果丰富。而国内对儿童虐待相关媒体报道的研究近十年才出现，数量有限，分析样本数量较少，且大都集中在传播学领域。通过对比可以发现，对国内儿童虐待报道的研究有待进一步加强，比如：①国外有儿童虐待媒体建构的相关研究，但是至今国内还没有类似的专门研究；②较国外而言，国内对儿童虐待报道建构倾向的准确性研究几乎没有涉及；③在已有的儿童虐待媒体报道相关研究中，学者多聚焦于对某一年或者一年中某个时间段媒体报道的分析，纵向规律性的探索以及其对政策制定和专业服务的影响研究几乎没有。因此，相关研究非常有必要，也会给国内儿童虐待政策制定和社会工作服务提供确定的信息和方向性的指引。

三　研究方法

本文运用社会学的社会建构理论，以及传播学中的议程设置理论，采用内容分析法对 2009～2020 年三家网络媒体关于儿童虐待议题的报道进行分析。

（一）样本选择

在大众媒体中，网络媒体因其实时性、互动性、高容量和多元化等特点，对人们现实生活的影响越来越大。根据 2010 年人民网舆情监测室统计，网络媒体比起传统媒体在第一消息源中的占比有大幅上升，在有影响的独立言论数量上有大幅上升（刘鹏飞，2011）。因此，本文选取了全国性主流网络媒体人民网、新浪网和新京报网作为代表。就网络媒体的性质而言：人民网，是《人民日报》建设的以新闻为主的大型网上信息发布平台，代表了官方的声音和态度；新浪网是新浪公司主办的新闻门户网站，是一家拥有领先技术和先进互联网理念的商业网站，更趋向于迎合大众的声音和想法；新京报网是《新京报》的官方网站，作为光明日报和南方日报两大报业集团联合主办的城市日报，因其报道的独立客观而著称。就网络媒体的内容而言，人民网和新浪网的新闻报道比较丰富，新京报网以原创时事报道居多，三家媒体对新闻事件的反应敏感、迅速、及时。就资料获取方式而言，三家网站的搜索引擎比较完备，可以兼顾关键词和限定日期搜索，便于资料的搜集和获取。

本文以"儿童虐待""虐待儿童""虐童""虐待"为关键词分别在人民网、新浪网和新京报网三家网络媒体的官方网站搜索引擎中查找以儿童虐待为主题的相关报道，把时间范围限定为 2009 年 1 月 1 日到 2020 年 12 月 31 日。在样本中，把重复报道、更正或撤回的报道、纯视频报道、失效报道以及文中仅含有"儿童虐待"、"虐待儿童"或"虐童"字样但内容并不相关的报道筛除，共获得有效样本报道 1603

篇，其中人民网 656 篇，新浪网 681 篇，新京报网 266 篇。

（二） 分析单元与分析类别

分析单元为每篇样本报道，借鉴已有文献成果，结合研究问题共设置了 14 个分析类别，梳理出两个层面：一是报道层面，包括报道体裁、构建框架、影响因素、解决措施等类别；二是事件层面，包括发生国家/地区、城乡、受虐儿童年龄、受虐儿童性别、施虐人性别、施虐人与受虐儿童的关系、举报人、虐待类型、施虐后果和受虐后果等类别。

（三） 编码过程

根据以上分析类别，经过多次试验和修改，制定了编码表（见表 1）。

表 1　编码

	类别	定义	编码标准
第一部分：报道层面	报道体裁	新闻报道的表现形式	消息（简洁的语言及时报道新近发生的实事）记为 1； 通讯（具体、生动、形象地反映新闻事件或典型人物，比消息更具体、系统）记为 2； 新闻特写（生动地再现某一重大事件、人物的特征片段或某个精彩场面，使读者身临其境）记为 3； 深度报道（聚焦于解释事件的来龙去脉、说明原因和结果、事件的含义和社会影响，以及发展的趋势与展望等）记为 4； 新闻评论（主观评论新闻事件，对其提出一定的看法和意见，包括社论、专栏评论、编者按、述评）记为 5； 其他记为 0
	构建框架	报道所呈现的对议题构建方式	情节式框架（对具体事件和特定案例或案例中的人物进行详细叙述，比如儿童虐待的具体事件、相关庭审犯罪记录、对受害者或者施虐人的生命历程及其他进行详细描述等）记为 1； 主题式框架（把问题和事件放在更广泛背景下讨论，提出集体、抽象和一般证据。比如统计学数据及趋势，达成共识的专家意见或学术研究，相关的社会制度、政策，一般性的原因）记为 2； 其他或未呈现构建框架记为 0
	影响因素	报道提及影响/导致儿童虐待的因素（以二分类记录：0 为无，1 为有）	施虐人物质滥用（如毒品、酒精）； 施虐人存在心理、精神疾病； 施虐人年幼、年轻（如未成年妈妈）； 施虐人曾经遭受虐待； 施虐人失业； 施虐人压力大（如工作、情感压力）；

续表

类别		定义	编码标准
第一部分：报道层面	影响因素	报道提及影响/导致儿童虐待的因素（以二分类记录：0为无，1为有）	施虐人受教育程度低； 施虐人教育/管教方式存在问题； 儿童身心健康问题（如残疾、智障、网瘾）； 儿童性别； 儿童推迟/没有/无法报告； 家庭结构（如单亲、离异、重组）； 家庭矛盾、暴力或家庭关系紧张； 家庭贫穷或收入低； 社区、学校或相关单位、部门未发挥作用，如举报、监督、受理、及时保护儿童等制度失败； 缺乏儿童福利服务（如日托服务、禁毒子女服务、残疾人儿童服务、家庭调解、咨询服务）； 难以起诉案件（证据缺失、不充分、时间久远等）； 社会经济低迷； 失业率高； 法律薄弱或无相关法律保护儿童； 社会文化、风气、意识影响； 其他
	解决措施	报道中提及应对儿童虐待的处理方式（以二分类记录：0为无，1为有）	惩戒/教育施虐人； 教育儿童使其学会自我保护，如识别、举报和应对等； 提倡家庭教育，如改善沟通、亲子关系等； 加强/惩处社区、学校或相关单位的行为； 完善/加强相关法律、政策、制度等； 转变社会不合理观念、意识和风气等； 发挥社会组织及相关社会资源的作用； 其他
第二部分：事件层面	发生国家/地区	虐待儿童事件所属地区	中国大陆记为1； 中国港澳台记为2； 欧美记为3； 日韩记为4； 其他或未提及记为0
	中国大陆地区	发生在中国大陆地区的儿童虐待事件具体区域分布	东部（北京、天津、河北、辽宁、上海、江苏、浙江、福建、山东、广东、海南）记为1； 中部（山西、吉林、黑龙江、安徽、江西、河南、湖北、湖南）记为2； 西部（重庆、四川、贵州、云南、西藏、陕西、甘肃、青海、宁夏、新疆、广西、内蒙古）记为3
	城乡	虐待儿童事件发生城乡归属	农村记为0； 城市记为1； 其他或未提及记为2

	类别	定义	编码标准
第二部分：事件层面	儿童性别	事件中受虐儿童的性别	女孩记为 0； 男孩记为 1； 其他或未提及记为 2
	儿童年龄	事件中受虐儿童的年龄	0～3 岁婴幼儿（如幼托中心）记为 1； 4～6 岁学龄前（如幼儿园）记为 2； 7～12 岁学龄期（如提及小学阶段）记为 3； 13～18 岁青春期（如初高中）记为 4； 未提及或不填记为 0
	施虐人性别	事件中施虐人的性别	女性记为 0； 男性记为 1； 其他或未提及记为 2
	关系	受虐儿童与施虐人关系	父母（包括亲生父母、养父母、继父母）记为 1； 其他家庭成员记为 2； 保育人员（如老师、教练、保姆）记为 3； 其他熟人记为 4； 陌生人记为 5； 其他或未提及记为 0
	举报人	事件中将事件曝光或者向有关单位举报的人	家属记为 1； 邻居记为 2； 学校人员记为 3； 医务人员记为 4； 其他目击者（陌生人、路人）记为 5； 网络曝光记为 6； 受害人记为 7； 施虐人自首记为 8； 其他或未提及记为 0
	虐待类型	儿童遭受虐待的类型（以二分类记录：0 为无，1 为有）	肢体虐待； 情感虐待； 性虐待； 忽视； 剥削； 多重虐待（提及两种及以上的虐待类型）； 儿童虐待（没有提及具体的虐待类型）
	受虐后果	事件中提及的儿童受虐的后果（以二分类记录：0 为无，1 为有）	死亡； 肢体伤害，营养不良，健康状况差； 认知/智力迟缓，学业表现不好； 情感上/关系上/心理上的损伤，如抑郁，很难建立关系，排斥与人接触等； 行为障碍或越轨行为； 无伤害或者极小伤害且恢复良好； 安置在亲戚、机构、寄养家庭等；

续表

	类别	定义	编码标准
第二部分：事件层面			接受相关帮助，如心理开导、身体保健等； 其他
	施虐后果	事件中提及施虐人的后果（以二分类记录：0为无，1为有）	被儿童保护部门（如公安、民政、社工、法院等）调查取证； 被警告、教育或调解； 行政拘留、罚款； 刑事拘留、逮捕、准备起诉、被指控； 撤销监护权； 对施虐人定罪、判刑等； 给予帮助或强制社区服务、参加亲子项目等对父母/家庭的支持服务； 其他

（四）编码程序及编码者间信度

有两位编码者对样本进行编码，除研究者自身编码之外，还邀请了一位具有新闻传播学背景的研究者进行共同编码。首先，两位编码者就编码目的、编码表的使用、内容分析法、儿童虐待及新闻报道等相关知识进行了沟通。随后，两位编码者根据初版编码表随机选择30篇报道进行了先验性编码，后基于此编码过程中遇到的问题和分歧进行了沟通，经过多次讨论和试验达成共识后，形成了上文中最终版的编码表。之后，两位编码者分别独立地对总样本中随机抽取的161篇报道（超过总样本量的10%）进行编码。由于本次编码为两位编码者且变量类型为定类变量，故使用Cohen's Kappa系数来测量关键变量的编码者间信度。通过对比两位编码者的编码记录，编码者间信度分析结果显示：报道体裁=0.82；构建框架=0.88；发生区域=0.85；发生地点=0.74；儿童年龄=0.96；儿童性别=0.74；施虐人性别=0.76；关系=0.93；影响因素在0.71至0.93之间，解决措施在0.75至0.89之间，虐待类型在0.72至1.00之间，后果在0.71至1.00之间。综合来看，编码者间信度的Kappa系数都在0.7以上，显示出较强信度（Denham，2017）。最后，剩余1442篇报道由两位编码者分别独立编码，分工完成；共同编码的161篇随机样本以对半的形式放入最终编码数据库中。

（五） 资料分析方法

在编码时，两位编码者使用 Microsoft Excel 软件对编码结果进行记录，编码完成后将数据导入 Stata 15.0 进行统计和分析。

四 研究发现

（一） 2009～2020 年儿童虐待报道的总体概况

首先，报道事件分析。在所有报道中的儿童虐待事件中，女童占比为 44.65%，男童占比为 36.97%，其他未提及儿童性别。受虐儿童年龄分布最多的是 4～6 岁，即幼儿园阶段的孩子，占 34.34%；随后是 0～3 岁，即婴幼儿阶段的孩子，占 25.05%；7～12 岁，即小学阶段的孩子，占 22.42%；年龄分布最少的是 13～18 岁的孩子，占 6.26%；其他未提及年龄的占 11.93%。施虐人为女性的，占 38.99%，男性施虐人的比例为 29.49%，其他（父母）或未提及的占比为 31.52%。从施虐人与儿童的关系来看，超过一半（63.23%）的施虐人为受虐儿童的父母，包括亲生父母、养父母和继父母；其次是保育和教育人员，占比为 26.06%，包括幼儿园或学校老师、保姆等；其他熟人占 3.84%；其他家庭成员，如奶奶、叔叔等占 3.23%；陌生人占 0.20%；其他未提及关系的占 3.44%。在事件后果方面，32.93% 的施虐人进入刑事程序，包括被拘留、诉讼等；23.43% 的事件中的施虐人被警方调查；最终 12.73% 的事件中的施虐人被定罪判刑；9.70% 的事件中的施虐人被警告；6.46% 的事件中的施虐人被给予行政处罚；2.42% 的事件中的施虐人被取消监护权；只有 1.82% 的事件中的施虐人在被发现以后有获得戒酒互助项目、纳入低保等支持性的服务；其余为未提及后果和其他。

其次，报道数量及变化趋势分析。过去十余年间儿童虐待报道呈现 "萌芽—增长—回落—再增长" 的动态变化趋势（见图 2）。2011 年以前，媒体对于儿童虐待的关注处于萌芽时期，每年总体报道数量很少。2011～2015 年处于快速增长时期，并分别在 2012 年和 2015 年出现两次报道的波峰。2016 年出现明显的回落，之后报道数量呈现逐年增长的趋势。其中，新浪网和新京报网的报道数量与总报道数量呈现大致相似的变化趋势，人民网则略显不同，2012～2015年呈现对儿童虐待报道的较高关注度，之后则逐年下降，2019年有所回升，2020年又所下降。

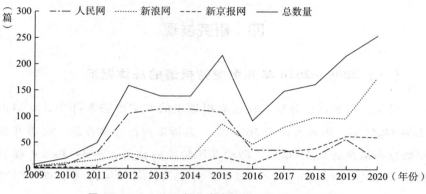

图2 2009～2020年儿童虐待报道数量变化趋势

媒体报道的数量与儿童虐待事件有明显的相关关系。样本报道共涉及495例儿童虐待事件。从2009年到2015年，媒体曝光的儿童虐待事件总体上一直保持着上升的趋势，每年曝光的虐童事件数量不断攀升。在2011年之前，媒体曝光的数量年均在20例以下，在2012年温岭幼师虐童事件曝光后，媒体增加了对虐童事件的关注并追随这一热点话题进行了相关虐童事件的曝光，且在2015年达到顶峰。2015年有三起著名事件，一是"贵州毕节儿童自杀"事件，二是江苏徐州全国首例父母被剥夺监护权案的宣判，三是轰动一时的"南京养母虐童案"，媒体对三起事件的曝光、跟踪、评论及呼吁的报道超过当年总报道量的一半。此后曝光的虐童事件开始减少，2016年到达一个低谷，基本回落到2011年曝光的数量水平。此后媒体报道事件的数量又呈现上升的趋势。2020年因"黑龙江四岁女童遭继母生父虐待案""辽宁抚顺6岁女童遭母亲与男友虐待案""广东茂名7岁男童被虐烧伤案"等几个热点虐童事件的出现，媒体的报道量出现了新的高峰。从议程设置理论来看，媒体对某项议题的报道频繁程度反映了该议题受关注程度及其重要性，而媒体在儿童虐待报道方面也呈现由事件引发的周期性循环现象。

最后，媒体报道的体裁分析。报道体裁，即新闻报道的表现形式，不同新闻体裁，其表达手法、组织结构和所持态度都有区别。报道体裁分为消息、通讯、新闻特写、深度报道和新闻评论五大类。三家媒体的消息和通讯类均约为 2/3 （人民网占 67%，新浪网占 68%，新京报网占 65%），新闻特写比例都很低，只占 1%。显然，媒体对于儿童虐待事件的报道更多是以传递新闻事实为主。略有不同的是，人民网和新浪网以具体系统的新闻通讯为主，新京报网则是以简短消息报道为主。此外，人民网和新京报网的评论分别占了 28% 和 25%，明显高于新浪网，说明两家媒体更强调向读者传达对事件的判断与看法，引导公众的认知。新浪网则是深度报道居多，可以看出新浪网主要是以向观众传递儿童虐待相关事实为主，对于观点和看法的传递则最为单薄，这也符合其商业网站的性质。但总体来看，三家媒体关于儿童虐待的深度报道比例都很低，媒体在报道深度方面明显不足（见表 2）。

表 2　儿童虐待报道体裁分布（ *N* = 1603）

单位：篇，%

体裁	人民网		新浪网		新京报网	
	数量	比例	数量	比例	数量	比例
消　息	151	23	173	25	103	39
通　讯	290	44	294	43	70	26
新闻特写	1	0	7	1	2	1
深度报道	29	4	95	14	25	9
评　论	185	28	112	16	66	24
总　计	656	100	681	100	266	100

（二）　媒体报道的建构倾向及准确性

1. 影响因素、解决措施的媒体建构倾向及准确性

在所有样本的报道中，只有不到一半的报道（47%）涉及对儿童遭受虐待影响因素的分析。在涉及儿童虐待影响因素分析的 754 篇报道中，父母认为虐待是对子女的"管教方式"这一原因居于首位，占比达 41%，即将其归因于家长个体层面的因素。接下来被提及的影响因素依次是制度缺失（18%）、家庭结构（14%）、法律问题（14%）、家庭矛盾（12%）和社会意识（12%），施虐人压力大这一因素的占比

也达到了 10%。其他因素，如施虐人物质滥用、施虐人年轻、施虐人有过被虐待史、施虐人受教育程度低、儿童健康情况和性别、家庭贫困、缺乏预防和支持服务等被提及的不足一成。

在所有样本报道中，51% 的报道提及了应对儿童虐待的解决措施，主要包括加强对施虐人的惩戒（占 49%），完善法律法规及相关政策（占 44%），改进相关单位及部门的行为（占 29%）以及发挥社会力量的作用（占 27%）。绝大部分的解决措施都体现在社会层面，不论是改进相关部门的行为，还是完善法律法规和相关政策及发挥社会力量的作用，都意味着希望权力部门和社会承担起预防儿童虐待的责任。另外，只有不到一成的报道提及加强对施害人的教育（8%）和对儿童的教育（3%）。

总体来看，在过去十余年中，媒体在报道儿童虐待这一议题时兼顾了个体层面和社会层面。虽然从三家媒体的报道框架来看，聚焦个体经历的情节式框架使用的总体比例略高于体现社会视角的主题式框架，但是不同媒体之间的差异明显，两种框架的使用比例有高有低。从影响因素的统计来看，个体因素居于首位，但是在解决措施中社会层面的改变措施排在前列。也就是说，报道会首先将儿童虐待事件归因于个体因素，但是仍然强调在社会层面解决这一议题。

2. 施虐类型的媒体建构倾向及准确性

在被报道的 495 例儿童虐待事件中，身体虐待发生率居于首位，为 90%；心理虐待和多重虐待都占 9%，忽视占比为 8%；发生率较低的类型是性虐待（3%）、笼统的儿童虐待（3%）和剥削（2%）。通过对比研究可以发现报道的偏差。学者的研究中肢体虐待的发生率最高，占 60% 左右（徐韬等，2014；杨世昌等，2014），被忽视的发生率在 22.4%～54.9%；而中国儿童期性虐待发生率在 10%～24%（孙言平等，2006；陈晶琦等，2010；牛红峰等，2010；彭淋等，2013）。显然，媒体报道中身体虐待发生率远高于已有研究数据，而报道中的忽视和性虐待的发生率则明显低于研究数据。也就是说，媒体对于身体虐待这一类型存在过度报道的可能，而对于忽视和性虐待这两种儿童虐待类型则存在少报的可能。从框架理论来看，这种对于身体虐待类型的大量报道很可能会扭曲观众对于儿童虐待的认识，即涉及这一议题时，只关注身体虐待而忽略儿童性虐待及其他虐待的严重性，这种误导不利于个人及社会妥善应对不同虐待类型（McKee，2010）。

3. 发生区域的媒体建构倾向及准确性

根据国家发改委"七五"计划把我国划分为东部、中部、西部三大经济区域。分析结果显示，报道曝光的儿童虐待事件中有53%发生在东部地区；其次是中部地区，为23%；西部地区最少，仅占19%。另外，报道虐童事件发生在城市的占比（49%）比农村（29%）高20个百分点。现有的报道数据似乎暗示着经济越发达，儿童虐待的发生率越高，而这与儿童保护领域一直以来的研究发现背道而驰，即贫困或经济不发达地区更可能发生儿童虐待事件（Boyer，2011）。这说明媒体在曝光儿童虐待事件时，对国内发达地区和城市的关注较多，而忽视了农村和较落后地区；或是发达地区和城市的儿童虐待事件更容易被发现、举报和曝光，而较落后地区的儿童虐待事件却存在一定的隐蔽性，不易被发现并报道出来。

4. 虐待后果的媒体建构倾向及准确性

可从受虐儿童和施虐人来分析报道中儿童虐待事件的后果。52%的报道报告的是儿童的生理伤害，如淤青、肿痛、出血、骨折等，其他如心理伤害占12%，认知伤害占6%。在受伤害的儿童中，23%的儿童死于受虐经历，8%的儿童被带离家庭并被安置到其他家庭或者福利机构。分析显示，在儿童虐待事件中最常被提及的后果是儿童身体上的伤害或死亡，因为这两种后果是最直接和明显的影响，而且可以作为直接的事实材料被报道出来，其他如心理伤害、认知迟缓、行为异常等非直接后果或长期影响在报道中可能被漏报或低估了。究其原因，一是存在时间差，心理上和关系上的不良后果不像淤青、肿痛等身体伤害会在被报道时就被识别和发现，而是在受虐之后几年甚至成年之后才会显现（Depanfilis，2006）；二是对儿童虐待后果缺乏专业评估。虐待对儿童产生的影响，尤其是心理、认知、行为的影响，目前国内专业的评估机构较少，也没有建立起可以设计出准确和妥善评估的指标体系（赵芳等，2018）。

5. 举报人的媒体建构倾向及准确性

通常儿童虐待会被特定的人发现、举报而被曝光。媒体报道的举报人主要是家属和网民（分别占22%和27%），根据《未成年人保护法》属于强制报告人范围的学校人员（2%）、医务人员（6%）以及邻居（6%）都只占不到一成。一方面，与欧美地区的举报者较均匀地分布在家属、邻居、目击者或陌生人、受害人及校方人员不同，我国家属之外的学校工作人员、医务工作人员，以及与儿童有直接互动、能在与儿童的互动中发现儿童受虐的群体举报的却很少，这在很大程度上反映了我国强制报告人举报意识不强，强制报告制度真正落地还有很长的路要走。另一方面，我国网民举报所占比例是欧美地区的9倍之多，从早期的发帖，再到发微博和朋友圈被警方发现，网友多选择网络匿名曝光而非实名举报，也说明在中国对于儿童虐待的举报还有很多认知上的误区。另外，我国受害人自己举报的比例极低，只有不到1%，这反映出我国和欧美地区在儿童自我保护意识方面存在巨大差异。国内儿童的权力意识较为薄弱，对于虐待的认知不清晰，即不知道或不认为照顾者的伤害行为是虐待，即使知道是虐待，不敢也不知如何举报以保护自己的正当权益。

五 研究结论

媒体对现实世界的建构一部分是通过媒体议程设置实现的。议程设置理论强调媒体议程对公众议程起着关键性的引导作用，即媒体通过报道数量的多少和话语倾向的强弱，以赋予不同议题显要性的方式，来影响或决定相关议题在公众心目中的重要程度。议程设置并不是议题的单向流动，而是媒体、公众、政治等交互建构和影响的多重过程，即不同议题的倡导者为获取媒体、公众和政策制定者的关注而进行的博弈（戴海波、杨惠，2020）。通过对2009～2020年三大网络媒体对儿童虐待报道的内容分析，可以发现媒体在与政府、公众互动的基础上，通过议程设置对儿童虐待进行了建构。

（一）建构历程：从媒体呼应到媒体呼吁

儿童虐待的报道是媒体制度内外行动者与现实世界互动的结果，它的议程设置既受现实世界的影响，也影响现实世界。研究发现，儿童虐待网络报道数量呈现"增长—回落—再增长"的发展趋势，这一发展趋势与前文提到的美国儿童福利领域的"恶性循环周期"基本一致，也就是说，在过去十余年间，中国的儿童虐待网络报道也经历着类似的循环周期，并且从这种循环中，可以看出网络媒体报道与政策制定之间两种不同的互动路径。

一是媒体对政策的呼应，强调的是政策对媒体报道的导向作用。媒体报道第一个增长阶段以 2011 年为分界线。当年，国务院颁布了《中国儿童发展纲要（2011—2020 年）》，首次添加了"儿童福利"这一板块，并明确提出"扩大儿童福利范围，推动儿童福利由补缺型向适度普惠型的转变"，这意味着国家对儿童撑起的保护伞从以往仅仅覆盖孤儿、弃儿、流浪儿童扩展到遭受各种虐待的儿童及其他所有儿童。在政策文件的引领下，2011 年后媒体开始对儿童福利和儿童保护给予关注。第二个增长阶段以 2014 年为分界线。2014 年，最高人民法院等联合颁布了《关于依法处理监护人侵害未成年人权益行为若干问题的意见》，激活了原《民法》中沉睡了 35 年的"监护人资格撤销"条款，引发了媒体对儿童保护案件的报道热忱。紧接着，2015 年《反家庭暴力法》正式通过，这一年因此成为儿童虐待事件报道的新顶峰。这些变化清晰地折射出了社会政策对媒体报道的导向作用。

二是媒体对政策的呼吁，强调的是媒体对政策完善的促进作用。在 2012 年"温岭幼师虐童案"曝光后，整个社会将眼光聚焦在了儿童虐待以及施虐对象之一的保育人员这一群体上，之后几年的报道中幼师或者教师虐童事件持续出现。媒体的集中大量报道使公众压力不断攀升，各领域专家通过媒体不断呼吁，其中不乏政界人士，如全国人大代表的发声和议案。在此过程中，社会意识到儿童虐待领域的一大漏洞，即非家庭成员实施虐待无法定罪。2015 年的《刑法修正案（九）》对这一漏洞进行了回应，针对虐待罪主要做了两个方面的修改：一是在虐待罪中在原来的"告诉的才处理"后增加了例外情况，即被虐人没有告诉能力或是受到恐吓等特殊情况；二是虐待罪不再限于家庭成员，只要是对儿童具有监护或看护责任的人，即教师、保育员等都在范围内。此后，即在一系列的法律回应、案件处理、政策改革之后，公众应对儿童虐待的压力进入循环周期里"一切照旧"的低谷，对应的就是 2016 年和 2017 年网络报道和曝光的儿童虐待事件数量都出现了回落。在之后媒体报道的再次上升则意味着一个新循环周期的开始，媒体再次参与呼吁，一直到 2020 年底的《未成年人保护法》的修订，将儿童保护的"四大主体"扩展成"六大主体"，公众关切的问题在新修订的《未成年人保护法》中被回应。

　　总结来看，一方面，媒体报道呼应政策，报道中每个阶段的转换，尤其是向上发展的阶段都会以一定的政策演进为背景。根据时间上的先后关系和各自作用不同，可以分为三种情况：其一，儿童虐待报道在相关政策出台后出现，既为新出台的政策提供宣传，为政策的实施制造舆论，也为促进政策的落地执行，让公众监督政府的执政行为；其二，儿童虐待报道在政策出台之前进行，既能促进民众在某一议题上的政治参与，为政策出台提供民意，也推动议题从公众议程走向政策议程，从而促进社会政策的变革；其三，儿童虐待报道在相关政策出台的前后都有发布，结合社会事件对政策的前因后果做出全面报道和剖析，综合了前两个方面的特点（沈亚英，2007）。另一方面，媒体报道呼吁政策完善。首先，通过大量媒体报道把儿童虐待这一议题呈现给公众，把公众对于儿童虐待的关注和应对儿童虐待的压力推向一个顶峰；再通过具体的公权力部门，如公检法、民政等部门对事件做出调查回应，呈现解决问题的态度；随后施虐人被处以相应的惩戒、受虐儿童得到相应的帮助；同时，儿童虐待领域相关的制度和政策也会改革或完善以缓解公众的压力；最后回到"一切照旧"的状态中直至下一次事件爆发。简单来说，不论是呼应还是呼吁，这实际上是政府、媒体和公众相互作用的过程和"博弈"的结果。

（二）建构的准确性偏差：媒体报道的世界与现实的世界

　　议程设置不能决定人们对某一事件或意见的具体看法，但可以通过提供信息和安排相关议题有效地左右人们关注哪些事实、关注的先后顺序和由此形成的意见。儿童虐待媒体报道反映了媒体对儿童虐待的一种认识论取向，是一个意义的生产过程。

　　首先，儿童虐待类型的媒体议题设置。如前所述，媒体在报道时，身体虐待类型被过度报道，而忽视和性虐待却被过少报道或选择性忽略。在国际共识中，如世界卫生组织和联合国儿童基金会等都认为性虐待属于儿童虐待的范畴。但当本文以"儿童虐待"或者是"虐待"作为关键词进行报道搜索时，儿童虐待报道中几乎没有涵盖性侵儿童、强奸儿童、猥亵儿童等报道，也少有关于儿童忽视的报道。搜索结果存在的差异并不是由使用术语差异或者翻译造成的。也就是说，报道在传递"儿童虐待"这一信息时，不自觉地设置了报道关注议题的先后次序，这种对虐待类型的不相称关注容易造成对该议题的不平衡理解（Aubrun & Grady，2013），让社会普遍认为只有身体的虐待才是虐待，性虐待很特别，忽视不属于虐待等。在此种情况下，社会工作专业介入时，介入的空间已被设限。2021年实施的新修订的《未成年人保护法》强调了报告和强制报告制度的重要性。但是如果公众对于儿童虐待的认知是模糊，甚至是不准确的，那么公众，包括一些专业工作者会因为不确定和不了解而放弃报告，性虐待、忽视等其他不被公众了解的虐待类型也很难被报告出来。

其次，在区域和后果的报道上也同样存在议题设置问题。媒体的议题设置显示，他们更关注在城市和发达地区发生的儿童虐待，在报道时儿童虐待的身体伤害被更多地报道出来，而受虐儿童的心理、认知伤害却被忽视。这样的议题设置让人们认为，城市和发达地区儿童虐待发生率更高，而身体是否被伤害成为判断儿童是否被虐待的唯一或者最重要的指标。这样，在专业介入时，农村和欠发达地区的儿童虐待，以及心理和认知介入的重要性都被严重忽视了，受虐者更可能不会在有精神或心理受虐风险时向专业机构求助（杨志超，2014）。农村或欠发达地区儿童保护事业，特别是有效预防性服务的开展则会困难重重。

最后，在如何应对上，媒体设置了表达方式。国内儿童虐待媒体报道的影响因素首要归因是个体层面，虽然在解决措施方面倾向于社会责任归因，但是社会责任层面的归因又多以惩罚和震慑施虐者为主，是一种明显的"惩戒式"应对思维，传达出的信息是社会将施虐人标签为需要被处理和惩戒的人，而不是需要被帮助和支持的人。虽然在报道中有涉及对施虐人提供支持教育、教育儿童自我保护、促进家庭沟通和加强家长教育，以及发挥社会组织的服务作用等建议措施，但是所占比重微乎其微。事实上，照顾者在成为施虐人之前，可能也是社会问题的受害者，如社会贫困的代际传递者、儿时受虐待的受害者、社会资源的被排斥者等。在这种情况下，施虐者和儿童一样，都是不幸处境的受害者，单独针对他们个体的责怪可能是不公平和不公正的（Hove et al.，2013）。目前报道的议题设置使我们在专业介入时发现，整个社会的预防性、服务性思维是严重缺失的。

鉴于以上分析，显然，应加强社会工作者的职业能力，包括与媒体合作的能力，并努力将社会工作发展成为一个拥有强大而独特话语权的职业（Franklin et al.，1991）。

首先，社会工作一直强调政策倡导，但是政策倡导到底如何实施，具体的路径是什么是需要深入思考的。其中，参与到与媒体的互动中，在某些重要议题上将"政府—媒体—公众"之间的互动变成"政府—媒体—公众—社会工作者"之间的互动，借助议题设置，通过呼应和呼吁的转化，实现政策倡导。一方面，社会工作者要关注重大事件，学会通过媒体呼吁形成社会力量，推动政策的出台和完善；另一方面，在政策出台前后，通过媒体报道呼应政策，引导公众认知，为新政策的出台和实施构建新的意义空间，进而监督政策的推进和落实。

其次，社会工作服务机构可以设置媒体联络职位，并与新闻媒体保持良好的联系和合作，在重大相关事件发生时通过有影响力的新闻媒体发出专业的声音，也可以为社会工作者提供新闻传媒教育，让社会工作者利用互联网和新媒体平台，如在线教育、普及类公众号等方式向社会大众普及儿童虐待的相关讯息，宣传儿童虐待的相关知识，影响媒体的议题设置。另外，社会工作服务机构就社会工作关注的重要议题及社会工作者的作用与新闻媒体从业人员进行合作（Gaber，2011）。社会工作服务机构可以通过联合培训、主题讲座、沙龙等，甚至利用互联网优势，借助电话/视频讲座和会议等方式向新闻媒体从业人员，尤其是对儿童虐待、儿童福利感兴趣的新闻记者传递关于儿童社会工作的专业知识和前沿发现，协助他们进行深度报道，传递准确的知识和信息，为专业服务拓展更多的空间。

最后，从长远角度来看，可以为社会工作者和记者提供进一步的跨专业教育项目（Stanfield & Beddoe，2014）。有关跨专业教育的文献表明，如果跨学科关系和学习机会存在于专业的学习阶段，新的技能和联盟就可以在专业发展的早期阶段形成。也就是说，在媒体传播教育时就能有社会工作视角，在社会工作教育时也能嵌入媒体视角，通过社会工作和媒体传播的跨学科合作，培养具有社会反应能力的记者和精通媒体传播的社会工作者，以实现两者在各方面的深度合作，共同推动儿童福利和社会工作事业的进一步发展。

参考文献

白明洁 (2018)："框架理论视角下的性侵儿童报道研究"，硕士学位论文，南昌
　　大学。

陈晶琦、韩萍、连光利、Michael P. Dunne (2010)："中国 6 省市 2508 名大学生儿童
　　期性虐待经历回顾性调查"，《中华流行病学杂志》第 8 期，第 866 ~ 869 页。

陈伟、熊波 (2018)："儿童监护失职行为的刑法规制——基于互联网媒体报道的
　　907 个案件的分析"，《青年研究》第 1 期，第 46 ~ 56 页。

陈文晗 (2015)："论网络对传统媒体的冲击与影响"，《卷宗》第 10 期，第 534 页。

戴海波、杨惠 (2020)："分析媒体与冲突关系的三个关键词：建构、弥合与延
　　伸——基于议程设置理论的探讨"，《传媒观察》第 7 期，第 78 ~ 85 页。

江根源 (2013)："媒介建构现实：理论溯源、建构模式及相关机制"，博士学位
　　论文，浙江大学。

李笑欣 (2014)："儿童伤害事件报道的框架分析——以《南方周末》报道为
　　例"，《青年记者》第 14 期，第 35 ~ 36 页。

牛红峰、楼超华、高尔生、左霞云、冯永亮 (2010)："1099 名大学生儿童期性虐
　　待的调查与分析"，《中华生殖与避孕杂志》第 1 期，第 40 ~ 45 页。

彭淋、张思恒、杨剑、李洋、叶云凤、董晓梅、王声湧 (2013)："中国儿童期性虐
　　待发生率的 meta 分析"，《中华流行病学杂志》第 12 期，第 1245 ~ 1249 页。

沈亚英 (2007)："《人民日报》农民工报道研究 (1988 - 2006)"，硕士学位论
　　文，西北大学。

孙言平、董兆举、衣明纪、孙殿风 (2006)："1307 名成年学生儿童期性虐待发生情况
　　及其症状自评量表测试结果分析"，《中华儿科杂志》第 1 期，第 21 ~ 25 页。

徐韬、焦富勇、潘建平、陈晶琦、黄晓燕、刘文利、宫丽敏、王惠珊 (2014)：
　　"中国儿童虐待流行病学研究的文献系统评价研究"，《中国儿童保健杂志》
　　第 9 期，第 972 ~ 975 页。

杨瑞丽、宋燕 (2011)："关于'校园暴力事件'报道的框架分析——以《南方
　　周末》为例"，《新闻世界》第 4 期，第 136 ~ 138 页。

杨世昌、张迎黎、张东军、申丽娟、姚桂英 (2014)："中国儿童虐待发生率的
　　meta 分析"，《中国学校卫生》第 9 期，第 1346 ~ 1348 页。

杨志超 (2014)："美国儿童保护强制报告制度及其对我国的启示"，《重庆社会科
　　学》第 7 期，第 54 ~ 60 页。

赵芳、徐艳枫、陈虹霖 (2018)："儿童保护政策分析及以家庭为中心的儿童保护
　　体系建构"，《社会工作与管理》第 5 期，第 67 ~ 77 页。

Aubrun, A. & Grady, J. (2003). *How the News Frames Child Maltreatment: Unintended
　　Consequences*. Washington. https://www.frameworksinstitute.org/wp-content/uploads/
　　2020/06/HowTheNewsFramesChildAbuse.pdf.

Arthur, J. (2012). "Framing Child Neglect: A Content Analysis of National and Re-
　　gional U.S. Newspaper Coverage." Accessed 2019 - 05 - 12. https://docplayer.
　　net/2032661-Framing-child-neglect-a-content-analysis-of-national-and-regional-u-s-
　　newspaper-coverage-julie-b-arthur.html.

Aubrun, A., and Grady, J. (2013). *Two Cognitive Obstacles to Preventing Child Abuse: The
　　"Other-mind" Mistake and the "Family Bubble"*. Washington, DC: Cultural Logic LLC.

Boyer, B. A. (2011). *Advocating for Children in Care in a Climate of Economic Recession: The*

Relationship between Poverty and Child Maltreatment.

Breen, J. (2004). "Through the Looking Glass: How the mass Media Represent, *Reflect and Refract Sexual Crime in Ireland.*" *Irish Communiscations Review* Vol. 10.

Cheit, E. R., (2003). "What Hysteria? a Systematic Study of Newspaper Coverage of Accused Child Molesters." *Child Abuse & Neglect* 27 (6): 607 −623.

Chenot, and David. (2011). "The Vicious Cycle: Recurrent Interactions Among the Media, Politicians, the Public, and Child Welfare Services Organizations." *Journal of Public Child Welfare* 5 (2): 167 −184.

Denham, B. E. (2017). *Interrater Agreement Measures for Nominal and Ordinal Data.* John Wiley & Sons, Ltd.

Depanfilis, D. (2006). *Child Neglect: A Guide for Prevention, Assessment, and Intervention.* Research Gate.

Franklin, Bob, and Nigel (Eds.). (1991). *Social Work, the Media and Public Relations.* Routledge.

Gaber, I. (2011). "Child Abuse: the Media Must Listen." *British Journalism Review* 22 (3): 57 −63.

Hacking, I. (1991). The Making and Molding of Child Abuse. *Critical Inquiry* 17 (2): 253 −288.

Hove, T., Paek, H. J., Isaacson, T., and Cole, R. T. (2013). "Newspaper Portrayals of Child Abuse: Frequency of Coverage and Frames of the Issue." *Mass Communication & Society* 16 (1): 89 −108.

Lonne, B., and Parton, N. (2014). "Portrayals of Child Abuse Scandals in the Media in Australia and England: Impacts on Practice, Policy, and Systems: Most Media Coverage Distorts the Public Understandings of the Nature of Child Maltreatment." *Child Abuse & Neglect* 38 (5): 822 −836.

McKee, A. (2010). "Everything is Child Abuse." *Media International Australia* 135 (1): 131 −140.

Mejia, P, Cheyne, A, and Dorfman, L. (2012). "News Coverage of Child Sexual Abuse and Prevention, 2007 −2009." *Journal of Child Sexual Abuse* 21 (4): 470 −487.

Niner, S., Ahmad, Y., and Cuthbert, D. (2013). "The 'Social Tsunami': Media Coverage of Child Abuse in Malaysia's English-language Newspapers in 2010." *Media Culture & Society* 35 (4): 435 −453.

Patrick, A. (2001). "Child Protection and the Media: Lessons from the Last Three Decades." *British Journal of Social Work* (6): 887 −901.

Pfohl, S. J. (2014). "The "Discovery" of Child Abuse." *Social Problems* (3): 3.

Ross, E, and Cheit. (2003). "What Hysteria? A Systematic Study of Newspaper Coverage of Accused Child Molesters." *Child Abuse & Neglect.*

Stanfield, D and Beddoe, L. (2014). "Social Work and the Media: a Collaborative Challenge." *Aotearoa New Zealand Social Work Review* 25 (4): 41 −51.

Weatherred, L., J., (2015). "Child Sexual Abuse and the Media: a Literature Review." *Journal of Child Sexual Abuse* 24 (1): 16 −34.

Weatherred, J. L. (2017). "Framing Child Sexual Abuse: a Longitudinal Content Analysis of Newspaper and Television Coverage, 2002 − 2012." *Journal of Child Sexual Abuse.*

中国社会工作研究 第二十辑

第 95～115 页

© SSAP，2021

农民工对政府福利责任的态度及其影响因素研究[*]

——基于适度普惠社会福利数据库

杨　琨　彭华民[**]

摘　要　农民工是我国城市化进程的重要推动者，尽管户籍制度已有若干弹性改革，但由于户籍限制，他们仍然长期被排斥在城市社会福利体系和基本公共服务之外，其福利需要难以得到满足。本文基于适度普惠社会福利数据库中 4 个城市 973 名农民工的调查数据，发现在就业、基本生活保障、儿童照顾和老年照顾四个福利层面，相较于个体和家庭的福利责任，农民工对政府承担福利责任的认同度均较低，表明农民工在福利供给主体的倾向性上偏向于个体主义路径。市民化因素、社会福利因素以及就业城市等对农民工的政府福利责任态度均有显著影响。研究农民工对政府福利责任的态度有助于精准地界定其福利需要，为政府福利责任范围的界定提供参考，对提升社会政策的合法性与有效性具有重要意义。

---

[*]　基金项目：国家社科基金青年项目"中国居民再分配偏好的影响机制及结构特征研究"（21CSH036）；中央高校基本科研业务费专项资金项目"我国民众的福利态度研究"（B200201033）；教育部重大项目"西方社会福利理论前沿：批判与重构"（19JHQ011）。

[**]　杨琨，河海大学社会学系讲师，email：yangkunnju@163.com；彭华民，通讯作者，南京大学社会工作与社会政策系教授，email：penghm@nju.edu.cn。

关键词　农民工　政府福利责任　福利态度　社会福利因素

一　问题的提出

福利代表着人类的一种幸福和美好的状态，因而它不仅是社会福利与社会政策领域的关键概念，也是其他学科如经济学的重要概念之一。社会福利是政府为公民提供的旨在保障其一定生活水平的资金、物品、服务和机会等的制度。这种广义的社会福利概念主要包括收入维持（社会保险、社会救助和社会津贴）和社会福利服务（提供劳务、机会和其他形式的服务）两种形式（彭华民，2011）。政府应承担何种福利责任是社会福利制度安排的核心，也是中国社会福利制度创新和转型发展的核心议题（彭华民，2012）。公众福利态度的研究起源于欧美福利国家，是在20世纪70年代福利国家面临合法性危机的背景下开始的，研究的核心围绕着政府福利责任的广度和深度（Andreβ & Heien，2001）。福利态度不仅是了解公众对政府承担福利责任期望的窗口，也是其社会需要最有效的表达途径（Brooks & Manza，2006；Sihvo & Uusitalo，1995）。那么，在我国社会福利制度向适度普惠型福利制度转型的大背景下，我国政府应该承担何种福利责任，公众对政府福利责任的态度如何，以及缘起于西方的福利态度理论模型能否解释我国公众对政府福利责任的态度差异，都是亟待解决的本土化研究问题。

作为我国社会的一个特殊群体，农民工行走在农村与城市之间，沦落为边缘的农村人与城市的边缘人（臧其胜，2015）。截至2018年，我国农民工的总量已达到2.88亿人（国家统计局，2019）。农民工离开家乡到城市中工作，为我国的城市化进程和经济的发展做出了巨大贡献。但户籍的限制造成了他们的特殊双重身份，即在城市生活的农村人（Xun，2015）。我国在2014年实施了户籍制度改革，取消了城市和农村户籍之分，统称为居民户口，但这种改变更多地局限于取消了形式上的户籍歧视，即户口本上呈现的城乡身份差异，实际上由户籍身份差异带来的差别待遇与福利不平等依然存在（任远，2016）。由于城市户籍与一系列的社会福利与服务相捆绑，虽然进行了户籍改革，但很多农民工仍然很难达到大城市中严格的落户标准，获得城市户籍（Fang & Zhang，2016；Meng & Zhao，2018）。因而农民工无法享有只提供给本地城市居民的基本公共服务，如廉租房、城市最低生活保障、社区服务等（Huang & Guo，2017）。户籍制度的持续影响阻碍了农民工的市民化进程，使绝大多数农民工仍被排斥在城市社会福利体系之外，无法平等地享有城市居民拥有的社会公民权利，福利需要也难以得到满足（Wu & Zhang，2018）。马歇尔的公民权利理论强调社会公民权利与政府的福利责任相对应。虽然社会福利有多元的提供者，但政府在个体福利的供给中仍占据着无可替代的主导性地位（彭华民，2012）。因此，政府应该承担相应的福利责任以保障农民工社会公民权利的实现以及福利需要的满足。研究农民工的政府福利责任态度及其影响因素，有利于为政府福利责任范围的确定提供参考，也有助于推动我国社会福利制度的设计从以供方为主到以需方为本趋势的转变，使制度本身更加关注公众核心的福利需要，确保其制度合法性。

　　同时，城乡二元结构的存在造成了农村居民在很长一段时间被排斥在国家主导的社会福利制度之外，不同于城市居民由国家与单位供给福利的模式，农村居民主要依赖家庭与农村集体来满足其福利需要，尤其是在儿童照顾和老年人照顾方面（Xu，Guan，& Yao，2011）。国家在农村社会福利体系中的长期缺位，严重弱化了农村居民对政府角色的期待。在家族和宗族观念强烈的乡土中国社会中，个体的福利往往是在家族中完成的，因而个体和家庭在很长时间内成为福利供给的主要部门，政府仅是承担福利责任的次要部门（Xu & Chow，2006）。在儒家孝道文化的影响下，我国农村养老的传统模式是家庭养老，父母有养育子女的责任，子女也有赡养父母的责任，这进一步强化了农村居民的个体责任观念（Qi，2015）。而对处在农村和城市之间、传统与现代之间的农民工而言，外出务工生活在与农村截然不同的城市社会中，以及和城市居民间的来往互动等，都在冲击着他们的旧有观念和态度（韩央迪、张瑞凯，2017）。因此，当拥有农村户籍的农民工在来到城市工作和生活之后，他们对政府、个体和家庭承担福利责任的态度倾向性值得进一步探究。

　　本文聚焦我国城市化进程中的重要角色——农民工对政府福利责任的态度，试图解决两个研究问题：第一，当农民工进入城市后，他们在农村社会环境中特定的生活经历和价值观念是否影响了他们对政府福利责任的态度，即相较于个体和家庭的福利责任，农民工对政府承担福利责任的态度如何？第二，哪些因素形塑了农民工的政府福利责任态度？他们的政府福利责任态度究竟是西方理论模型阐述的个体自利选择，还是受到了市民化因素、社会福利因素以及就业区域等的影响。探究农民工的政府福利责任态度及其影响因素，可以更好地了解哪些农民工更认同政府的福利责任，为政府制定农民工的福利政策提供建议，提高社会政策的合法性与有效性。同时，作为公众福利态度的本土化研究，本文有利于丰富国内农民工福利态度的研究成果及推动流动人口福利态度的国际比较研究。

二 文献回顾与研究假设

政府福利责任态度属于福利态度的研究领域，福利态度（Welfare Attitudes），简单地说，是指公众对政府福利政策以及对资源和生活机会分配和再分配的看法（Svallfors，1997）。由于福利概念指向的多维性，福利态度在概念使用上存在多元性，如政府福利责任态度、福利国家态度、福利国家政策态度、公众社会福利认知等（岳经纶，2018）。本文中农民工的政府福利责任态度是指农民工对政府承担福利责任的支持度或认同度。已有国内外研究主要是从社会阶层、市民化因素、社会福利因素以及地域因素四个方面对公众尤其是农民工的政府福利责任态度进行分析，本文也围绕这四个理论视角进行文献梳理。

（一）社会阶层

自利理论来源于理性选择理论，是国内外现有福利态度研究中最常用、最普遍的理论分析视角。自利理论最重要的是阐述了个体在社会分层结构中的位置与其福利态度之间的关系，在社会阶层中处于优势地位的个体更不支持政府的福利供给，更认同社会不平等存在的必要性（Gelissen，2000）。相反，低收入者和认为自己处于较低社会阶层的群体更倾向于支持政府的福利责任（Wu & Chou，2017）。受教育程度是影响福利态度的另一重要因素，但已有研究尚未达成一致的结论。基于自利理论，受教育程度较高的人可能收入更高，也更倾向于认同个体应该实现自给自足，因而对政府的福利供给持有消极的态度（Yang & Barrett，2006）。但启蒙主义的分析视角认为，教育具有启蒙主义的性质，受教育程度越高的人，越倾向于认同社会平等和公民权利等观念，因而更支持政府的福利责任（Andreß & Heien，2001；Hasenfeld & Rafferty，1989）。

（二） 市民化因素

考虑到农民工在城市中特殊的双重身份，一些与农民工市民化相关的因素可能会影响到其政府福利责任的态度。由于户籍的限制，农民工无法与城市居民一样在劳动力市场享有平等的就业权利，他们大多从事着低薪、不稳定、工作时间长和需要繁重体力劳动的工作，且在享受养老、医疗卫生、住房和就业服务等方面受到诸多限制（Wang，Guo，& Cheng，2015）。因而那些更想把户口迁入工作的城市、获得市民身份进而平等地享有城市基本公共服务的农民工更支持政府的福利责任。同时，农民工的自我身份认同是体现他们是否融入城市社会、实现市民化的一个重要特征。由于没有城市户籍，很多农民工虽然已经在城市中生活居住很久，但他们仍然认为自己是农村人（Wang & Fan，2012）。受长期城乡二元分化结构的影响，他们对于政府能够平等公平地提供福利服务持有不信任的态度，因而不依赖政府的福利供给（Han，2012）。相反，一些在完成学业后就来到城市打工的农民工的思维方式和行为模式均以城市为坐标，文化观念已接近城市居民，市民化意识更强，即使没有城市户口，他们也倾向于认为自己是城市居民（Cheng，2014），这些农民工会更认同政府的福利责任。因此，农民工自我身份认同的不同可能会导致其政府福利责任态度的差异。

（三） 社会福利因素

不同类型的福利项目接受者会持有截然不同的福利态度（Kumlin & Rothstein，2005）。选择型福利项目通常基于严格的资格审查选择福利接受者，会给接受者带来不应得的污名化、社会烙印和负面的福利体验，因此选择型福利项目的参加者相比未参加者而言，更倾向于对现存福利制度做出比较消极的评价。相反，基于较少的资格审查、依据自愿原则加入、并以缴费为基础的贡献型福利项目的接受者，因为其缴费经历，其福利获得被视为是应得的，因而参加者对政府的福利供给持有积极的态度（Campbell，2011；Hedegaard，2014）。同时，农民工参加城市社会保险项目的比例普遍较低，这在一定程度上反映了他们对法定社会保险制度的不信任与怀疑（Xu et al.，2011）。因而对于那些参加城市社会保障项目意愿不强烈的农民工而言，他们对政府的福利责任可能也持有消极的态度。已有实证研究发现，参加了五险一金的社会保障项目并从中获益的农民工更认同政府的福利责任（Li & He，2019）。

（四） 就业城市

地区因素是影响我国公众福利态度的重要因素（Yang，Peng，& Chen，2019），农民工的就业城市也会对其政府福利责任态度产生影响。张永梅等发现地区的经济发展水平与农民工的社会融合程度呈现正向相关关系，在东部发达地区就业的农民工的社会融合程度高于中部地区，中部地区高于经济较落后的西部地区和东北地区（张永梅等，2019）。因而在经济比较落后地区工作的农民工可能更认同政府的福利责任，以此能够更好地融入城市生活，满足自身的福利需要。

一些社会人口学特征因素也会对公众福利态度产生显著影响。年龄对福利态度呈现正向的影响，表现在年龄越大，越支持政府的福利供给（Yang & Barrett，2006）。家庭作为一种安全网，使得已婚人群在抵御社会风险方面的能力相比其他婚姻状况的群体更强，因而后者对政府福利责任的态度更积极（Muuri，2010）。相比在职群体，失业者更会从社会保护中获利，因而更支持政府的福利责任。性别和婚姻状况也会影响公众的福利态度（Gelissen，2000）。

作为我国较大规模的人口流动，农民工群体获得了政府和社会的广泛关注。然而，目前国内对农民工政府福利责任态度的研究非常有限。一些现有研究未直接采用这一概念，如探讨了农民工的经济地位对其社会态度与行为选择的影响（李培林、李炜，2010），新生代农民工社会福利意识的现状及特点（张瑞凯，2013）。只有较少研究关注了农民工的政府福利责任态度（韩央迪、张瑞凯，2017；臧其胜，2015），但对其影响因素的分析尚未考虑与农民工自身利益紧密相关的因素，如市民化因素、社会福利因素等。

基于以上文献回顾，本研究提出四个研究假设。

假设1：农民工所处的社会阶层（受教育程度、家庭收入水平和自评阶层）越低，越认同政府的福利责任。

假设2：市民化因素对农民工的政府福利责任态度有显著影响。

假设2.1：农民工的落户意愿越强，对政府的福利责任越持有积极的态度。

假设2.2：相比认为自己是农村人的农民工，在身份认同上更认为自己是城市人的农民工更认同政府的福利责任。

假设3：社会福利因素对农民工的政府福利责任态度有显著影响。

假设3.1：参加了选择型福利项目的农民工相比未参加的农民工，对政府的福利责任持有更消极的态度。

假设3.2：参加了贡献型福利项目的农民工相比未参加的农民工，更认同政府的福利责任。

假设3.3：那些愿意参加城市社会保障项目的农民工对政府的福利责任持有更积极的态度。

假设4：就业城市为兰州的农民工，相比在南京、天津、成都工作的农民工，更认同政府的福利责任。

三　数据来源与变量设置

（一）　数据来源

本文数据来源于中国适度普惠社会福利数据库①，调查时间为2012年9月至12月。考虑到地区的经济社会发展水平差异和样本的代表性，选取西北地区的兰州、西南地区的成都、华北地区的天津、华东地区的南京作为调查城市。由于农民工的目标社区抽样会出现职业偏差，因此以国家统计局《2011年全国农民工调查监测报告》② 为

---

① 数据库得到彭华民主持的教育部重大课题攻关项目（10JZD0033）的支持。调查包括农民工、老人、儿童和残疾人四类人群。本文选用农民工调查群体数据。

② 国家统计局，2012，《2011年我国农民工调查监测报告》，http://www.stats.gov.cn/ztjc/ztfx/fxbg/201204/t20120427_16154.html. 2021 – 05 – 18。

依据，按照性别比和职业比两个指标在每个城市中进行分层抽样和配额抽样。首先，根据该调查报告，从每个城市中选取了农民工主要从事的六个行业，包括制造业（49.6%），建筑业（15.0%），交通运输、仓储、邮政业（6.7%），批发零售业（9.7%），住宿餐饮业（5.3%），居住服务和其他服务业（13.7%）。其次，从每个行业中选取 2~3 个工作场所，并基于上述职业分布的比例对农民工的样本量进行配额。最后，在考虑性别比例的情况下，对农民工进行抽样调查。该调查实际发放问卷 1300 份，有效回收 1201 份，有效回收率为 92.38%。去掉因征地拆迁实现农村转城市户口的样本，选取 18 岁及以上农村户口的被访者，最终获得 973 个样本。

（二）变量设置及描述统计结果

对于因变量农民工政府福利责任态度的测量指标，适度普惠社会福利调查引入 ISSP 2006（国际社会调查项目）数据库中政府责任的量表设计了问卷①。本研究从中选择与农民工的福利需要密切相关的四个测量指标，包括"政府应该提供就业机会给想工作的人"、"政府应该为失业者提供合理的生活保障"、"政府应该缩小贫富之间的收入差距"和"政府应该提供适当住房给买不起房子的人"，四个指标的回答选项均为 1 = 完全不同意、2 = 不同意、3 = 同意、4 = 完全同意。将四个指标分数相加得到因变量，数值越大代表农民工越认同政府承担福利责任。在四个指标中，农民工最支持"政府应该缩小贫富之间的收入差距"（93.5%），其次是"政府应该提供就业机会给想工作的人"（92.0%）、"政府应该为失业者提供合理的生活保障"（89.4%），支持度最低的是"政府应该提供适当住房给买不起房子的人"（78.8%）（见表 1）。

解释变量的社会阶层维度，受教育程度是将原有的分类变量按照现有的学制规定转换成为连续变量②，家庭收入水平是农民工所在家庭上年（2011 年）全年的总收入，并对其取自然对数，自评阶层是农

---

① 因变量农民工政府福利责任态度采用 ISSP 2006 数据库中政府责任量表的指标是因为该量表已在国内外福利态度的研究中广泛使用，信度和效度均较高。

② 转换方式为：未受过任何教育为 0 年，小学为 6 年，初中为 9 年，普通高中为 12 年，中专为 12 年，大专为 15 年，大学本科及研究生为 16 年。

表 1　变量描述统计结果

变量	百分比/均值（标准差）
因变量	
农民工政府福利责任态度（N = 829）	13. 13（2. 04）
政府应该缩小贫富之间的收入差距（同意）（N = 942）	93. 5
政府应该提供就业机会给想工作的人（同意）（N = 928）	92. 0
政府应该为失业者提供合理的生活保障（同意）（N = 906）	89. 4
政府应该提供适当住房给买不起房子的人（同意）（N = 891）	78. 8
自变量	
社会阶层	
受教育程度（N = 972）	9. 86（3. 02）
家庭年收入（N = 931）	10. 65（0. 75）
自评阶层（N = 955）	
下层	29. 9
中下层	30. 4
中间层	35. 3
中上层	4. 4
市民化因素	
落户意愿（想）（N = 967）	39. 1
自我身份认同（N = 955）	
农村人	68. 2
城里人	3. 7
边缘人	14. 3
说不清	13. 8
社会福利因素[a]	
参加选择型福利项目（N = 973）	26. 1
参加贡献型福利项目（N = 972）	78. 5
参保意愿（愿意）（N = 968）	96. 0
就业城市（N = 973）	
南京	24. 7
天津	25. 2
兰州	27. 1
成都	23. 0

变量	百分比/均值（标准差）
控制变量	
年龄（$N=966$）	33.29（11.16）
性别（$N=973$）	
男	67.5
女	32.5
婚姻状况（$N=973$）	
已婚	62.6
其他	37.4
就业状况（$N=969$）	
在职	95.5
其他	4.5

　　[a] 由于采用综合变量的测量方法，表1中的社会福利因素中，参加贡献型福利项目与参保意愿两个变量的描述统计结果并不能完全反映农民工参加每项社会保障项目的比例与意愿。

民工对自己所属阶层的主观判断。市民化因素中，落户意愿是由想不想把户口迁入现在工作的城市指标测量，答案赋值为1不想到5非常想。农民工自我身份认同的测量指标是：觉得自己现在的身份属于农村人、城里人、边缘人、说不清。

　　关于社会福利因素，参加选择型福利项目是对农民工是否接受过以下社会救助的组题（城市低保/农村低保/五保、医疗救助、临时生活救助、教育救助、保障性住房）计算后得到的，接受过任意一个社会救助项目的赋值为1，都未接受过的赋值为0。参加贡献型福利项目是对农民工是否参加了以下社会保障项目的组题（城市基本医疗保险/新型农村合作医疗、城市/农村基本养老保险、住房公积金、失业保险、生育保险、工伤保险）计算后得到的，参加过任意一个项目的赋值为1，都未参加过的赋值为0。农民工的参保意愿是由农民工对参加城市社会保障项目（养老、医疗、工伤、失业保险和住房公积金）的态度指标来测量，愿意参加任意一个项目的赋值为1，都不愿意参加的赋值为0。有学者认为，在参加单一福利项目（或获得单项福利津贴）与对政府福利责任或再分配等抽象的、意识形态议题的态度改变之间没有天然的联系，因而本文对上述社会福利因素维度的三个变量采用综合变量的测量方法可以避免该问题（Kumlin，2007）。

为了更好地比较农民工对政府、个体－家庭承担福利责任的态度，本文参照了已有香港公众福利态度研究中（Wong，Wang，& Kaun，2009；Wong & Wong，2005）使用的不同具体福利层面的政府福利责任和个体－家庭福利责任的指标，指标描述见表2。所有指标的回答选项均为1 = 完全不同意、2 = 不同意、3 = 同意、4 = 完全同意，并采用配对样本 T 检验的方法进行分析。

表2　农民工对政府、个体和家庭福利责任态度比较的配对样本 T 检验

政府福利责任态度/个体－家庭福利责任态度	均值	*t* 值
就业（*N* = 919）		
政府应该帮助失业的人找到工作	3.31	1.86[†]
为了确保自己的生活需要，每个有能力的人都应该去工作	3.35	
基本生活保障（*N* = 937）		
政府应该保障民众的基本生活水平	3.30	2.46[*]
每个人都有责任维持自己的生活	3.35	
儿童照顾（*N* = 855）		
政府应该协助父母照顾幼年子女	2.88	15.33[***]
父母应该照顾好自己的子女	3.33	
老年照顾（*N* = 913）		
政府应该协助成年子女照顾老年父母	3.07	18.96[***]
成年子女应该照顾自己的老年父母	3.54	

[†] $p < 0.1$，[*] $p < 0.05$，[**] $p < 0.01$，[***] $p < 0.001$。

本文因变量和自变量的描述统计结果见表1。从表1可以看出，农民工的平均受教育程度是初中水平，且60.3%的被访者认为自己处于社会下层和中下层。只有39.1%的农民工想要把户口迁入现在工作的城市，表明农民工的落户意愿并不强，且接近70%的农民工在身份认同上认为自己是农村人，认为自己是城里人的被访者只占3.7%。

四　实证数据分析

（一）农民工对政府福利责任的态度

表2配对样本 T 检验结果显示，在就业福利层面和基本生活保障

福利层面，农民工的个体－家庭福利责任态度均值均显著地略高于政府福利责任态度均值（$p < 0.1$，$p < 0.05$），表明相较于个体和家庭的福利供给角色，农民工对政府承担就业和基本生活保障方面福利责任的认同度略低。

在儿童照顾和老年照顾两个福利层面，农民工的个体－家庭福利责任态度均值均显著地高于政府福利责任态度均值（$p < 0.001$），表明农民工在儿童照顾和老年照顾方面具有较强的个体和家庭责任观念，相比之下，对政府承担这两个层面福利责任的支持度较低。

综上，在四个福利层面上，相较于个体和家庭的福利责任，农民工对政府承担福利责任的认同度均较低，在福利供给主体的倾向性上偏向于个体主义路径。

（二）农民工政府福利责任态度的影响因素分析

将控制变量、社会阶层、市民化因素、社会福利因素和就业城市维度的自变量依次纳入多元线性回归模型中，通过模型 1 至模型 4 的解释度（R^2）变化以及各维度下自变量的显著性和影响程度变化，分别探究上述各个维度的自变量对农民工政府福利责任态度的影响。表 3（模型 1 至模型 4）各回归模型中，$1 < \text{VIF} < 1.890$，说明进入回归模型的自变量之间不存在严重的共线性问题，且各回归模型均通过显著性检验，模型 1 至模型 4 对农民工政府福利责任态度变异量的解释力（R^2）也逐渐增强。

表 3 显示，模型 1 的解释力较小，表明社会阶层维度的自变量对农民工政府福利责任态度的影响较小，仅有自评阶层的影响显著。认为自己处于社会下层的农民工相比中上层的农民工，更支持政府的福利责任，部分验证了假设 1。控制变量中，就业状况的影响显著，在职的农民工相比其他就业状况的农民工更不认同政府的福利责任。

在引入市民化因素后，模型 2 的解释力相比模型 1 有所提升，落户意愿和自我身份认同的影响均较为显著。落户意愿越强的农民工更支持政府的福利责任，验证了假设 2.1；相较于认为自己是农村人的农民工，在身份认同上更认为自己是城市人的农民工对政府福利责任持有更积极的态度，验证了假设 2.2。值得注意的是，控制市民化因素后，社会阶层维度中的受教育程度开始呈现显著的正向影响，表现

表 3　农民工政府福利责任态度的影响因素

自变量	模型 1	模型 2	模型 3	模型 4
社会阶层				
受教育程度	0.03 (0.03)	0.06* (0.03)	0.06* (0.03)	0.06* (0.03)
家庭年收入	−0.12 (0.11)	−0.15 (0.11)	−0.17 (0.11)	−0.13 (0.11)
自评阶层				
中下层	−0.25 (0.19)	−0.34† (0.19)	−0.31† (0.19)	−0.31† (0.19)
中间层	−0.25 (0.19)	−0.35† (0.19)	−0.31 (0.19)	−0.29 (0.19)
中上层	−0.55* (0.37)	−0.73* (0.37)	−0.61 (0.37)	−0.58 (0.36)
市民化因素				
落户意愿		0.11† (0.05)	0.10* (0.05)	0.08† (0.05)
自我身份认同				
城里人		0.79† (0.43)	0.74† (0.42)	0.68† (0.41)
边缘人		0.18* (0.22)	0.09 (0.22)	0.06 (0.21)
说不清		0.40† (0.22)	0.28 (0.22)	0.26 (0.22)
社会福利因素				
参加选择型福利项目			−0.71*** (0.17)	−0.84*** (0.17)
参加贡献型福利项目			0.44** (0.18)	0.43** (0.18)
参保意愿			1.11** (0.44)	1.07** (0.43)
就业城市				
南京				−1.02*** (0.21)
天津				−0.05 (0.21)
成都				−0.58** (0.22)

续表

自变量	模型1	模型2	模型3	模型4
控制变量				
年龄	0.01 (0.01)	0.02 (0.01)	0.02 (0.01)	0.02* (0.01)
性别				
女	-0.05 (0.16)	-0.08 (0.16)	-0.05 (0.16)	-0.05 (0.16)
婚姻状况				
已婚	-0.17 (0.19)	-0.20 (0.19)	-0.26 (0.19)	-0.19 (0.19)
就业状况				
在职	-0.54* (0.38)	-0.65† (0.38)	-0.75* (0.38)	-0.77† (0.37)
N	770	762	762	762
F	1.79*	2.31**	3.60***	4.875***
R^2	0.005	0.04	0.08	0.11

† $p < 0.1$, * $p < 0.05$, ** $p < 0.01$, *** $p < 0.001$。

注：（1）括号内为标准误。（2）参照组分别为自评阶层=下层，自我身份认同=农村人，就业城市=兰州，性别=女，婚姻状况=其他，就业状况=其他。

在受教育程度越高的农民工更认同政府的福利责任，未验证假设1，自评阶层影响的显著性略微提高。

模型3引入社会福利因素后，解释力相比模型2略有提高，参加选择型福利项目、参加贡献型福利项目和参保意愿的影响都较为显著。参加选择型福利项目的农民工相比未参加的农民工，更不认同政府的福利责任，验证了假设3.1；而参加了贡献型福利项目的农民工相比未参加的农民工，更支持政府的福利责任，验证了假设3.2；参加城市社会保障项目意愿更强的农民工对政府的福利责任持有更积极的态度，验证了假设3.3。在控制社会福利因素后，社会阶层维度受教育程度的正向影响仍然显著。

引入就业城市变量后，模型4的解释力略有提升。在兰州工作的农民工，相比就业城市为南京、成都的农民工，更支持政府的福利责任，部分验证了假设4。在控制就业城市后，社会阶层维度中受教育程度的正向影响继续显著，社会福利因素中三个变量的影响仍显著，影响方向也未发生改变。控制变量方面，年龄的影响开始显著，年龄越大的农民工对政府福利责任持有更积极的态度。

综上，四个维度自变量的影响均显著，但市民化因素、社会福利因素和就业城市三个维度对因变量的解释力更强，而社会阶层维度自变量的解释力相对较弱。

五　研究结论与讨论

公众福利态度的形成是一种基于历时性外在力量和即时性自利判断共同影响的结果（韩央迪、张瑞凯，2017）。一方面，这种福利认知受制于个体在社会环境的长期影响下所形成的社会价值观念；另一方面，个体也会考虑自身当下的主客观社会处境并进行理性选择，同时其福利态度也受到制度性因素的形塑。本文探究了相较于个体和家庭的福利责任，农民工对政府福利责任的态度，也检验了西方自利理论在中国语境下的适用性，并将市民化因素、社会福利因素以及就业城市等纳入农民工政府福利责任态度的影响因素分析中，有以下五个方面的研究结论。

第一，在就业、基本生活保障、儿童照顾和老年照顾四个福利层面，相较于个体和家庭的福利责任，农民工对政府承担福利责任的认同度均较低，表明农民工在福利供给主体的倾向性上偏向于个体主义路径。个体主义和集体主义路径分别代表了两种完全不同的福利态度倾向，个体主义路径主张个人应实现自力更生，认为个体福利的获取应该通过自身的努力，而不应该依靠政府的福利提供。相反，集体主义路径则强调保障每个人的最低生活水平是政府的福利责任（Tam & Yeung，1994）。农民工对政府角色的较低期待表明在农村社会中特殊的生活经历、所形成的价值观念和思维等（如自给自足）都会影响其政府福利责任态度。虽然农民工的个体和家庭责任观念值得鼓励，但考虑到其在城市中的边缘化地位和受限的社会公民权利，需要重新厘定政府、个体和家庭、市场等福利提供主体的福利责任范围，并适度提升政府福利责任的广度和深度以保障农民工福利需要的满足。虽然目前一些城市实施了将农民工吸纳进入城市基本公共服务项目的政策，但这些政策大多是本地化的，且会给城市公共资源和基础设施带来很大的压力（Huang & Guo, 2017）。未来我国能否通过给予农民工平等的福利获取资格和福利待遇，将其完全纳入城市福利体系还有待观察（Maher & Pengfei, 2014）。

第二，社会阶层维度的自变量对农民工的政府福利责任态度有一定影响，但影响相对较小。受教育程度具有显著的正向影响，即受教育程度越高的农民工越认同政府的福利责任，该结论无法验证福利态度的自利理论，但可以证明教育的启蒙主义假说（Andreß & Heien, 2001；Hasenfeld & Rafferty, 1989），表明受教育程度对农民工政府福利责任态度的影响呈现启蒙主义的特征。李骏、吴晓刚认为，中国的教育体系传递的是一种集体主义的核心价值观，使那些受教育程度更高的公众会内化平等主义的价值取向，更同情贫困群体的生活境况，因而更支持政府的福利责任（李骏、吴晓刚，2012）。同时，本文发现自评阶层具有显著的负向影响，即主观上认为自己处于较低阶层的农民工更支持政府的福利责任，验证了自利理论（Gelissen, 2000），表明自评阶层对农民工政府福利责任态度的影响呈现自利性的特征。主客观阶层指标对农民工的政府福利责任态度影响方向不一致的原因可能在于，公众对自身阶层的主观判断可能受到多种因素的影响，不完全与其客观阶层地位相关联。公众的自评阶层通常与其客观社会地位存在一定的正向关系（王甫勤，2008），但一些研究也指出目前我国公众普遍存在阶层地位认同偏差，他们对于自身所处的社会地位的认知是比较模糊的，而且呈现整体下偏的态势（范晓光、陈云松，2015；李培林，2005）。

第三，关于市民化因素，本文发现落户意愿较低、在身份认同上更认为自己是农村人的农民工对政府福利责任持有消极的态度。虽然很多农民工已经在城市中打拼多年，但他们更多的是将城市中的工作视为增加家庭收入的手段。大多数农民工仍然不认为自己是城市人，他们最终会返回农村，因为那里有农田以及保障他们长期生活的社会基础（Wang & Fan, 2012），因此他们并不认同政府的福利责任。同时，虽然户籍改革使农民工有机会获得城市户口，但一些人仍对这一政策变化反应冷淡。这主要是由于大城市的户口依然很难获得，且很多农民工认为中小城市的户口与较少的社会福利相关联，因而获得中小城市的户口不如继续持有其农村户口，因为农村户口使他们有权获得住房用地和其他农村福利待遇，这些都可以作为其返乡之后就业与生活的保障（Chen & Fan，2016）。因此，那些落户意愿不强的农民工不依赖政府的福利供给。有学者认为态度通常被视为是稳定的、持续性的、明确的（Fishbein & Ajzen，1975）。虽然新一轮的户籍改革可能会影响农民工对政府福利责任的态度，但由于户籍改革的弊端，目前这种影响依然比较有限。本文使用的是 2014 年户籍制度改革前的调查数据，但其研究发现仍可以对我国农民工的福利态度研究有一定启示。

第四，社会福利因素维度，参加选择型福利项目的农民工相比未参加的农民工更不认同政府的福利责任，而参加了贡献型福利项目的农民工相比未参加的农民工对政府福利责任持有更积极的态度。这表明社会政策的设计会影响公众的福利态度，选择型和以缴费为基础的贡献型福利项目的接受者对福利制度有完全不同的评价（Bendz，2017；Hedegaard，2014）。政策反馈理论（Policy Feedback Theory）认为态度会影响政策，政策也会反过来影响态度（Pierson ，1993）。因此，一方面政府应该及时地了解农民工对政府福利责任的态度，并基于此制定相应的社会政策，另一方面也要知晓不同的社会政策对农民工政府福利责任态度的影响，再来调整社会政策，以此提升社会政策的有效性与合法性，形成福利治理进程中公众福利态度与社会政策间的良性循环。同时，农民工的参保意愿也会显著影响其政府福利责任态度，表现在那些愿意参加城市社会保障项目的农民工对政府福利责任持有更积极的态度。受长期的城乡二元结构影响，一些农民工对城市社会保障制度表现出较强的不熟悉、不信任感和怀疑的态度（Xu et al.，2011）。这就要求政府应该制订在缴费率和收益率、社会保险账户的地区可转移性等方面真正符合农民工权益的社会保险项目计划，从而吸纳更多的农民工进入城市社会保障项目。

第五，就业城市的影响体现在，相比南京和成都的农民工，在兰州工作的农民工更支持政府的福利责任。由于兰州的经济发展水平明显低于南京和成都，由此可以推断我国公众的政府福利责任态度与地区间的经济发展水平相关联，这与 Cheng 与 Ngok 的研究结论一致，他们发现，与中部和东部地区（以湖北省和广东省为例）的居民相比，西部地区（以山西省为例）居民更支持政府为穷人提供社会保障的责任（Cheng & Ngok，2020）。已有实证研究也发现处于经济发展水平较低地区的我国公众对扩大化的政府福利责任表现出更高水平的支持度（He, Qian, & Ratigan, 2020）。一些学者认为农民工的区域性问题不可忽视，虽然在东部沿海发达地区就业的农民工面临着家庭团聚难以实现、市民化及享受城市基本公共服务受限等困境，但该地区的农民工有较多的就业机会、相对较高的收入水平及较多的维权途径。相比之下，中西部地区的农民工就业和发展机会有限、薪资水平低、基本劳动权益难以得到保障（辜胜阻等，2014；汪建华等，2018）。与在东部发达地区就业的农民工相比，他们在城市中的生活更加艰辛与不稳定，因而对政府福利责任持有更积极的态度。因此，政府除了要尽力解决在东部地区就业的农民工所面临的现实福利困境问题，也更要满足中西部地区农民工迫切的福利需要。

本文也存在一定的局限性。首先，由于经费和时间有限，只选取了四个区域的四个代表性城市，因而本文中农民工政府福利责任态度的研究结论不具有较强的代表性。其次，本文采用的数据库时间略早，未来可以进行新一轮聚焦于农民工政府福利责任态度的调查，对该研究主题进一步探究。另外，在我国的城市流动人口中，还有一类重要人群，即从城镇到城市的流动人口，他们与农民工和本地市民在户籍的类型和所在地均有所不同。近年来，该人群在流动人口中的比例逐渐提高，且以往对其政府福利责任态度的关注较少（Cheng et al.，2014；Wang et al.，2015），因而可以在以后的研究中加入这类人群对政府福利责任的态度并进行比较研究。总之，农民工是检验我国城市化发展进程中最好的研究对象之一，农民工对政府福利责任的态度是我国社会福利制度向适度普惠型福利制度转型过程中政府福利提供的重要依据。

参考文献

范晓光、陈云松（2015）："中国城乡居民的阶层地位认同偏差"，《社会学研究》第 4 期，第 143～168 页。

辜胜阻、李睿、曹誉（2014）："中国农民工市民化的二维路径选择"，《中国人口科学》第 5 期，第 2～10 页。

国家统计局，《2018 年农民工监测调查报告》，http://www.stats.gov.cn/tjsj/zxfb/201904/t20190429_1662268.html，2021－12－13。

韩央迪、张瑞凯（2017）："农民工的福利态度及其影响因素研究"，载王思斌主编《中国社会工作研究》第十四辑，社会科学文献出版社，第 113～138 页。

李骏、吴晓刚（2012）："收入不平等与公平分配：对转型时期中国城镇居民公平观的一项实证分析"，《中国社会科学》第 3 期，第 114～128 页。

李培林（2005）："社会冲突与阶级意识——当代中国社会矛盾研究"，《社会》第 1 期，第 7～27 页。

李培林、李炜（2010）："近年来农民工的经济状况和社会态度"，《中国社会科学》第 1 期，第 119～131 页。

彭华民（2011）："中国组合式普惠型社会福利制度的构建"，《学术月刊》第 10 期，第 16～22 页。

彭华民（2012）："中国政府社会福利责任：理论范式演变与制度转型创新"，《天津社会科学》第 6 期，第 77～83 页。

任远（2016）："当前中国户籍制度改革的目标、原则与路径"，《南京社会科学》第 2 期，第 63～70 页。

汪建华、范璐璐、张书琬（2018）："工业化模式与农民工问题的区域差异——基于珠三角与长三角地区的比较研究"，《社会学研究》第 4 期，第 109～136 页。

王甫勤（2008）："新的社会阶层的阶层地位与社会态度"，《山西社会主义学院学报》第 3 期，第 41～45 页。

岳经纶（2018）："福利态度：福利国家政治可持续性的重要因素"，《公共行政评论》第 3 期，第 50～54 页。

臧其胜（2015）："政府福利责任的边界：基于农民工福利态度影响因素的实证研究"，《中国公共政策评论》第 9 卷，第 110～130 页。

张瑞凯（2013）："新生代农民工社会福利意识现状及特点研究——基于北京市的抽样调查"，《山西大学学报》（哲学社会科学版）第 3 期，第 128～133 页。

张永梅、何晨晓、桂浩然（2019）："农民工社会融合：基于地区、民族和历时性的比较"，《南方人口》第 3 期，第 25～33 页。

Andreß, H. J. , & Heien, T. (2001). "Four Worlds of Welfare State Attitudes? A Comparison of Germany, Norway, and The United States." *European Sociological Review* 17 (4): 337 −356.

Bendz, A. (2017). "Empowering the People: Public Responses to Welfare Policy Change." *Social Policy & Administration* 51 (1): 1 −19.

Brooks, C. , & Manza, J. (2006). "Social Policy Responsiveness in Developed Democracies." *American Sociological Review* 71 (3): 474 −494.

Campbell, A. L. (2011). "Policy Feedbacks and the Impact of Policy Designs on Public Opinion." *Journal of Health Politics*, *Policy and Law* 36 (6): 961 −973.

Chen, C. , & Fan, C. C. (2016). "China's Hukou Puzzle: Why Don't Rural Migrants Want Urban Hukou?" *China Review* 16 (3): 9 −39.

Cheng, Q. , & Ngok, K. (2020). "Welfare Attitudes Towards Anti-poverty Policies in China: Economical Individualism, Social Collectivism and Institutional Differences." *Social Indicators Research* 150 (2): 1 −16.

Cheng, Z. (2014). "The New Generation of Migrant Workers in Urban China." In Z. Cheng, M. Y. Wang, & J. Chen (Ed.), *Urban China in the New Era: Market Reforms, Current State, and the Road Forward*, pp. 125 − 153. Berlin, Heidelberg: Springer.

Cheng, Z. , Nielsen, I. , & Smyth, R. (2014). "Access to Social Insurance in Urban China: A Comparative Study of Rural-Urban and Urban-Urban Migrants in Beijing. " *Habitat International* 41: 243 −252.

Fang, Y. , & Zhang, Z. (2016). "Migrant Household Homeownership Outcomes in Large Chinese Cities-The Sustained Impact of Hukou. " *Eurasian Geography and Economics* 57 (2): 203 −227.

Fishbein, M. , & Ajzen, I. (1975) . *Belief, Attitude, Intention, and Behavior: An Introduction to Theory and Research.* Reading: Addison-Wesley.

Gelissen, J. (2000). "Popular Support for Institutionalised Solidarity: A Comparison Between European Welfare States. " *International Journal of Social Welfare* 9 (4): 285 −300.

Han, C. (2012). "Attitudes toward Government Responsibility for Social Services: Comparing Urban and Rural China. " *International Journal of Public Opinion Research* 24 (4): 472 −494.

Hasenfeld, Y. & Rafferty, J. A. (1989). "The Determinants of Public Attitudes toward the Welfare State. " *Social Forces* 67 (4): 1027 −1048.

He, A. J. , Qian, J. , & Ratigan, K. (2020). "Attitudes toward Welfare Spending in Urban China: Evidence from a Survey in Two Provinces and Social Policy Implications. " *Journal of Chinese Governance* (2): 1 −24.

Hedegaard, T. F. (2014). "The Policy Design Effect: Proximity as a Micro-Level Explanation of the Effect of Policy Designs on Social Benefit Attitudes. " *Scandinavian Political Studies* 37 (4): 366 −384.

Huang, Y. , & Guo, F. (2017). "Welfare Programme Participation and the Wellbeing of Non-Local Rural Migrants in Metropolitan China: A Social Exclusion Perspective. " *Social Indicators Research* 132 (1): 63 −85.

Kim, H. , Huh, S. , Choi, S. , & Lee, Y. (2018). "Perceptions of Inequality and Attitudes towards Redistribution in Four East Asian Welfare States. " *International Journal of Social Welfare* 27 (1): 28 −39.

Kumlin, S. (2007). "The Welfare State: Values, Policy Preferences and Performance Evaluations. " In R. Dalton & H. D. Klingemann (Ed.), *Oxford handbook of Political Behavior*, pp. 363 −384. Oxford: Oxford University Press.

Kumlin, S. , & Rothstein, B. (2005). "Making and Breaking Social Capital: The Impact of Welfare-State Institutions. " *Comparative Political Studies* 38 (4): 339 −365.

Li, Q. , & He, A. J. (2019). "Popular Support for the Social Security System in Urban China: Evidence from a Cross-Sectional Survey in a Chinese City. " *Journal of International and Comparative Social Policy* 35 (3): 261 −279.

Maher, J. , & Pengfei, X. (2014). "China's New Urbanization Plan: Obstacles and Environmental Impacts. " http://www. thenatureofcities. com/2014/05/11/

Meng, L. , & Zhao, M. Q. (2018). "Permanent and Temporary Rural-Urban Migration in China: Evidence from Field Surveys. " *China Economic Review* 51: 228 −239.

Muuri, A. (2010). "The Impact of the Use of The Social Welfare Services or Social Security Benefits on Attitudes to Social Welfare Policies. " *International Journal of Social Welfare* 19 (2): 182 −193.

Pierson, P. (1993) . "When Effect Becomes Cause: Policy Feedback and Political Change. " *World Politics* 45 (4): 595 −628.

Qi, X. (2015). "Filial Obligation in Contemporary China: Evolution of the Culture-System." *Journal for the Theory of Social Behaviour* 45 (1): 141 −161.

Sihvo, T., & Uusitalo, H. (1995). "Attitudes towards the Welfare State Have Several Dimensions." *Scandinavian Journal of Social Welfare* 4 (4): 215 −223.

Svallfors, S. (1997). "Worlds of Welfare and Attitudes to Redistribution: A Comparison of Eight Western Nations." *European Sociological Review* 13 (3): 283 −304.

Tam, T. S., & Yeung, S. (1994). "Community Perception of Social Welfare and Its Relations to Familism, Political Alienation, and Individual Rights: The Case of Hong Kong." *International Social Work* 37 (1): 47 −60.

Wang, H., Guo, F., & Cheng, Z. (2015). "Discrimination in Migrant Workers' Welfare Entitlements and Benefits in Urban Labour Market: Findings from a Four-City Study in China." *Population, Space and Place* 21 (2): 124 −139.

Wang, W. W., & Fan, C. C. (2012). "Migrant Workers' Integration in Urban China: Experiences in Employment, Social Adaptation, and Self-Identity." *Eurasian Geography and Economics* 53 (6): 731 −749.

Wong, C. K., Wang, K. Y. T., & Kaun, P. Y. (2009). "Social Citizenship Rights and the Welfare Circle Dilemma: Attitudinal Findings of Two Chinese Societies." *Asian Social Work and Policy Review* 3 (1): 51 −62.

Wong, C. K., & Wong, K. Y. (2005). "Expectations and Practice in Social Citizenship: Some Insights from an Attitude Survey in a Chinese Society." *Social Policy & Administration* 39 (1): 19 −34.

Wu, A. M., & Chou, K. L. (2017). "Public Attitudes towards Income Redistribution: Evidence from Hong Kong." *Social Policy & Administration* 51 (5): 738 −754.

Wu, L., & Zhang, W. (2018). "Rural Migrants' Homeownership in Chinese Urban Destinations: Do Institutional Arrangements Still Matter after Hukou Reform?" *Cities* 79: 151 −158.

Xun, Z. (2015). "Preference for Redistribution and Inequality Perception in China: Evidence from the CGSS 2006." https://halshs. archives-ouvertes. fr/ halshs −01143131.

Xu, Q., & Chow, J. C. (2006). "Urban Community in China: Service, Participation and Development." *International Journal of Social Welfare* 15 (3): 199 −208.

Xu, Q., Guan, X., & Yao, F. (2011). "Welfare Program Participation among Rural-To-Urban Migrant Workers in China." *International Journal of Social Welfare* 20 (1): 10 −21.

Yang, K., Peng, H., & Chen, J. (2019). "Chinese Seniors' Attitudes towards Government Responsibility for Social Welfare: Self-Interest, Collectivism Orientation and Regional Disparities." *International Journal of Social Welfare* 28 (2): 208 −216.

Yang, P., & Barrett, N. (2006). "Understanding Public Attitudes towards Social Security." *International Journal of Social Welfare* 15 (2): 95 −109.

中国社会工作研究 第二十辑

第 116～146 页

© SSAP，2021

激进抑或中庸：家庭抗逆力的
属性争论与本土延展[*]

姚进忠[**]

摘 要 作为新的应对危机的社会服务框架，家庭抗逆力理论提供多样态的正面架构，将服务视角从缺陷为本转向能力为本，其内涵深受文化要素的影响。基于概念的运用与实践，中国本土有了诸多的探索。但是立足实践，围绕文化处境对概念的属性和内涵进行深度拓展的研究不足，这对家庭抗逆力提升与扩展的研究与实践提出了新的走向。本研究立足本土的调查与实践，发现残疾人家庭的应对智慧为家庭抗逆力的属性争论提供了新的实证支持数据，并将家庭抗逆力理论放置于中国文化处境中进行一定程度的延展，从家庭抗逆力的"家庭"再解读、家庭抗逆力的本土"力"文化和家庭抗逆力的本土"过程"三个角度进行家庭抗逆力的本土文化对话，以提升概念的解释性与可行性。本研究发现，与西方家庭抗逆力的激进思维不同，家庭抗逆力在本土呈现一

[*] 本文系国家社科基金重点项目"乡村振兴战略中的社会工作实践模式与理论创新研究"（19AZD021）、国家社科基金一般项目"残疾人家庭内生动力培育的社会工作行动研究"（21BSH126）的阶段性成果。

[**] 姚进忠，社会学博士，集美大学海洋文化与法律学院副院长、教授、硕士生导师，主要从事社会工作与社会福利研究；E-mail：yjz5108@163.com；作者感谢匿名评审专家焦若水、徐选国老师的宝贵意见，也感谢王文绮、谢冰洁两位同学的帮助。文责自负。

种中庸形态。

关键词　残疾人　家庭抗逆力　文化　本土化　中庸

　　作为应对危机和规避风险的社会服务框架，家庭抗逆力理论将服务视角从缺陷为本转向能力为本，不再把处在逆境的家庭视为受到了损害，而是把它们看成受到了挑战，并肯定家庭具有修复和成长的潜能。家庭抗逆力以家庭为基础，受个体的文化认同和家庭社会化的影响。深度理解文化差异的根源将有助于借用文化的力量进行干预以促进和支持家庭抗逆力的发展（White et al.，2002）。因此，不同文化背景下的家庭会对家庭抗逆力给予不同程度的重视。研究文化差异对家庭抗逆力的影响将有助于提高概念应用的准确性，且有助于为社区中特定族裔群体制定适当的文化干预措施。家庭抗逆力在中国社会工作介入服务中有了诸多的实践与探索，但是立足实践，围绕文化处境对概念的属性和内涵进行深度拓展的研究不足，一定程度上影响了家庭抗逆力的本土运用空间和解释力。本研究以家庭抗逆力理论为分析视角搭建研究和分析框架，基于三个社区残疾人社会工作服务项目的三年实践，对残疾人家庭进行深入的动态剖析。通过比较不同的残疾家庭面对以及适应残疾困境的过程，探究家庭抗逆力如何发挥抗逆功能，并采用扎根分析方法提炼残疾人家庭抗逆力样态。在此基础上，有针对性地围绕残疾人家庭信念系统转化、家庭组织模式调整和家庭沟通过程改善三个维度开展专业的介入服务。本研究立足残疾人家庭应对困难的抗逆状况调查与干预实践，将家庭抗逆力理论放置于中国文化处境中进行一定程度的延展，以提升概念的解释性与可行性。

一　家庭抗逆力的理论内涵与属性争论

　　所有的家庭都有弹性的潜力，且在呈现抗逆力上有多种途径。家庭有效地处理不同系列高度挑战的流程是不同的，家庭抗逆力将每个家庭放在其特定的资源和挑战之中进行考量，但并没有为任何一个"有弹性的家庭"的模式提出蓝图，而是寻找每个家庭的家庭适应力，试图了解关键过程，以增强家庭抵御危机和长期压力的能力。不仅如此，家庭抗逆力的提出也为实务者干预或介入家庭提供了指导性框架和维度，使多样化、多手法的介入方式成为可能。家庭抗逆力强调家庭作为一个整体单位，须从家庭的各个重要层面研究家庭抗逆力的特性，甚至要从关系脉络和生态视角来了解逆境中的家庭是如何运用家庭内外的环境资源发展出家庭的抗逆力现象（McCubbin & McCubbin，1988）。其概念主要描述当家庭系统处于不利风险和危机压力时，家庭能健康因应获得良好适应与功能发展的过程（Patterson，2002）。

家庭抗逆力的生成基于以下信念：所有的家庭都有其固定的优点和发展潜力；家庭服务为促进家庭保护与恢复因素的增长、家庭外在资源的整合，从而实现抗逆力的形成与强化提供了一个良好的机会（Black & Lobo，2008）。家庭抗逆力蕴含四个核心思维：生态思维、发展思维、动态适应思维、家庭生命周期思维（Walsh，2016b）。另外，有学者通过对家庭系统的研究发现，功能良好的家庭并不是单一模式，而是多种要素综合作用的结果（Lebow & Stroud，2015），促进家庭抗逆力的重要因素包括：积极观念、共享信仰、家庭归属感、家庭柔韧性、家庭沟通、财务管理、家庭时间、共享休闲、家庭仪式和支持网络（Black & Lobo，2008）。家庭抗逆力关注家庭如何在整个生命过程中，无论是面对暂时的家庭压力还是面对长期的家庭压力，都能在一些关键点上进行干预，以及为未来的灾难提供预防性措施（刘芳，2018）。

沃尔什作为家庭抗逆力研究的集大成者，立足后现代思维，从强调抗逆力作为应对某次危机的一次性反应，转向在整个家庭生命周期中发生的变革、演变和迭代过程。此概念进一步丰富了家庭能够"向前反弹"，克服危机的经验是家庭在未来有效面对逆境的潜在资源的含义（Walsh，2002），并聚焦于"能够在高危情况下减轻压力的关键过程，和从危机中促进愈合和成长、赋予家庭摆脱长期逆境的能力"（Walsh，2016d：18）。沃尔什将家庭抗逆力的关键点提炼为九个要素，呈现在家庭功能的三个领域（层面），构造了一张实务引导地图，指导人们注意家庭运作中的重要因素，并使干预规划协调一致（具体见表1）。实务工作者可以针对九个关键过程进行适当的介入，促进积极的适应。

表 1　家庭抗逆力的关键过程

层面	关键要素	条目操作解释
信念系统	为逆境创造意义	抗逆力的关系思维；问题的正常化；统合感，将危机视为有意义、可理解的挑战；促进性评价，关注行为
	正面展望	保持希望、乐观、自信；鼓励、肯定优势和增强潜力；积极主动、保持毅力（能干信念）；把握机会、接受现实
	超然性与灵性	坚信更大的价值。灵性：信仰、治愈仪式、聚会支持。启发：创造新的可能性和社会行动。蜕变：从逆境中学习、改变、成长
组织模式	柔韧性	重组调整以面对新的挑战。在混乱中保持稳定。强大的权威性领导：抚育、保护、引导。合作养育/照料小组
	联结感	相互支持、合作；尊重个体的需要和差异；寻求重新联系和在伤痛中修复关系
	社会资源	扩展性的亲属、社会、社区支助；建立经济保障，应对工作/家庭压力；寻求更大的系统、体制、结构支持
沟通过程	清晰性	清晰一致的信息传递；澄清不明确的情况、寻求真相
	坦诚地分享	分享各种感受（痛苦、喜悦、希望）；同理、包容差异；为自己的行为和感觉负责；愉快互动
	合作解决问题	创造性头脑风暴。共同决策。逐步解决，从挫折中吸取教训。主动立场：防患于未然、为未来做准备

资料来源，Walsh，2016b。

随着理论界与实务界对抗逆力属性的探讨争论，其理论概念也在不断丰富拓展。西方家庭抗逆力理论的发展经历了三个演变浪潮：特质论、过程论和结果论（Henry et al.，2015）。其主要的内在分歧是将家庭抗逆力视为一种特征还是一个过程（姚进忠、邱思宇，2018）。

特质论认为家庭抗逆力是一种家庭特性，能够帮助家庭应对危机。家庭抗逆力理论的开创者麦克卡宾夫妇，他们将家庭抗逆力定义为"家庭的特征、维度和属性"，这些特征、维度和属性帮助家庭在面对变化时能够抵抗破坏，并在危机状况下能够快速适应（McCubbin & McCubbin，1988）。通过对家庭抗逆力的深入研究以及概念性文献的总结回顾，本文梳理出特质论下家庭抗逆力核心维度的三类剖析（特质论的概念研究梳理详见表2）。

表 2　特质论的概念研究梳理

概念名称	主要内容	
家庭抗逆力的主要特质（Hanson，2001a：170 – 195）	积极的前景、良好的精神状态、家庭成员认同、灵活性、家庭沟通、财务管理、合理的家庭时间安排、共享娱乐、常规和仪式以及支持网络	
家庭抗逆力的六个核心维度（Oh and Chang，2014：980 – 990）	集体自信；相互关联；积极的人生观；足智多谋；开放的沟通模式；合作解决问题	
家庭抗逆力的四个维度（Lee, et al.，2004：636 – 645）	内在家庭特征	①连贯性；②信念；③积极的观点；④成熟的思维；⑤家庭自尊
	家庭成员取向	①重组家庭的灵活性；②家庭成员之间的依恋；③家庭成员之间的公开交流和情感表达；④相互理解；⑤保持家庭成员需求的平衡
	对压力的反应	①适应能力；②保持正常状态的愿望；③实现目标的耐心；④控制压力的能力；⑤接受危急情况的意愿；⑥主动应对麻烦的责任
	外部应对机制	①经济资源；②积极宣传信息；③与专业人员保持合作关系；④保持良好社会关系的能力；⑤家庭成员领导能力

　　过程论认为家庭抗逆力是一个动态应对压力的变化过程。在此过程中，危险因子与保护因子之间相互影响，保护因子可以缓和危险因子，并促使良性适应结果出现（魏爱春、李雪萍，2019）。其实践具有双重关注点：形成保护性和恢复性因素、减少威胁家庭功能的生态风险。帕特森（Patterson，1995）将家庭抗逆力定义为当他们的家庭生活受到压力事件或危机的威胁时，家庭积极调动力量应对的能力。一个健康家庭最明显的特征是，成员相互作用与影响以达到整个家庭的最佳成长、功能发挥和福祉获得。当然，家庭健康是一种动态变化的相对状态，包括家庭系统的生理、心理、精神、社会和文化等因素（Hanson，2001b）。基于对所有家庭所固有的优势和成长潜力的信念，家庭抗逆力取向为家庭服务提供了新的方向，以促进家庭保护和恢复，并确保以家庭外资源的方式帮助培养恢复力（Black & Lobo，2008）。

　　除此之外，过程论认为有助于增强或触发家庭抗逆力的前因有：感知不平衡；精神/共同信仰系统或宗教信仰；家庭克服逆境的强烈意愿（Oh & Chang，2014）。新近关于家庭抗逆力的研究倾向于强调概念的互动性和语境性（De Haan et al.，2002）。而环境的优劣、逆境的持续时间、家庭的发展水平或生命阶段，以及风险和保护因素的互动组合将决定家庭抗逆力的反应程度与方式（Simon et al.，2005）。一个家庭可能对某些压力源有应对能力，但对其他层次或类型的压力没有应对机制。残疾人家庭在面对残疾事件时，也会因为家庭所处的状况表现出样态不一的家庭应对过程机制。从这些角度来理解，家庭抗逆力被视为在不利条件下促进家庭生存甚至成长的关系过程（Oswald，2002）。总之，过程论认为家庭抗逆力是从家庭发生的创伤事件影响之前到之时再到之后的历程（Gauvin-Lepage Lefebvre，& Malo，2014），而且是一个发展内部资源去应对压力并苗壮成长的积极过程（Lee et al.，2004；Masten & Monn，2015）。

结果论将家庭抗逆力视为家庭经历逆境对话后的一种关系与能力的提升状况。在整个生命周期中，大多数家庭都面临各种危机与挑战，从可预测的发展问题到突发的灾难性事件（McCubbin & McCubbin，1993）。以过程论为基石的结果论也强调家庭应对逆境的过程，但它更侧重于描述家庭在应对过程中所取得的成效。家庭抗逆力导向的结果有：接受现状；改变生活观念；提高关系质量；增强弹性属性；改变与健康有关的结果（Oh & Chang，2014）。家庭在面对生活中的重大逆境或危机时，正常情况下会通过不同的应对方式加以改变和调适。家庭抗逆力正是家庭面对困境、处理危机时所表现出来的反弹能力，是一种结构与能力对话的结果，也是家庭层级结构的运动结果，它包含了个体、家庭及社会关系层面的潜能转变与提升。从结果论的视角去理解家庭抗逆力触发了特定的过程，使家庭能够在压力源或危机之后恢复或超过家庭原来的功能水平。

通过理论的梳理我们可以总结，家庭抗逆力的特征是家庭成员在面临压力的应对过程中，具有弹回和弹跳的能力（Lee et al.，2004）。它通常表现为个体的平静、希望和积极的态度。在文献中，家庭抗逆力被描述为一种积极的力量，被动员起来作为一个单位来应对家庭压力，其特点在内表现为家庭的一致性、积极的人生观、家庭自尊、家庭成员之间的相互理解、依恋以及角色的灵活转变；在外呈现为由于家庭的集体取向而得到丰富和增加的属性和素质（Walsh，2016c）。尽管在服务介入中，我们需要考虑家庭运作中许多相互交织的因素，并评估每个家庭在多个系统层面上面临的挑战、可利用的资源、存在的制约因素、周边社会环境的好坏及其未来发展朝向，减少降低家庭生活丰富性的诊断标签或避免提出"一刀切"的"家庭抗逆力"模式的类型标签。但是在实务过程中，围绕家庭抗逆力生成的共同因素对服务家庭进行一定程度的归类与提炼，将有助于服务供给的策略选择和服务精准性的有效提升。整体研究围绕信念系统转化、组织模式调整和沟通过程调和三个家庭抗逆力生成关键点提炼残疾人家庭应对困难的策略，呈现残疾人家庭应对困境的抗逆智慧。

二　研究的具体操作

依据研究的可行性和适切性，研究跟进点选择在厦门市湖里区合携社工师事务中心所承接的三个立足社区的残疾人的社会工作服务项目："凝家庭·培能力·促康复" FH 社区中重度残疾家庭康复能力提升项目；"抗逆家庭·爱在畲家" ZZ 畲族社区残疾家庭抗逆力提升项目；JL 社区"支持性共处"残疾人士家庭能力提升项目。本研究的负责人是三个项目的督导，本研究实施前就已经跟进其中两个项目多年，全程参与项目服务的开展，全面把握项目的运作。本研究由负责人组建的 4 人研究小组和社会工作者 6 人实务团队共同推进，实务与研究并行向前。研究者全程参与项目的问题确定、方案设计、计划实施、服务评估和服务再续约。研究和服务持续时间为 2017 年 1 月至 2019 年 12 月，以一年为一个实施周期。

研究以三个项目中的 396 位残疾人和所涉及的 361 户家庭为项目服务和观测的对象进行基本的调研和数据采集，并对家庭进行形态分类。但基于研究的目的和问题，为了突出家庭抗逆力的显著影响，特别是差异性呈现社会工作介入后的可行性与有效性，在前期研究的基础上，本课题将核心研究对象具体界定为：（1）至少一名家庭成员为残疾人；（2）残疾等级为四级以上；（3）残疾者需要家庭成员的照顾与协助；（4）因残疾致使家庭需要长期的经济支持。家庭满足上述（1）（2）的同时满足（3）（4）中任意一项，则可确定为课题的核心研究对象。依据这个标准进行潜在个案的筛查，确定本研究重点跟进的对象有 289 名残疾人和所涉及的 265 户家庭，其中，FH 社区服务残疾人 133 名，残疾人家庭 122 户；ZZ 社区服务残疾人 91 名，残疾人家庭 85 户；JL 社区服务残疾人 65 名，残疾人家庭 58 户。研究对象基本信息见表 3。

表 3　研究对象基本信息表

单位：人，%

	基本信息	人数（占比）
年龄	0～17 岁	7（2.4）
	18～44 岁	63（21.8）
	45～59 岁	74（25.6）
	60～69 岁	62（21.5）
	70 岁及以上	83（28.7）
性别	男	162（56.1）
	女	127（43.9）
残疾类型	肢体	141（48.8）
	智力	34（11.8）
	精神	48（16.6）
	视力	17（5.9）
	听力	21（7.3）
	言语	3（1.0）
	多重	25（8.6）
残疾程度	一级	57（19.7）
	二级	85（29.4）
	三级	65（22.5）
	四级	82（28.4）

在三年的研究期间，研究者以多重身份、多种方式进行资料收集与分析：对残疾人家庭进行居家观察，对社会工作介入服务进行考察对话，对残疾人及其家属、社会工作者以及相关行动者进行访谈，通过社会工作个人督导、团体对话等正式、非正式方式进行资料收集。本研究以三个社区为本的残疾人社会工作服务项目为行动研究点，三个项目均以家庭抗逆力为理论依据，从残疾人家庭资源整合、家庭结构优化、家庭成员共同成长三个维度开展服务，旨在调动家庭成员的参与，提高残疾人家庭应对生活困境的抗逆力水平，保障家庭功能的正常发挥，提高残疾人家庭的社会福祉。作为行动研究的一个子环，

研究的过程是识别与改善社会工作服务并存的过程，是一个研究者、实务者和服务对象在文化处境下共同建构与再建构的反复对话。因此，本文所关注的问题是：在日常生活和社会工作介入中，残疾人家庭如何呈现应对问题的抗逆智慧；家庭抗逆力在中国残疾人家庭中表现出什么样的属性特点；立足中国文化中的家庭概念，家庭抗逆力在哪些角度的延展有助于提升概念的空间应用和解释力。

三 应对残疾问题的本土家庭抗逆智慧

残疾对受影响的个人和家庭提出了更多的要求，需要家庭成员进行角色转换和生活方式的改变（White et al. , 2002）。面对残疾所引发的个体或家庭问题，残疾人及其家庭需要共同面对，他们可能会有很多负面的回应，但并不是问题的被动接收者。通过调查和服务，本研究发现，大部分残疾人及其家庭还是会积极去探索未来可能性，寻找各类资源来应对生命与生活中的困境。但残疾的性质、程度、发展轨迹、需要应对症状所要采取措施的难易以及坚持复杂治疗方案的决心，都对残疾人及其家庭提出了重大的挑战。家庭成员通过相互支持、默契合作，善用家庭外部资源并主动调整自身发展，从家庭内外共同发力，以此应对残疾及所带来的负面状况。因此，尽管残疾事件会让残疾个体及其家庭陷入负向、压力和困境中，但是大部分家庭还是能够尽力找到应对的策略，实现家庭正常运转。而个人和家庭在压力或不利情况下表现出来的积极行为模式和应对能力，决定了家庭通过维护其作为一个单位的完整性而恢复的能力，并在必要时恢复家庭成员和整个家庭的福祉（McCubbin & McCubbin，1996）。我们的研究立足沃尔什的理论框架，探寻残疾人及其家庭呈现样态不一的各类应对智慧。

（一）家庭价值是应对智慧的核心

"家庭价值取向和教育是家庭自身内在能量的关键"，它以个人承诺、对家庭制度集体精神的奉献和对家庭中弱势群体的照顾等形式回馈给家庭（Rajeev & Kunjachan，2014）。正面展望对于抗逆力的培养是非常重要的。"苦难是财富，上天给你关了一扇门也会为你打开一扇窗。"（ZZ - ZLQ，肢体四级残疾）"我是残疾人，所以我要付出更大的努力，别人能做到的，我也一样能做到。"（ZZ－ZPJ，肢体三级残疾）正是服务对象这种习得的乐观态度、共享的信心和坚毅的性格特质，支撑其家庭渡过难关，保持在积极成长行列。家庭克服困难的积极信心是家庭抗逆力的核心。家庭积极的核心价值观是建立在精神和传统习俗等的基础上的，这对个人生活产生了持续的影响。

> 服务对象 ZZ－ZMJ 为圆母亲想要孙子的梦于三十年前领养一个孩子（ZZ－ZSH），但是孩子的家族有遗传性精神病史，孩子读中专时发病被诊断为自闭症。家里其他人在他的影响下慢慢放平心态，接受现实并为孩子寻医求药。ZZ－ZMJ 用耐心照顾着孩子的饮食起居，只希望孩子能够平安成长无忧无虑过完一生。现在的 ZZ－ZMJ 信仰基督教，他认为，信教对他的影响"更多的是应该一种豁达的态度、爱人的良心"。（ZZ－ZSH，精神二级残疾）

对残疾事件的积极解读是残疾人家庭有效应对残疾困境的核心力量。在某种程度上，残疾家庭将注意力从危机转移到了借助仪式和祈祷进行积极变革的前景上。家庭可以通过看到其精神方面的发展及共同面对危机、保持对个人的尊重等积极信念来处理和应对残疾相关问题。

访谈与服务中，我们可以发现不少残疾家庭在这个核心角度持有应对的智慧。例如，面对自闭的养子，服务对象（ZZ－ZMJ）从不能接受到慢慢适应再到转变心态，进而影响家里人对养子的态度，帮助家庭建立积极向上的信念，促进家庭抗逆力的生成与发展。由此可见，在困难时期，个人和家庭所依靠的积极向上的信念是促进其行为改变的动力，并进一步加强了家庭成员之间的精神连接，这是残疾家庭面对问题时不可或缺的一部分。在残疾家庭中，不少家庭对问题的适应程度很高，他们认为问题是生活的一部分，并集体与问题做斗争，而这就是使这些家庭在紧急情况下仍能够承受住的核心力量。这些信念是家庭成员之间的共同信念，而不是某个家庭成员个人持有的信念，其强调家庭相信他们有能力控制自己的应对方式，而不是控制局势。在面对家庭生命周期的预见性困难或突发性困境时，积极的信念促使家庭将逆境正常化，从而帮助家庭建立一种积极的、正面的世界观。

残疾家庭在面对已发生的残疾事件方面的确困难重重，但是不少残疾家庭经过一个阶段的内在对话与协商，它们坚信能够应对自己所面临的困难，并感受到不同的家庭信念对逆境的不同程度的控制。几乎可以肯定的是，并不存在一种"正确"的思考事物的方式，也没有一种最佳的应对方式。在适应的过程中，各个类型的家庭实现了成员人生观的变化。这种变化是家庭在生活中的优先顺序的总体转变，是一种从以自我为中心向以他人为中心的心理过渡，具有更加积极或平衡的人生观，并使家庭的观念从消极转变为积极（Oh & Chang，2014）。而生活中最重要的是要以积极的心态来迎接生活中的挑战，且有能够应付困难状况的信心（Michael & Rutter，1993）。

> 服务对象 FH - WHR 在 13 岁时高烧卧床不起，医生尽力地医治救了他一命，然而一次摔倒造成了他终生的残疾。在父亲与家人的激励下，他学会了走路并且努力提升自己，最后成为一名教师，教书育人三十载，桃李满天下；退休之后担任湖里区残协副主席，为残疾人群体服务，广受好评。（FH - WHR，肢体二级残疾）

由此可以看出，家庭积极的信念逐渐显现作用，将困境视为可理解的生命挑战的价值观，帮助家庭获得了超越性的思想活力，从而积极应对并灌注希望。家庭呈现"集体效能"、"家庭掌控"或"团结相处"的状态，在认知接受、日常照顾、康复训练、社会融入、再次就业等方面都一定程度地呈现回应残疾所获得的有力感和有效性。

（二）家庭关系是应对智慧的基石

家庭遭遇疾病或残疾事件，不仅是对家庭的一种打击，还会给家庭带来不同程度的压力，家庭成员之间的角色关系、生活方式、价值优先等方面被动发生转变（Lee et al.，2002）。强抗逆力的家庭拥有良好的家庭关系和紧密的联结感，其成员都秉持一个观点：他们属于同一个家庭单位，愿意为了集体转变个人角色和责任，通过共同努力实现家庭目标（Oh & Chang，2014）。正是这种基本的相互联系使家庭能够作为一个团队开展工作。因此，亲密的关系被认为是健康家庭最重要的力量之一。家庭角色和功能的主要价值就在于其不可替代的关系（McGoldrick et al.，2010）。家庭成员之间的关系和相互作用被认为是许多干预计划和治疗的基础。因此，家庭成员之间的紧密关系以及家庭支持网络的构建是残疾人家庭应对残疾问题的重要组成力量。这使个人在紧急情况下从不感到孤立，而是受到家人的包围和支持（Rajeev & Kunjachan，2014）。

　　ZZ - ZRF 年轻时一人扛起家庭的重担，白天种田，晚上去鼓浪屿的码头打工，妻子在家照顾两个孩子，日子简单有序。然而一次码头传输事故造成了他的手部残疾，靠力气挣钱的他突然失去了经济来源，家庭的生存问题迫在眉睫。不过很快，他就找到了应对方式。一开始在山上做农活来赚取费用，后来又找来别人闲置的土地进行种植。在这期间 ZZ - ZRF 一家人找到了另一种幸福——家人相聚的时光变多了。"我以前都在地里吃，现在有时间回家跟老婆孩子一起吃午饭。在饭桌上跟小孩开开玩笑逗逗他们，小孩睡觉时候我给披披被角。有时候从地里回来得早，我就帮老婆扫扫地啥的，老婆特别开心，小孩成绩也好。虽然很穷吧但日子过得挺开心，没有啥比一家人在一起更重要的了。"（ZZ - ZRF，肢体三级残疾）

面对突如其来的危机，服务对象以另一种方式来维系家庭秩序，将劣势转为优势，家庭有效的互动加强了家人间的联结以及克服困难的勇气。家庭是第一道防线，特别是对于残疾者而言，是他们康复、融合、参与、发展和保护的一个主要因素。家人的支持是帮助残疾个体走出混乱危机的重要力量源泉。在实务工作中，我们访谈到一些积极成长型的家庭，在这样的家庭中，总是能够看到家庭对于残疾个体的支持和爱。

　　在 ZZ - ZDJ 的访谈中可以了解到先是妻子身体羸弱，靠 ZZ - ZDJ 和母亲一点点细心调养后妻子身体变得硬朗；而后 ZZ - ZDJ 的女儿却因发烧得了小儿麻痹症，两条腿都受到了损伤，无法正常行走。"命运又跟我开了一个玩笑，我女儿一岁时发烧生病，这腿都不能走了，我心里难受啊，但我是一家之主，我要是倒下了她们怎么办?" ZZ - ZDJ 到处奔走，寻求帮助，希望能找到好的法子，看能不能让女儿的脚好一些。在朋友的介绍下，ZZ - ZDJ 认识了一位小有名气的推拿师，于是无论刮风下雨，ZZ - ZDJ 都会背着女儿，一步一个脚印，带着女儿去寻求治疗。在此过程中，ZZ - ZDJ 的妻子也悉心照顾着女儿，按照推拿师的要求每天在家给女儿按摩，"可能动作不是很标准，但按一按比较能让肌肉活动一下"。就这样，在家人的不懈努力下，女儿右腿的情况逐渐好转。(ZZ - ZDJ，肢体四级残疾)

在危机或逆境之后，重新安排家庭生活成为家庭成员的集体责任。亲属之间的互动和相互作用增强了残疾家庭的应对能力。家庭抗逆力存在于家庭成员之间的关系中，其特点是关系的质量具有凝聚力，家庭成员之间分享价值观和意义，而不是每个家庭成员的个人特质（Lee et al.，2004）。家庭良性关系是有效应对的保障基础。

JL - HHG 因年老身体机能衰退致残，腿脚没力气，经常头晕，行动不便，现居住于社区老年院里。她有四个儿子，都已成家，四家每天轮流负责三餐饮食，带饭之余陪老人聊天，顺带帮忙打理下住处环境卫生，其他家人也会通过打电话来关心老人。(JL - HHG，肢体三级残疾)

残障家庭需要有弹性的照顾安排，尤其当残障个体的残疾程度较严重时，家庭如果能形成合作的照顾团队，互相依靠和支持，通过分担职能，由此来为残障成员提供最佳的照顾与慰藉，最终促进各家庭间达成情感与结构上的联结。

(三) 资源整合是应对智慧的关键

资源链接与整合是服务对象争取成长改变所需环境资源的能力，也是残疾人家庭应对残疾事件的关键。受疾病或残疾等压力困扰的家庭经历认知、情感、社会或器质性失衡的可能性要大于一般的家庭，家庭功能的正常发挥也更易受损。家庭必须能够利用和调动资源，以适应和应对这种情况（Lee et al.，2004）。通过扎根资料的呈现，我们可以发现，残疾人家庭进行资源整合应对残疾事件的策略主要有三个方面：链接、协调与倡导整合。

当残疾发生后，大部分家庭都是先动用与学习使用家庭现有的资源进行应对，然后会根据需要确定和利用社会支持和资源，协调一些没有动用过的资源。实际上，抗逆力强的家庭并不是拥有所有必要的资源或获得所有支持，重点是它们能够很好地链接和协调可用的资源与支持。即使是在缺乏客观资源和支持的情况下，这些家庭也能创造性地利用现有的任何资源（Oh & Chang，2014）。

> JT－HTL 中风住院时，服务对象的父亲、哥哥，儿女以及妻子的兄弟都过来帮忙，在服务对象中风瘫痪期间给予充足的支持。在服务对象住院阶段，整个家庭都调动起来，轮流照料、寻找专家等，为了让服务对象更好地康复。服务对象回家后，一家人到处打听中风治疗方面的专家、找邻里、找亲友等，并在邻居的推荐下自 2 年前（2014 年）在思明元明堂接受针灸，效果较好。服务对象目前仍在康复中，由家人陪着做定期的物理治疗，康复情况良好。（JL－HTL，肢体二级残疾）

从 JT－HTL 的经历就能够看出其家庭对服务对象残疾状态已有较好的接纳，全家寻找可利用的康复资源给予服务对象支持，包括生活照料和情感支持、鼓励，服务对象与家庭共同呈现积极成长状态。家庭在面对逆境时表现出良好的家庭弹性和紧密的家庭联结感。当然，在上述的案例中，通过动员内部资源接受"残疾"，本身就意义重大。接受残疾可能为家庭成长与转变提供"转折点"——从经历残疾压力生活事件的消极心理反应到在维持家庭生活中保持自信。随着接受程度的提高，家庭发现和感激生活中小事的敏感性和总体生活满意度都有所提高。当残疾成为家庭日常生活的一部分后，家庭开始学习动用资源，尽可能与残疾保持良性对话。抗逆力较好的家庭会清楚地了解周边可利用资源，且能够根据需要从家庭内外调动资源和获得资助。

残疾人家庭在资源整合策略的运行上，一方面是将眼光聚焦在自己家庭内部及周围小环境来链接与协调资源，另一方面是通过正式系统介入的方式来获取家庭外部支持。例如利用各种相关政策进行问题的回应，或者通过一定的渠道去表达自己的需要，让政府或社会看到家庭的困境。

> ZZ 社区开始被禁止建房，并且将对从事建材、钢筋、水泥等行业的个体经营户进行征收税款。有一次，税务局的车来到店门口时，服务对象开玩笑地说："残疾人不是不用征税吗？"税务部门工作人员说："是的。"服务对象表示自己还没有办理残疾证，但是税务部门工作人员确实看到服务对象走路一瘸一拐的，没有进行征税，并让服务对象去办理。没想到服务对象的一句玩笑话，竟发现（针对）残疾人有这般好（政策），服务对象赶紧去申请办理残疾证（ZZ－ZZJ，肢体三级残疾）。

积极成长型的家庭，普遍懂得为自己争取支持，对国家大政方针较为了解，掌握获取资源的渠道，并且拥有整合资源的能力。同时，积极成长型的家庭与外界互动良好，朋辈互动与邻里支持比较充足，如"服务对象会经常出去，与邻居或者同村好友去老人会打桌球或者在祖厝里唱歌"（ZZ－ZQB，肢体四级残疾）。服务对象通过积极融入社区来加强自身社会支持网络建设，丰富家庭外在资源，使得家庭抗逆力进一步得到提升。能积极融入社区，在社区中具备一定的话语权和影响力。

> 服务对象是"以残助残"骨干志愿者之一，社区中大大小小的活动都会来参加，在服务对象中具有一定名望（ZZ－ZQB，肢体四级残疾）。

四 基于中国文化的家庭抗逆力概念延展

"文化"作为指引人们内在抽象的价值、信念和世界观及外显的语言与行为的依据，承载着既定社会成员所共享的内涵与元素，并在反复的交往实践中加以新的理解与演绎（冯跃、杨蕾，2018）。中国作为五千年文明史从未间断的国家，在中国人代代相传下逐渐形成具有鲜明中国特色的价值、信念和世界观。家庭抗逆力作为舶来物在本土的文化处境下也呈现不同于西方抗逆力的样态和过程。因此，研究者将立足中国家庭本土文化，从中国人生活中的家庭概念和基于文化的家庭抗逆力延展两个方面与家庭抗逆力概念进行对话并将其扩展。

（一）　中国人生活中的家庭概念

传统的中国是以小农经济为主体的农业社会。农业以土地为主要的生产空间，相应生产工具的落后使得土地的保护与耕种以及作物的照料与收获均为个人能力所不及，须靠持久而稳定的小团体来共同运作。比较持久而稳定的小团体便是以血统为基础的家庭。对当今中国存在深刻影响的是秦始皇之后的自由个体家户制度，家庭成为传统中国社会最重要和最基本的运作单位。由于家庭是农业经济与社会生活的核心，家庭的保护、延续、和谐及团结对整个家庭的生存发展非常重要，因而形成了中国人凡事以家为重的家族主义（familism）（杨国枢，2005：33）。中国文化对"人"的设计，只有在他（她）建立了自己的家庭，能够用自己组成的"人伦"关系去"定义"自己后，才算是"成人"（孙隆基，2019：16～17）。从家庭和社会的关系来看，家庭是社会的基础，家庭组织是社会组织网络中的基石。家庭结构是融合经济关系、政治关系、文化关系的开放结构与再生产过程（王福民，2015）。

在中国，以血缘关系为基础的家户长期居于主导地位，是整个社会的基本组织单位（徐勇，2013）。一家一户是中国社会基本的生产和生活单位。基于此，梁漱溟认为，中国的家庭制度在其全部文化中所处地位之重及其根深蒂固，是世界闻名的（梁漱溟，2018：21）。他在对中国社会系统和其他社会系统进行比较后指出，中国社会既非个人本位，亦非社会本位，而是关系本位，且关系本位是以伦理为本、以家庭关系为基础的推广和发挥（梁漱溟，2018：94）。在儒家的观点中，最基本的人际关系是"五伦"，其中亲族关系居其三，其余两项则是以家庭为参照构架而展衍出来的。因此，中国的家庭系统本身就被视为"中国的社会系统"（冯友兰，1967：21）。冯友兰（1967：58）认为中国人以"家为一切的出发点、集中点"。在儒家的"文化设计"中，"家"本来只是由己到国再到天下一条路上的一站，但是这一站特别大，特别重要，儒家的心计几乎都放在家上，儒家的社会组织原理与伦理规范都是以家为中心的（金耀基，2013：178）。在中国文化背景下，集体与个人的关系的描述更具中国文化特色（王庆妍等，2021）。个体需要在家庭的关系中获得认可并确定个人的行为准则。因此，成立家庭、经营家庭、维持家庭成为中国人生命及生活中最重要的事。家庭生活与亲人关系是形成中国国民性格的主要来源（杨懋春，1988）。

"家"对于中国而言是一种总体性的和"根基性的隐喻"（root metaphor），它曾经"如此强大以致没有给其他隐喻留有空间"，今天依然没有放弃对人们的思维和行为习惯的支配（肖瑛，2020）。中国的很多生活常态不强调个人的能力表现，而处处以家庭为重心，强调成员之间的相互依存，也强调家庭对于成员的相关责任。它给那些丧失劳动能力的成员提供生活保障，保证家庭成员之间的合作与互助，也保证了社会的延续（杨懋春，1988）。随着社会的变迁与西方文化的影响，中国家庭生活方式有了一定的变化，但是家庭成员之间的相互依存与责任仍是生活的重心，个体对于家庭仍抱有强烈的责任感和义务感（童敏，2011：186），无论是从经济支持、劳务帮助还是从情感联系来看都表现出浓厚的家庭主义。可以说，离开了以家户为单位的家族互助合作，中国的家户制是难以维系下去的。孙中山先生因此认为，"中国人最崇拜的是家族主义和宗族主义"，"中国人的团结力，只能及于宗族而止"（孙中山，1956：590）。从这个层面来说，中国的家庭是一种扩大的家庭形态，这样的互助合作是一种基于宗族主义的大家庭联合。

中国社会伦理奠基于家庭，特别重视个人对家庭的责任，但这并不意味着忽视个人。重视家庭的目标在于实现个人，实现个人的人性与仁心，发展自我（沙莲香，2012：270~271）。家庭成员的生存与发展依赖于家庭成员之间的支持与互助，强调家庭成员之间的伦理、责任和义务。基于这样的文化背景，残疾人社会福利需要的满足很大程度上依赖于家庭成员之间的互助与扶持，其所表达的家庭化特性也在合理之中。将残疾人放置在家庭的场景中进行福利考虑是中国残疾人社会福利供给不可回避的视角。因此，应该把激发和鼓励家庭功能作为残疾人社会福利制度设计与实施的重要工作。以家庭抗逆力为框架考察残疾人的家庭形态，便自然地转向关注如何促进残疾人家庭整合性抗逆力的提升，从而有效地回应残疾人的福利需要。以上研究结果的呈现与文化要素的考量共同显示，对残疾人家庭抗逆力的研究应该包括探讨家庭文化背景的影响及其对逆境的评价和意义的过程，只有这样，其概念的本土化与适切性方可得到更大范围的推广。

（二）　基于文化的家庭抗逆力延展

尽管家庭抗逆力的概念已经被采纳为一种有用的基于能力视角且用于理解家庭在逆境中的适应状况的理论，但它仍需要进一步被置于文化的视角和残疾的领域进行运用和考察。鉴于残疾人及其家庭独特的经历，Stuntzner 和 Hartley（2014）将残疾个体和家庭的抗逆力定义为："在残疾出现后学习和提高个人技能和特质的能力，这些技能和特质可以被用来帮助他们处理与残疾有关的情况和经历，提高个人应对具有挑战性的生活事件的潜力和智慧，并以一种更高质量的方式生活。"本研究在实际调查与实践中同样发现，抗逆力的显现是一个循序渐进的过程。因为它不要求一个人或家庭在残疾后的适应进程初始就成为专家。在这个层面上，家庭抗逆力是一套可以学习和提高的技能，而不是一个单一的特质或技能，它是多种个人和家庭技能与特质的累积效应，帮助个人与家庭应对他们的情况和残疾相关的经验。同样，抗逆力对个人具有累积效应，在残疾之后，抗逆力可以对家庭产生更强、更具智慧的累积影响（Stuntzner & Hartley，2015）。

一种特定的文化提供了一种本体论取向，它构成了生活在这种文化中的个人世界观的基础，而这种世界观决定了个人的行为（Yamashiro & Matsuoka，1997）。为了提升家庭抗逆力的本土运用性，在家庭抗逆力的研究中有必要对个体与家庭所隶属的文化的自然存在和内在属性进行探讨，将概念放置于文化处境中进行一定程度的延展。立足于上一小节关于中国家庭文化的解读，本研究主要从以下三个角度进行家庭抗逆力的本土文化对话，以提升概念的解释性与可行性。

1. 家庭抗逆力的"家庭"再解读

在许多文化环境中，个体都嵌入在一个与他人互动的关系网络中，使他们可以集体行动和互相支持。因此，个体能力扩展并不仅仅依靠个体层面，同时由与重要他人（组织）的相互交流作用所促成

（Dubois & Trani，2009）。个体能力的扩展应该置于个体与组织的双重层面进行考量，家庭抗逆力的研究表明，残疾个体的需要满足与家庭紧密相关。在本土文化的环境下，更应该将残疾个体能力的建设与提升延展至家庭层面。在个体－家庭的框架下探讨残疾人能力的扩展以有效地增强残疾人群体的内在能量，真正实现其社会福利需要的满足与福祉的提升。家庭抗逆力的核心内涵与这样的文化诉求有着强契合性与吻合性。

从有机体视角来看，家庭是具有良好组织功能的运作系统。基于此，家庭抗逆力由一种基本理念指引着家庭建设的实践：通过整体评估家庭功能和健康问题，服务者能以此为指引进行介入并解决问题（和系统）、恢复功能，从而促进家庭与成员的健康发展。家庭抗逆力的实践强调协助家庭利用自己的能力，选择和改变他们的健康和治疗经验的方式。其中实践的共识是：即使家庭成员的健康问题没有得到解决，一个家庭的健康功能也可以得到增强。同样地，当家庭的健康水平和治疗能力提高，家庭成员现有健康状况得到改变的可能性也会增大（Ibrahim，2006）。基于家庭抗逆力进行家庭建设与单纯的服务供给是有差异的，其认定每个家庭都有自己的优势和重点，干预重心是能力的挖掘和扩展而不是克服弱点，强调家庭作为主体的能力，注重在家庭日常生活的健康方面和自我修复经验中阐明有意义的模式和资源，以合作的方式重构并转化家庭健康与自我修复经验，实现家庭健康和自我修复能力的发掘。在中国文化中审视与运用家庭抗逆力的前提应该对"家庭"的界限与结构进行再解读。

受儒家教义和长久的封建历史的影响，家庭是中国文化中的一个重要单位，被认为是生命的基本单位。而且与西方社会中所说的那种核心家庭（nuclear family）不同，中国家庭应该属于扩大的家庭（extended family），其成员构成可以是纵向的扩大家庭（祖父母、父母、兄弟、子女），也可以是平行的、横向的扩大家庭（兄弟、子女）（翟学伟，2016：26）。家庭在西方是一种界限分明的团体，而在中国则相对含糊。一家有几个结了婚的儿子和许多孙儿女同住在一个大院里，被认为是传统中国的典型家庭（费正清，2018：16）。所以费孝通把中国乡土社会基本社群称为"小家族"，其目的是想从结构原则来说明中国家族中的家庭只是社会圈子中的一轮，不能说它不存在，但也不能说它自成一个独立的单位（费孝通，2011：39～40）。这样的论述呈现了中国社会中家的一个重要特征——多层性。这样的多层性一定程度上增强了家庭抗逆力本土运用的复杂性。以家庭为基础的集体取向的视角，对于家庭抗逆力生成的行为策略提出了更多的要求，也成就了更多的可能性。家庭内部的互动通常遵循等级、义务和义务所定义的一组具体的角色。如何立足核心家庭，将抗逆力的提升扩展至扩大的家庭圈，并整合大家庭的资源与能量共同协助残疾家庭解决生活困境问题，在本土文化中便显得很重要。特别是现在中国家庭在一定程度上受到西方文化的影响，扩大家庭的责任与支持并没有传统社会中那样明显。这样的动态特征也给我们的服务增加了更多的不确定性。

在家庭这个维度，我们需要讨论的另一个层面是中国的家庭结构。受到儒家思想的影响，中国家庭内部存在明显的以性别为基础的分工，而且具有较为明显的不平等的权力结构（Metraux & Yoxall，2007）。中国家庭生活中，亲子和夫妻之间存在特定结构，正常孩子被要求服从父母，父母在一定的期限中要为孩子负责；在对外事务上，父亲正常被赋予更多的责任；亲子的关系要比夫妻关系更被看重；父亲对孩子的照顾缺位在中国比较明显；等等（童敏，2011：191～192）。因此，从中国文化的角度审视家庭抗逆力的内涵与运用时，除了注重家庭边界的延展，还要注重中国家庭结构的特殊性，人们在应对家庭困境时所表现出来的抗逆经验与家庭的结构有着较强的关系，这个也为我们从内外部协助残疾人家庭有效调动资源和挖掘能力以应对问题提供了新的策略方向。从我们的研究中也可以总结出，社会工作策略运用中存在着对本土家庭特质的观照。当家庭遭遇困境寻求帮助时，首先是来自家庭成员的支持力量；其次受传统宗族文化的影响，在家庭资源网络中，大家庭往往也扮演着重要的资源支持角色；再次是来自家庭外的社会支持网络的帮助。在家内成员越主动寻求家外系统的资源，各系统与家庭的黏合就越紧密（李冬卉、田国秀，2020）。因此，社会工作服务须重视扩大家庭的人际互动与支持网络的建立与维持。

家庭抗逆力的"家庭"再解读有助于让家庭抗逆力的本土实践更加契合现实。我们需要进一步突破家庭的界限，重新理清家庭的结构，充分考察残疾人相关的主体。社会工作服务中要将这些主体尽可能地纳入服务体系，作为重要的资源加以调动和引导。只有这样，才能提供充分的空间，探索残疾人家庭内外的关系，以及他们自身应对残疾事件的方式与过程，为社会工作服务介入提供更多的切入点与策略的立足点。

2. 家庭抗逆力的本土"力"文化

抗逆力意指承受和摆脱破坏性生活挑战的能力，它涉及在重大逆境中促进积极适应的一系列技能与特质的综合（Masten & Cicchetti，2016）。在西方的文献中，抗逆力内涵除了应对之意，还强调这些力量和资源使人们能够从严峻的生活挑战中恢复和积极成长（Walsh，2016c）。家庭抗逆力不只是压力管理和从压力事件中幸存下来，还包含个体及关系转变性提升的含义（Sixbey，2008），它用一个发展性、系统性和关系性的视角去检测关系过程及家庭处理压力的方式的变化（Hawley & Dale，2000）。家庭不仅表现出自我修复的能力，还从中得到成长，增能态势蕴含于家庭抗逆力理论本质中。家庭抗逆力的一个基本认定是，严重的危机和持续的生活挑战对整个家庭产生影响，而关键的家庭进程与能量反过来又为家庭成员、他们的关系和家庭单位调解适应提供力量。家庭成员的残疾事件或其他附带的压力源会使家庭功能脱轨，并在整个关系网络中产生连锁反应，所以引领家庭应对和处理的家庭抗逆力显得格外重要。关键的家庭运作机制使家庭能够在压力很大的时候团结起来：采取积极主动的措施，缓冲干扰，减少功能障碍的风险，支持积极的适应和应对未来挑战的智慧（Walsh，2016a）。在西方的文献解读中，家庭抗逆力呈现一种激进的状态，它更为强调变化中的力，强调家庭在运用家庭抗逆力的"力"的向前和成长。

在本土的残疾人家庭考察和服务中可以发现，残疾人家庭在应对残障事件的发生时的确也呈现一定的能力和智慧，但是由于中国文化和残疾本土环境的影响，这种能力和智慧相比西方的概念和研究，表现更为内敛和沉静。家庭对于应对特质和能力的理解也有较大的差异，即使是在我们研究归类中的稳定均衡型家庭所集中呈现出来的家庭抗逆力也是比较柔和的。家庭中的成员和残疾者本身都能较好地接纳残疾的存在，并发展出一套与残疾相处的家庭模式，但更多停留于家庭内部或扩展的家庭。他们在外显上并没有表现出强抗逆力的动作与意向，更多的是封闭式地自我对话、适应与接受，在规划和处理预防性危机的准备上并不是很充分，对于寻找外界的帮助的意识和力量并不强烈。他们更强调对当下生活的把握，尽可能让家庭保持平静，与残疾和平共处。家庭抗逆力的本土"力"文化是一种相对消极和中庸的"力"，呈现一种"以柔克刚""以静制动"的状态。这样的家庭抗逆力的"力"的特点让我们在本土社会工作服务中更多顺应残疾人家庭的内心，采取一种相对温和的方式引导。

在中国文化中，家庭的确常常被视为危机时期重要的支持提供者，但在中国家庭的支持与照顾中，经常可见家庭试图采用否定、回避、无所事事、指望别人的帮助或求助于宗教或精神信仰等应对策略，在家庭结构和角色中保持平衡（Chan & Twinn，2010）。家庭成员毫无怨言很大一部分原因是中国文化中孝道的传承，孝道是一种深深植根于中国文化之中的信仰，在家庭生活中不断被一代代传递与灌输，于情于理被要求的是顺从（费正清，2018：22）。扩大的孝义让中国人坚信他们有义务照顾家庭成员，特别是生病的人。"逆来顺受"是中国家庭抗逆力表现的一种常见形态。残疾人家庭中所呈现的家庭抗逆力更多的是信念上的接受与支持和组织上保持基本的稳定。而在情感表达与交流、合作对话等方面，本土家庭缺少亲密的关系、相关问题解决的直接表达，大多数家庭在遇到困境时会以不让家人担心为由选择隐瞒，因而影响家庭成员清晰地了解困境信息，增加了家庭发生冲突或矛盾的可能性。家庭成员个体的"自我压缩"更多表现为对残疾事件采取"静"的态度，这样的"静"表现在对残疾或家庭其他的困难不是运用"征服"的措施，而是去顺应它、符合它。中国人"静的世界观"很难遵循"动的逻辑"，这一定程度上导致了中国家庭抗逆力以一种温和的形态呈现，阻碍了家庭抗逆"力"的表现与彰显。

3. 家庭抗逆力的本土"过程"把握

"当一个家庭面临创伤时就会呈现一种人类复杂进程。因此，家庭将根据其赋予情况的意义，进行转变。家庭及其环境所固有的内在要素之间的相互关系将对这一进程产生积极或消极的影响，以实现对生活项目的积极重建。"（Gauvin-Lepage，2013）因此，家庭抗逆力体现在家庭"遭遇逆境（面对压力源）—应对逆境（逆境与资源互动）—适应逆境"这一过程中。家庭抗逆力不是一个线性的、单向的或指数型的过程。面对创伤的家庭不会在一天之内就变得"有弹性"。相反，家庭抗逆力是一个动态的过程。在这个过程中，一个家庭可能出现"反弹"或进步，也可能出现倒退，因为处于脆弱状态的家庭不仅将精力集中在适应新的限制上，还将精力集中于学习如何应对新的限制。在家庭复原的过程中，家庭必须通过不同的策略来适应形势，通过磨难激发其成长的潜力，并最终接受其生活项目的转变（Gauvin-Lepage，Lefebvre，& Malo，2014）。家庭的有效运作和积极适应不仅取决于所面临不利挑战的复杂性、严重性和长期性，还取决于家庭在社会环境和生活过程中的资源、限制和目标。随着挑战的出现和家庭的发展，家庭的最佳运作和家庭福祉的获得过程可能会随着时间的推移而不同（Walsh，2016c）。由于力的作用是一个复杂的过程，因此家庭抗逆力的核心事务流程在不同时间中以不同形态相互作用和协同。

家庭抗逆力的过程定义认为每个家庭都以独特的过程和方式处理家庭负面事件。他们自己定义困难和应对的方式与持有的有关家庭的价值观、信念等紧密相关。中国家庭对负面事件的文化归因，决定了家庭在呈现家庭抗逆力的过程中也有着自己的特定逻辑。儒家思想中，上天是人格化的宇宙最高统治者，人们相信上天是人类命运的决定者，并且形成了天定和宿命论的观念（杨庆堃，2019）。中国天命观让残疾人家庭在面对残疾事件时更多遵循"尽人事听天命"的应对逻辑。本研究发现，对于残疾事件发生很久的家庭，他们的确会发展出一个自我认为应对还"不错"的抗逆方式与过程，对于社会工作者等外力的协助和干预还是表现出一种相对冷淡的态度，他们认为这是他们的命，改变的可能性不大。仔细剖析，我们可以发现从残疾发生到处理残疾，大多数残疾人家庭都会有一个"不断否认—无奈接受—积极寻找应对方式—平静相处"的抗逆过程。这样的过程具有很强的文化特色，这也给我们本土残疾人社会工作服务提供了介入方向。本土抗逆过程的把握成为家庭抗逆力运用的重要维度，社会工作者应尽可能因不同的过程节点而进行差异化处理。而本土"过程"中最难把握的是最后"平静相处"环节，虽从外界专业认定这种抗逆行为也许不是最佳方式，但此时引导家庭再次进入"积极寻找应对方式"的过程，对于社会工作者来说是一个重大的实务挑战。

上面的过程剖析是一个时间轴的解读。从家庭抗逆力的静态面来分析，本土抗逆力过程还有一个层面需要把握。中国的社会组织是一个大家庭套着多层的无数的小家庭。家庭生活是中国人第一重的社会生活，亲戚、邻里、朋友等关系是中国人第二重的社会生活（梁漱溟，2018：22）。对中国人来说，"内"与"外"是很重要的区分，即使是在自己最亲的家庭中，仍有父系的本家和母系的"外家"之分，按"亲疏有别"的逻辑，理应先照顾"自己人"（孙隆基，2019：61）。在家庭抗逆力的挖掘与调动过程中，我们应该理顺核心家庭和扩大家庭的关系，遵循"差序格局"的思维，尽可能由内而外，逐层扩展和调动。从最重要的家庭成员和关系着手，让家庭抗逆力有效呈现，提升内圈结构对于应对困境的信心和能力。在大多数中国人看来，只有在核心家庭内圈成员和内在结构都失去效能的情况下，才能去动员扩大家庭的资源和力量。从本土家庭结构的层面来看，只有掌握好抗逆力的"内外有别"的过程才能将力的作用呈现得恰到好处，发挥到极致。

五　总结与讨论

我们在家庭抗逆力的本质探索过程中发现，它既是家庭共同体面对生活逆境的一种应对智慧，也是与中国文化相互磨合、彼此影响的一个过程。在本土残疾人家庭介入过程中，家庭成员的生活经历是他们应对和理解这些事件的真正来源，他们的反应将有助于社会工作者对家庭进行干预，以确定他们的优势。与此同时，相关研究也发现，家庭抗逆力在不同的文化处境下呈现截然不同的状态，并进行相应的对比和讨论。

在西方的文献中，无论是从特质、过程还是从结果来论，动态、向前、积极都是家庭抗逆力这个概念所表现出来的一种诉求。本研究将其归纳为家庭抗逆力的激进论：家庭抗逆力可以被定义为家庭在多系统相互作用的过程中运用内外部资源和优势去应对和适应逆境或危机的能力。家庭不仅恢复到逆境或危机之前的水平，而且呈现比之前更强的、更具智慧和信心的状态。

与西方抗逆力相比，中国残疾人家庭的家庭抗逆力呈现得更为平静一些，其更加关注的是如何与残疾的身体、残疾的家庭成员良好地对话和相处。静止不一定是消极的，或许对于中国家庭来说，有时静止保守是为了潜心涵养。在对类型考察和社会工作介入服务过程中，残疾人家庭除了表现出积极抗逆的状态，也呈现静态式的家庭抗逆力，更多地彰显了适应和遵循的轨迹。家庭内部力量是指家庭成员平静的心理，家庭成员之间相互尊重、沟通、凝聚和适应，表现出与残疾和平共处的安静状况；而家庭外部力量是指调动社会资源的社会支持，表现为一种扩大家庭文化的相互支撑，外部的很多力量是自然而然的一种聚集。此外，中国残疾人家庭与西方相比，外部关系维度也具有自己的特点。除了核心家庭，扩展的家庭网络也被认为是非常重要的。本研究的结果与家庭抗逆力是家庭在应对压力和解决问题时表现出的一种持久的能力或关于能力的观点是一致的。只是在残疾人家庭中所发现的这种持久的对话更为中庸，即我们所认为的家庭抗逆力的中庸论：合理接纳家庭状况，与家庭一些逆境与负面状况和平共处也是一种良好的家庭抗逆力，维持与接纳对于整个家庭来说也是一种好的成长。"不采取咄咄逼人或强硬的行动和等待"也可能成为家庭抗逆力的特征之一。正如鲁迅先生所言："中国人的性情是总喜欢调和折中的……没有更激烈的主张，他们总连平和的改革也不肯行。"（鲁迅，2005）由此体现出中庸思想对中国人性格的深远影响。

中庸论在中国由来已久，孔子推崇"中庸之道"，"执两用中，过犹不及"，认为这是最高的道德标准，可以把各种道德的优越性集中凸显出来，从而避免各种偏颇之见（赵宝煦，1999）。中庸是一种极其难得的境界，是全盘考虑后做出的最佳选择，它是针对特定情境而有其特定规定性的，是不可以随意调和、任意折中的（王君柏，2017）。中庸的人生态度要求做事恰到好处，而要做到这一点，就需要把握时机，动静相宜，这在儒家思想中也有所体现（赵卫东，2019）。潘光旦先生将"安所遂生"的万物并育而不相害的状态，取名为"位育"，既有其静的一面，又有其动的一面，这一概念可得中庸之精髓，也是中国传统智慧的集中体现（王君柏，2017）。那么，对于"如何才应当动，如何才应当静，如何才要有为，如何才要有守"，中国文化比任何民族文化认识得更为清彻（潘光旦，2018）。

在残疾人家庭抗逆力的应用场景中，可以看出中国人在面对挫折与困难时，依旧秉承着中庸思想方法论原则，选择在残疾面前形成一种审时度势的方法，消化残疾这个事实，并且运用一种强大的韧性去接受现实使其在面对残疾时变得更加从容不迫，还能够在其中寻找自己的活路。这其实就很好地诠释了潘光旦先生"安所遂生"的含义，既乐于接受自己眼前的客观现状，承认它，尊重它；同时，又寻求改善、发展的机会，尽可能去突破现状，这是在安于现状和不切实际的追求理想之间，找到一个中间点，是在现实与理想之间的平衡。从个人层次来看，这种态度就是一种健康的心态，既接纳自己又发展自己，是颇合《周易》"自强不息，厚德载物"精神的（王君柏，2017）。不论是残疾人本身，还是残疾人的家庭都向我们展现了中国人的中庸智慧，将事物多面性统一并运用起来，使它们相辅相成，找到自己生存的空间和最适合自己的生活方式。这种根据不同时空条件灵活运用中庸，达到中和（陈天林，2006）的中庸方法论是家庭抗逆力这个舶来概念与中国文化的处境的有益对话。实际上，家庭抗逆力的中庸论也是中国人舍弃力的体现。从家庭抗逆力的理论内涵与属性争论来看，西方抗逆力概念在人本主义的影响下越来越关注人与环境交互影响的过程，把抗逆力视为人们对逆境的抗争。然而，这种把个人与环境对立起来的抗逆力观点，在中国文化看来，恰恰是因为过度强调抗争而忽视了逆境中舍弃的价值，这不仅不利于人们客观看待逆境，找到合理的逆境应对方式，而且不利于人们挖掘逆境中舍弃的价值，在接纳环境影响中找到超越环境影响的办法（童敏、许嘉祥、高爽，2021）。

　　总的来说，家庭抗逆力的中庸论在中国文化处境下在其本意上呈现静态，在取舍中保持一种平衡，是一种看似无为实则有为的做法，但是这样的中庸论调也为家庭抗逆力在本土文化中的发展带来一定程度的阻力，未来应着重探索家庭抗逆力在本土化中如何更好地发挥作用，努力破除中庸影响下"熬"过去的消极态度，采取适当方式激发其家庭抗逆力，并以此来寻找动静相宜的契合点，发掘中国人的抗逆力来源和力量。由此可见，家庭抗逆力在与本土文化的对话和操作实践层面还有众多可以探讨和成长的空间。期待更多的社会工作研究能够回归当下中国人所处的实际场景，从本土生活视角出发，积极推动家庭抗逆力的本土化，进而促进人民美好生活和幸福中国建设。

参考文献

陈天林（2006）："中庸：中国传统和谐文化的基本精神"，《社会主义研究》第
　　10 期，第 48～51 页。

费孝通（2011）：《乡土中国·生育制度·乡土重建》，北京：商务印书馆。

费正清（2018）：《美国与中国》张理京译，北京：世界知识出版社。

冯友兰（1967）：《新事论》，台北：台湾商务印书馆。

冯跃、杨蕾（2018）："家庭抗逆力与文化相契性研究"，《华东理工大学学报》
　　（社会科学版）第 4 期，第 10～17 页。

金耀基（2013）：《中国现代化的终极愿景》，上海：上海人民出版社。

李冬卉、田国秀（2020）："家庭抗逆力元框架研究"，《华东理工大学学报》（社
　　会科学版）第 4 期，第 39～49 页。

梁漱溟（2018）：《中国文化要义》，上海：上海人民出版社。

刘芳（2018）："西方家庭抗逆力的新发展：范式演变与争论"，《国外社会科学》
　　第 2 期，第 43～52 页。

鲁迅（2005）：《鲁迅全集》，第四卷，北京：人民文学出版社。

潘光旦（2018）：《守住灵魂的底线》，南京：江苏人民出版社。

沙莲香（2012）：《中国民族性（一）：一百五十年中外"中国人像"》，北京：中
　　国人民大学出版社。

孙中山（1956）：《孙中山选集》，北京：人民出版社。

童敏（2011）：《流动儿童应对学习逆境的过程研究：一项抗逆力视角下的扎根理
　　论分析》，北京：中国社会科学出版社。

童敏、许嘉祥、高爽（2021）：" 抗逆力理论的文化审视与中国社会工作理论构
　　建"，《厦门大学学报》（哲学社会科学版）第 1 期，第 22～30 页。

王福民（2015）："家庭：作为生活主体存在空间之价值论旨趣"，《哲学研究》
　　第 4 期，第 25～30 页。

王君柏（2017）："论中庸传统与社会理性的营造"，《中南民族大学学报》（人文
　　社会科学版）第 2 期，第 92～97 页。

王庆妍等（2021）："家庭调整与适应的抗逆力模型核心概念的本土化研究"，《护
　　理研究》第 12 期，第 2200～2204 页。

魏爱春、李雪萍（2019）："关系网与生命周期：家庭抗逆力本土化研究的维度拓
　　展"，《华东理工大学学报》（社会科学版）第 2 期，第 36～42 页。

肖瑛（2020）："'家'作为方法：中国社会理论的一种尝试"，《中国社会科学》
　　第 11 期，第 172～191 页。

徐勇（2013）："中国家户制度传统与农村发展道路——以俄国、印度的村社传统
　　为参照"，《中国社会科学》第 8 期，第 102～123 页。

杨国枢（2005）："华人社会取向的理论分析"，载杨国枢、黄光国、杨中芳主编
　　《华人本土心理学》，台北：远流图书出版公司。

杨国枢（2013）："中国人的价值观：社会科学观点"，北京：中国人民大学出
　　版社。

杨懋春（1988）："中国的家族主义与国民性格"，载李亦园《中国人的性格》，
　　台北：桂冠图书公司。

杨庆堃（2019）："儒家思想与中国宗教的相互作用关系"，载费正清主编《中国
　　的思想与制度》，郭晓兵译，北京：世界知识出版社。

姚进忠、邱思宇（2018）："家庭抗逆力：理论分辨、实践演变与现实镜鉴"，《人

文杂志》第 11 期，第 116～128 页。

翟学伟（2016）：《中国人的日常呈现：面子与人情的社会学研究》，南京：南京大学出版社。

赵宝煦（1999）："'和为贵'、'中庸之道'与'武士道'精神——关于日本政治文化的思考"，《北京大学学报》（哲学社会科学版）第 4 期，第 49～55 页。

赵卫东（2019）："儒家文化与中国人的生命底色"，《孔子研究》第 3 期，第 24～32 页。

Black, K. & Lobo. (2008). "A Conceptual Review of Family Resilience Factors." *Journal of Family Nursing* 14: 33 −55.

Chan, K. -S. & Twinn, S. (2010). "An Analysis of the Stressors and Coping Strategies of Chinese Adults with a Partner Admitted to an Intensive Care Unit in Hong Kong: An Exploratory Study." *Journal of Clinical Nursing* 16（1）.

De Haan, L., D. R. Hawley, & J. E. Deal. (2002). "Operationalizing Family Resilience: A Methodological Strategy." *The American Journal of Family Therapy* 30（4）: 275 −291.

Dubois, Jean-L. & Trani, Jean-F. (2009). "Extending the Capability Paradigm to Address the Complexity of Disability." *ALTER-European Journal Disability Research* 3（3）: 192 −221.

Gauvin-Lepage, J., H. Lefebvre, & D. Malo. (2014). Family Resilience: Defining the Concept from A Humanist Perspective. *Interdisciplinary Journal of Family Studies* 19（2）: 22 −36.

Gauvin-Lepage, J., H. Lefebvre, & D. Malo. (2015). Family Resilience Following a Physical Trauma and Efficient Support Interventions: A Critical Literature Review. *Journal of Rehabilitation* 81（3）: 34 −42.

Gauvin-Lepage, L. (2013). *Coconstruction des composantes d'un programme d'intervention en soutien à la résilience de familles dont un adolescent est atteint d'un traumatisme craniocérébral*, pp. 143. Faculty of Nursing of the University of Montreal: Unpublished doctoral dissertation.

Greg, Y. & Matsuoka, J. K. (1997). "Help-Seeking among Asian and Pacific Americans: a Multiperspective Analysis." *Social Work* 42（2）: 176 −186.

Haan, L. D., Hawley, D. R., & Deal, J. E. (2002). "Operationalizing Family Resilience: a Methodological Strategy." *American Journal of Family Therapy* 30（4）: 275 −291.

Hanson, S. M. (2001a). Family Assessment and Intervention. In *Family Health Care Nursing: Theory, Practice, and Research（2nd Ed）*, edited by S. M. Hanson. Philadelphia: F. A. Davis, pp. 170 −195.

Hanson, S. M. (2001a). "Family Assessment and Intervention." In *Family Health Care Nursing: Theory, Practice, and Research（2nd Ed）*, edited by S. M. Hanson, pp. 170 −195. Philadelphia: F. A. Davis.

Hanson, S. M. (2001b). Family health care nursing: An introduction. In *Family health care nursing: Theory, Practice, and Research,（2nd Ed）*, edited by S. M. Hanson. Philadelphia: F. A. Davis, pp. 3 −35.

Hanson, S. M. (2001b). "Family Health Care Nursing: An Introduction." In *Family Health Care Nursing: Theory, Practice, and Research（2nd Ed）*, edited by S. M. Hanson, pp. 3 – 35. Philadelphia: F. A. Davis,

Hawley, & Dale, R. (2000). "Clinical Implications of Family Resilience." *American Journal of Family Therapy* 28 (2): 101 – 116.

Henry, C. S., Morris, A. S., & Harrist, A. W. (2015). "Family Resilience: Moving into the Third Wave." *Family Relations* 64 (1): 22 – 43.

Ibrahim, S. S. (2006). "From Individual to Collective Capabilities: The Capability Approach as a Conceptual Framework for Self-Help." *Journal of Human Development* 7 (3): 397 – 416.

Jérme Gauvin-Lepage, Lefebvre, H., & Malo, D. (2014). "Family Resilience: Defining the Concept from a Humanist Perspective." *Interdisciplinary Journal of Family Studies* 19 (2): 22 – 36.

Knafl, & K. A. (2001). "Book Review: Family Health Care Nursing: Theory, Practice, and Research." *Journal of Family Nursing* 7 (3): 300 – 301.

Lebow, J. & Stroud, C. (2015). "Assessment of Couple and Family Functioning: Useful Models and Instruments." In *Normal Family Processes (4th Ed), Growing Diversity and Complexity*, edited by F. Walsh et al., pp. 501 – 528. New York: The Guilford Press.

Lee, E. O., Park, Y. S., Song, M., Lee, I. S., Park, Y., & Kim, H. S. (2002). "Family Functioning in the Context of Chronic Illness in Women: A Korean Study." *International Journal of Nursing Studies* 39 (7): 705 – 711.

Lee, I., Lee, E., Kim, H. S., Park, Y. S., Song, M., & Park, Y. H. (2004). "Concept Development of Family Resilience: A Study of Korean Families with a Chronically Ill Child." *Journal of Clinical Nursing* 13 (5): 636 – 645.

Malo, Denise, Gauvin-Lepage, Jerome, Lefebvre, & Helene. (2015). "Family Resilience Following a Physical Trauma and Efficient Support Interventions: a Critical Literature Review." *Journal of rehabilitation* 81 (3): 34 – 42.

Masten, A. S. & Cicchetti, D. (2016). "Resilience in Development: Progress and Transformation." In *Developmental Psychopathology (3rd Ed)*, edited by Dante Cicchetti. New York: Wiley.

Masten, A. S. & Monn, A. R. (2015). "Child and Family Resilience: a Call for Integrated Science, Practice, and Professional Training." *Family Relations* 64 (1): 5 – 21.

McCubbin, M. A. & McCubbin, H. I. (1988). "Typologies of Resilient Families: Emerging Roles of Social Class and Ethnicity." *Family Relations* 37 (3): 247 – 254.

McCubbin, M. A. & McCubbin, H. I. (1993). "Families Coping with Illness: The Resiliency Model of Family Stress, Adjustment, and Adaptation." In *Families, Health and Illness: Perspectives on Coping and Intervention*, edited by Carol B. Danielson, Brenda Hamel-Bissell, Patricia Winstead-Fry. St. Louis, MO: Mosby.

McCubbin, M. A., & McCubbin, H. I. (1996). "Resiliency In Families: A Conceptual Model of Family Adjustment and Adaptation in Response to Stress and Crises." In *Family Assessment: Resiliency, Coping, and Adaptation-Inventories for Research and Practice*, edited by Hamilton I. McCubbin, Anne I. Thompson, and Marilyn A. McCubbin. Madison: University of Wisconsin Press.

McGoldrick, M., Carter, B., & Garcia-Preto, N. (2010). *The Expanded Family Life Cycle: Individual, Family and Social Perspectives (4th Ed)*. Boston: Allyn and Bacon.

Metraux, D. A. & Yoxall. W. J. (2007). *The Problems Facing China Today: Politics, Economics, Health and Religion.* New York: The Edwin Mellen Press.

Michael & Rutter. (1993). "Resilience: Some Conceptual Considerations." *Journal of Adolescent Health* 14: 626 – 631.

Oh, S. & S. J. Chang. (2014). "Concept Analysis: Family Resilience." *Open Journal of Nursing* 4 (13): 980 – 990.

Oswald, R. F. (2002). "Resilience within the Family Networks of Lesbians and Gay Men: Intentionality and Redefinition." *Journal of Marriage & Family* 64 (2): 374 – 383.

Patterson, J. M. (1995). "Promoting Resilience in Families Experiencing Stress." *Pediatric Clinics of North America* 42 (1): 47 – 63.

Patterson, J. M. (2002). "Understanding Family Resilience." *Journal of Clinical Psychology*, 58 (3), pp. 233 – 246.

Patterson, J. M. (2010). "Integrating Family Resilience and Family Stress Theory." *Journal of Marriage & Family* 64 (2): 349 – 360.

Power, J., Goodyear, J. M., Maybery, D., Reupert, A. E., O'Hanlon, B., Cuff, R., & Perlesz, A. (2015). "Family Resilience in Families Where a Parent has a Mental Illness." *Journal of Social Work* 0 (0): 1 – 17.

Rajeev, S. P. & Kunjachan, D. (2014). "Building Family Resilience a Social Work Approach." *International Journal of Social Work & Human Services Practice Horizon Research Publishing* 2 (6): 250 – 255.

Rutter, M. 1993. "Resilience: Some Conceptual Considerations." *Journal of Adolescent Health* 14 (8): 626 – 631.

Sexton, T. L. & Lebow, J. (2015). *Handbook of Family Therapy (4th Ed).* New York: Routledge.

Simon, J. B., Murphy, J. J., & Smith, S. M. (2005). "Understanding and Fostering Family Resilience." *The Family Journal* 13 (4): 427 – 436.

Sixbey, M. T. (2008). *Development of the Family Resilience Assessment Scale to Identify Family Resilience Constructs.* Gainesville, Fla: University of Florida.

Stuntzner, S. & Hartley, M. (2014). *Stuntzner and Hartley's Life Enhancement Intervention: Developing Resiliency Skills Following Disability.* Ahmedabad, Gurat, India: Counseling Association of India.

Stuntzner, S. & Hartley, M. (2015a). "Family Resilience Following Disability: Enhancing Counselors' Skills." Paper Based on a Program Presented at the 2015 American Counseling Association Conference, Orlando, Fl. March 11 – 15.

Stuntzner, S. & Hartley, M. (2015b). *Stuntzner and Hartley's Life Enhancement Intervention: Developing Resiliency Skills Following Disability.* Ahmedebad, Gurat, India: Counseling Association of India.

Stuntzner, S. & Hartley, M. (2015). Family Resilience Following Disability: Enhancing Counselors' Skills, Paper based on a program presented at the 2015 American Counseling Association Conference, March 11 – 15, Orlando, FL.

Walsh, F. (2002). "A Family Resilience Framework: Innovative Practice Applications." *Family Relations* 51: 130 – 137.

Walsh, F. (2016a). "A Family Developmental Framework: Challenges and Resilience Across the Life Cycle." In *Handbook of Family Therapy (4th Ed)*, edited by

T. Sexton and J. Lebow. New York: Routledge.

Walsh, F. (2016b). *Applying a Family Resilience Framework in Training, Practice, and Research: Mastering the Art of The Possible.* Fam Process 55 (4): 616 – 632.

Walsh, F. (2016c). "Family Resilience: A Developmental Systems Framework." *European Journal of Developmental Psychology* 13 (3): 313 – 324.

Walsh, F. (2016d). *Strengthening Family Resilience (3rd Ed)*, New York: The Guilford Press.

White, N., Richter, J., Koeckeritz, J., Lee, Y., & Munch, K. L. (2002). "A Cross-Cultural Comparison of Family Resiliency in Hemodialysis Patients." *Journal of Transcultural Nursing* 13 (3): 218.

Yamashiro, G. & J. Matsuoka. (1997). "Help-Seeking among Asian and Pacific Americans: A Multi-perspective Analysis." *Social Work* 42: 176 – 186.

中国社会工作研究　第二十辑

第 147～205 页

社会工作者社会支持网络的构建：
一项民办社工机构的行动研究[*]

张洋勇^{**}

摘　要　自社会工作职业化发展以来，我国民办社工机构中社会工作者面临诸多挑战，社会支持网络在职业挑战应对策略中发挥重要作用，但如何构建尚待深入研究。该研究以福建省厦门市 WX 民办社工机构为例，基于生态系统理论，通过为期四年的行动研究来深入探究社会工作者社会支持网络构建的过程和行动策略。本研究发现，我国民办社工机构中社会工作者社会支持网络的构建可以从四个维度展开：①社会工作者个人职业胜任力和核心能力的提升；②项目管理和互动关系的优化；③机构参与式管理和组织支持的改善；④政策和外部合作关系与支持的提升。具体而言，宏观系统层面，社会支持网络的作用虽然存在鲜明的两面性，但对社会工作者社会支持网络的构建至关重要；中观系统层面，项目和机构是两个特殊的场域，其中的互动关系建设会直接影响社会工作者获得社会支持的状况，包括专业督导、系列培训

----

*　本文为国家社会科学基金一般项目“中国社会工作者职业生存的叙事研究”（20BSH124）的阶段性成果。

**　张洋勇，厦门大学社会与人类学院社会工作系助理教授、特任副研究员、硕士生导师，香港理工大学社会工作哲学博士（PhD）。作者感谢厦门大学社会工作专业硕士生王巧乐同学在文献搜索和整理环节的协助，感谢审稿人对本论文修改提出的宝贵建议。

和朋辈支持等；来自微观系统层面的支持网络为社会工作者提供直接的专业支持和情感支持，也在一定程度上影响其职业发展。而且，在社会支持网络构建过程中，互动关系和核心能力建设是两条主轴。相较于机构外因素带来的不确定性，机构内的行动对于社会支持网络的构建更为基础和可控。

关键词 社会工作者 社会支持网络 行动研究

一 研究背景与问题

"社会工作者"（Social Worker）在我国是一个新兴的职业群体，专业角色和作用日益彰显，专业队伍发展迅速（王思斌，2016）。社会工作职业化发展在我国始于 2008 年全国社会工作者职业水平考试，自此，社会工作者在社会服务、社区治理等方面扮演重要角色，发挥着专业作用（王思斌，2014，2020）。在过去十余年时间内，为回应社会转型时期社会问题和需求的复杂化，发展社会工作者专业队伍的迫切性凸显出来（王思斌、阮曾媛琪，2009），一系列促进专业人才队伍发展的国家重大战略决定和地方政策相继出台，政府购买公共服务力度加大，在此过程中催生了数量众多的民办社会工作服务机构（以下简称民办社工机构）和庞大的社会工作从业者队伍。据统计，截至 2019 年底，全国民办社工机构达 9700 多家，持证的社会工作者达 50 余万人（民政部，2019，2020）。

然而，民办社工机构特殊的工作场域和社会工作职业初兴背景，使得我国社会工作者依然面临诸多挑战和压力，影响到该职业群体的稳定性和未来发展（刘文瑞，2016；王思斌，2014；朱健刚、陈安娜，2014）。对社会工作者职业群体的研究需要投入更多关注。在我国，民办社工机构属于非营利性的第三部门（the third sector），因其在价值理念上与社会工作契合而成为社会工作者的一个重要工作场域。但民办社工机构和第三部门发展自身面临的局限性，如国家与社会的二元发展、信任困境、人力困境、组织发展和资源结构困境等挑战（崔月琴、沙艳，2015；黄晓春，2015；康晓光，2013；王名，2006），会给工作于其中的社会工作者带来挑战，如专业性面临质疑（尹阿雳等，2016）、专业支持欠缺（An & Chapman，2014）等。同时，社会工作者作为新兴职业群体，面临来自宏观政策和环境、机构发展和互动关系，以及个人实务和职业生涯规划等层面的挑战，这使得职业群体的专业性、稳定性受到影响（安秋玲，2010；易松国，2013；Guo，2016）。而对社会工作者职业生存面临的挑战与压力的关注，以及相应的应对策略的探索，在实务和研究领域均显得不足。

在对我国社会工作者职业挑战应对策略的研究中，社会支持和社会支持网络的构建发挥重要的作用，社会支持网络在社会工作者职业留任（retention）和发展过程中扮演重要角色（顾东辉，2017；陆士桢、郑玲，2013；Li et al.，2020；Zheng et al.，2021）。然而，以民办社工机构为工作场域，具体探索如何构建社会工作者社会支持网络构建的实证研究和行动研究甚少。基于此，还需要进一步深入诠释我国社会工作者社会支持网络的类型和内容，探索在生态系统中社会支持网络构建的具体行动路径。

社会工作职业化发展初期，研究我国民办社工机构社会工作者社会支持网络的构建，具有重要的理论意义与应用价值。从理论上讲，该研究结合生态系统理论进一步丰富了民办社工机构及社会工作者的理论研究，拓展了社会组织从业人员增权领域的行动研究。在实际应用方面，一是为政府部门在"加强和创新社会制度、规范社会组织、支持专业社会工作发展"方面提供了重要的参考和政策建议；二是从实务层面探讨构建社会工作者社会支持网络的策略，可以为民办社工机构的人力资源管理工作提供参考，促进机构的健康和规范发展。在保护社会工作者自身权益的同时，民办社工机构可以借此解决人才流失和人力资源不足的问题，并释放从业者的工作压力，提高工作效能。

二 文献综述

（一）民办社工机构与非营利组织、社会组织概念辨析

国际上，没有"民办社工机构"称谓，通常以非政府组织（Non-Governmental Organization，NGO）和非营利组织（Non-Profitable Organization，NPO）出现。联合国最早使用非政府组织一词，并赋予它在

参与国际公共决策中的特殊地位和积极含义。非营利组织是指出于非营利目的从事社会服务，以回应社会需求或解决社会问题为使命的组织，具有强烈的非营利性和非政府性（Drucker，1990）。以社会工作服务机构为代表的 NPO，因其在价值理念上与社会工作契合而成为多数社会工作者重要的就业场所（雷杰、黄婉怡，2017；朱健刚、陈安娜，2013）。

在我国，民办社工机构属于社会组织范畴，一般由民间发起创立，是以社会工作服务提供为其核心业务内容的非营利组织（陆士桢、郑玲，2013）。在我国社会组织的三大分类（社会团体、基金会和民办非企业单位）中，民办社工机构多以民办非企业单位类型注册（刘畅等，2020；Yuan et al.，2021）。民政部将民办社工机构界定为：以社会工作者为主体，坚持"助人自助"宗旨，遵循社会工作专业伦理规范，综合运用社会工作专业知识、方法和技能，开展系列专业服务的民办非企业单位（民政部，2009）。社会工作者是民办社工机构的主体。

（二）我国社会工作职业化快速发展：机遇与挑战并存

自 2006 年中共十六届六中全会提出"建设宏大的社会工作人才队伍，造就一支结构合理、素质优良的社会工作人才队伍"的重大战略决定以来，我国社会工作迎来发展机遇，总体上呈快速上升趋势（王思斌，2020）。

首先，一系列利好政策相继出台。2015 年以来，发展社会工作连续多年写进国务院政府工作报告；党的十九大及十九届四中全会进一步提出要建设高素质的社会工作专业人才队伍，在"共建共治共享的社会治理格局"和"社会治理共同体"中发挥其专业作用，以应对社会转型时期复杂化的社会问题（王思斌，2016）。医务社会工作、农村社会工作、老年社会工作、儿童社会工作等领域出台相关政策，各地政府购买社会工作服务日趋常态化，并出台相关的社工人才激励政策。

其次，社会工作专业化和职业化步伐加快。2018 年，《高级社会工作师评价办法》实行，社会工作者职业资格初、中、高级相衔接的制度体系基本建成。自 2014 年以来，《青少年社会工作服务指南》国家标准和《儿童社会工作服务指南》《社会工作服务项目绩效评估指南》《老年社会工作服务指南》《社区社会工作服务指南》《社会工作方法——个案工作》《社会工作方法——小组工作》等推荐性行业标准陆续出台，社会工作的专业化和技术规范化不断提高。截至 2019 年底，全国持证社会工作者人数达 53.3 万人，其中社会工作师 12.8 万人，助理社会工作师 40.5 万人（民政部，2020）。开发各类社工专业岗位 38.3 万个，设置了 5.1 万个社工站（室），在民政部门登记成立了 9700 多家社工服务机构（民政部，2019）。

　　然而，我国社会工作在快速发展过程中也面临诸多来自政府、制度、组织环境、职业认同等方面的挑战（安秋玲，2010；高万红，2015；钱宁，2014；张大维等，2014）。在政府层面，社会工作的发展路径受到约束，财政投入政府购买社会工作服务的力度依然不大，对社会工作的政策支持和宣传推广力度较小（王思斌、阮曾媛琪，2009）。制度层面，社会工作发展的必要保障制度还不甚完善，如政策与社会工作方面的立法不足，规范的职业操守和行业自律标准尚待健全，本土的专业知识理论、价值系统与职业文化欠缺（尹保华，2008）。组织环境层面，社会工作的组织环境形势依旧不乐观，社工机构的组织发育不健全（林卡，2009）。社会工作职业认同度较低，一方面，社会工作者自身对专业的认同感较低导致人才流失率高，职业队伍不稳定；另一方面，社会工作仍然没有得到社会各界的普遍认可与支持。此外，社会工作职业体系不够完善，职业发展路径不够明朗等也制约着我国社会工作的发展（唐斌，2014；史柏年，2006；刘文瑞，2016）。

（三）社会工作者面临多重挑战与压力

1. 国际上，社会工作者面临的挑战与压力

　　国际上，综合学者的研究，社会工作者面临的挑战可以归纳为三个方面：一是来自社会结构和职业性质方面的挑战，如社会地位低、繁重的文书工作、超负荷的工作量、人才流失等（Lloyd et al.，2002；Gibson，2016）；二是来自机构层面的压力，如人力短缺、士气低沉、组织官僚化、专业督导不足等（Collins，2008）；三是来自个人日常工作实践的困难，如低收入、角色模糊、职业倦怠、工作满意度低、与

服务对象沟通困难等（Bransford，2005；Coffey et al.，2004）。具体应对策略，可以从宏观倡导、规范机构管理和个人赋能等层面展开（Lloyd et al.，2002）。

2. 我国社会工作者面临的挑战与压力

在我国社会工作领域，对社会工作者的研究远低于对其服务对象的关注。概括而言，我国社会工作者面临来自宏观、中观和微观层面的挑战（王思斌，2014；An & Chapman，2014；Bai，2014；Guo，2016），鲜见深入社会工作者实践过程的行动研究。宏观层面，主要体现在政策对社会工作者的支持力度较小及制度保障滞后，相关政策和措施保障不到位，专业督导体系不健全，社会工作相关领域法制不健全（刘文瑞，2016）、专业服务面临行政化（朱健刚、陈安娜，2014）等挑战。中观层面，学者主要从组织环境与支持、家庭支持等维度进行研究，社会工作者的社会支持和其工作所承担的压力不相匹配。如民办社工机构管理不科学、职业发展空间较小、现实工作环境较差、机构的专业培训较少、督导体系不够完善、家人朋友支持度较低、专业社工在社区驻点过程中面临机构内部治理官僚化和专业建制化的挑战等（安秋玲，2010；彭岚，2007；张大维等，2014；朱健刚、陈安娜，2014；Jiang et al.，2017）。微观层面，主要表现在薪酬待遇低、社会工作者的职业认同度较低、职业前景不明晰、工作内容繁杂、工作指标多和任务量较大、多重角色冲突、缺乏释放压力的途径和渠道等现实困境（彭岚，2007；An & Chapman，2014；Bai，2014）。

3. 我国民办社工机构工作场域给社会工作者带来的挑战与压力

我国 NPO 面临诸多层面的发展困境，组织层面的压力会直接传递给工作于其中的社会工作者。王名、贾西津（2002）指出当前我国 NPO（包括民办社工机构）发展面临国家与社会之间二元关系的困境；相关研究进一步指出 NPO 发展会面临一般性的法律困境、人力困境、资金困境、信任困境和知识困境（康晓光，2013；陶传进，2013；王名，2006；朱健刚、赖伟军，2014），以及制度与资源结构性问题（崔月琴、沙艳，2015），还有"行政吸纳社会"现象（康晓光，2013）。有研究还发现，NPO 中从业人员普遍面临待遇偏低（王名，2014）、工作强度大、缺乏系统职业规划与有效培训、社会认可度偏低（王名、贾西津，2002）、人才流动性强、人才需求缺口大等困境（张冉、纽曼，2012）。此外，社会工作的职业化明显"滞后"于专业化发展（王思斌，2008），导致民办社工机构的组织建设亟待完善。基于此，我们也不难理解工作于 NPO 中的社会工作者也会面临多重挑战：一是政府对民办社工机构的信任问题（黄晓春，2015；易松国，2013），政府与 NPO 之间的不平等关系导致专业性发展受限（管兵，2015；尹阿雳等，2016；张洋勇，2020）；二是不规范的组织管理、人才弱竞争力和高流动性（范明林，2010；纪莺莺，2013）；三是社会工作者缺乏实践经验和机构的专业支持（An & Chapman，2014）；四是薪酬低，经济压力大（王思斌，2013b；Zhao et al.，2016）。

（四）社会支持网络视角下我国社会工作者的职业压力及其应对策略

"社会支持"概念最早出现在社会病理学和心理学的临床研究中，并逐渐扩展到社会学领域，后来学者将社会支持与社会网络结合起来，形成了社会支持网络研究。个人的社会支持是由社区、社会网络、亲密伙伴等所提供的支持，社会支持网络是个人能借以获得各种资源和支持的社会网络（李培林，1996；阮曾媛琪，2002）。社会支持的主体、客体和内容是其中需要关注的三个维度。Mitchell（1969）认为社会支持的主体亦即社会支持的来源，通常包含不同的组织和个人，可以是正式和非正式两种支持来源；社会支持的客体一般有两种解读，一是如张友琴（2001）认为的社会弱势群体，二是认为每个个体都可能是客体；社会支持内容是联结社会支持主体和客体之间的纽带，物质、精神、工具性和信息支持是基本共识（李强，1998；Lin，1986；Wellman et al.，1988）。社会网络的研究经历了从静态分析到动态、纵贯全面理解的发展（何雪松，2005；Davern，1997；Granovetter，1974），研究内容也延伸到多元领域，比如地位获得、社会资本、关系文化、就业过程和权力分配要素论分析等（边燕杰、郝明松，2013；林南、俞弘强，2003；阮曾媛琪，2002；刘军等，2006；Bian，1997）。

我国社会工作领域关于社会支持网络的研究更多关注的是服务对象，如老年人、贫困群体等弱势群体，而关于服务提供者——社会工作者的系统研究甚少，行动研究更为缺乏。已有文献表明，如果将社会工作者作为客体，其社会支持的主体和内容与其他群体并无显著不同，主体也是包括正式和非正式两种支持来源，如政府、社会组织、同事和亲友、家庭和邻里、居委会等，支持内容会呈现为物质、精神、工具性和信息支持等（沈泉宏、王玉香，2020；石亚、史天琪，2013；张大维等，2014）。但是，在具体工作场域（如民办社工机构）的实际行动中，社会工作者如何界定社会支持的主体和内容，尚待深入探讨。

对我国社会工作者而言，已有文献表明社会支持能够帮助社会工作者应对职业压力。可以从机构内、外两个角度来概括。①在机构内，已有文献认为专业、及时的督导（童敏，2006）、良好的朋辈支持（张大维等，2014）、有序的组织管理和薪酬制度（彭岚，2007；张伶、吴美琦，2015；张倩等，2010）、组织文化建设和精神激励、自我赋能等有利于社会工作者应对职业压力，加强朋辈交流，减缓职业倦怠（彭岚，2007；张伶、吴美琦，2015）。②在机构外，过往研究呈现了政府的治理理念和导向作用（顾东辉，2017；王思斌，2015a，2016）、宽松的政策支持（如机构登记或注册制度）（陆士祯、郑玲，2012；徐永祥，2005；王名，2014）、机构外的专业督导支持、来自家人或专业机构的情感方面的正式或非正式支持（石亚、史天琪，2013；彭岚，2007）、社会工作者职业地位的提升和友好社会环境的构建（钟莹等，2010；张倩等，2010；刘文瑞，2016）等内容，在一定程度上有利于社会工作者应对职业压力，提升专业认同。此外，也有学者综合机构内、外因素，如政府、学校、机构和同事、社区、家庭、服务对象及社工等，提出综合性的应对和介入策略（刘文瑞，2016；沈泉宏、王玉香，2020）。

综上，不难发现，已有文献多以"他者"的视角来展开研究，系统论述社会工作者社会支持网络构建的研究甚为缺乏，而以民办社工机构和社会工作者为主的视角，通过行动研究来探讨社会支持网络构建的具体行动过程和策略的研究几乎未见。作为我国的新兴职业群体，需要将社会工作者放在"中心"位置，从"主体"视角考虑各方支持力量，积极主动探索具体的行动路径；而且，社会支持网络构建是一个动态过程，从社会工作者和民办社工机构的"主体"视角出发的行动研究显得尤为重要。这也正是本研究的价值和空间所在。

（五）　我国社会工作领域的行动研究

1. 行动研究与社会工作特质契合

在社会工作领域，行动研究的应用源于对实证主义研究和实证知识的质疑和反思。社会工作是一门实用性很强的学科，使命是致力于社会改变、推动社会公正，研究的取向是为了实践和应用。自 Schön（1983）提出"反思实践者""在行动中反思"等观点以来，社会工作行动研究者认为实证倾向的研究脱离了实务，研究者应该"回到社工实务现象中去理解、探讨和发展社工实务理论"（古学斌，2017：71）。行动研究也是一种通过实践行动来增能和致力于社会改变的工作方法，是在循环往复行动过程中"知行合一"的历程（张和清，2015），因此，行动研究被认为是"最具有社会工作性格的研究范式"（古学斌，2017：67），与社会工作的特质是契合的。因为其"本体论和认识论的基本主张、从研究的目标到研究的手法都与社会工作的内在特质非常贴近"（古学斌，2017：73）。只有从行动中进行研究才能获得更多的与社会工作实践高度相关的知识（何国良，2017）。

2. 我国社会工作领域的行动研究

在社会工作领域，古学斌和杨静是在中国大陆比较系统介绍和推动行动研究的学者。2013 年以来，古学斌在多项研究中深入阐述了行动研究与社会工作的介入（古学斌，2013），以及为何要做社会工作实践研究，行动研究本身即实践过程（古学斌，2015，2017）。同时，他还结合多年的实践经验，在云南平寨、四川雅安开展参与式行动研究（古学斌，2013；古学斌等，2020）。比如，在四川雅安芦山县芦山村的灾后重建实践中，古学斌等（2020）运用参与式行动研究，通过与跨学科行动研究团队（包括社会工作教育者、建筑设计师、一线社会工作者）合作，发动老年人共同参与，挖掘老年村民的优势和权能，一起设计和建造"社区厨房"公共空间，探索了不一样的灾后社区重建模式，让老年人在社区发展中成为真正的主体和行动者。这项行动研究运用了口述历史、参与式设计、社区会议、设计工作坊、社区发展基金、村民组织运营社区厨房等行动策略。此外，受台湾行动研究先行者夏林清"社会改变取向的行动研究"理念的影响，杨静也一直致力于在社会工作领域推动行动研究，并将其应用在自己多年的实践中。杨静、夏林清（2013）主编的《行动研究与社会工作》收集了台湾、香港和大陆等地学者和一线实务工作者的研究，呈现了对行动研究的不同理解。杨静等（2015）主编的《行动研究经典读书札记》，通过十几家 NGO 中 20 多名从事农村工作的青年人组成的学习网络，以实践者的视角呈现了对行动研究经典著作的导读，包括《受压迫者教育学》《行动科学》《反映的实践者》等，不同实践者如何将行动研究经典著作与自己的经验相结合，进而促进改变的案例，丰富了实践者对行动研究的多样解读。杨静以上两本编著收录的研究，以及她自己对经典著作的解读论文（杨静，2017a，2017b），基本反映了夏林清"社会改变取向的行动研究"的特点。同时，她还将行动研究应用到村改居社区建设（杨静，2014）、社会工作教学中对学生价值观的培养等领域（杨静、冯小娟，2017）。

社会工作领域的行动研究多见于对服务对象的专业服务和行动改变、教学活动等方面。除了上述古学斌开展的在农村社区发展领域的参与式行动研究之外，学者还在农村社区发展、司法、儿童服务、社会工作教学等领域开展了行动研究。张和清（2015）在过往的社会工作实践和研究中，一直强调社会工作领域的行动研究是"知行合一"的，是从感性认识到理性认识的循环往复的过程。而且，多年来扎根云南绿寨，将行动研究应用到农村社区发展的实践中，与村民相伴同行，使得已经衰败的社区逐步走向复兴（张和清，2011，2016；张和清等，2008）。杨静（2014）将行动研究应用到社区行动中，对北京市某村改居的社区关系重建和生活意义重塑的研究发现，通过"社区学苑"的空间建设，以社区教育为核心，突出居民关系建设，实现了居民的社区意识形成和生活意义的重塑，社区空间建设推动了社区改变。在该行动研究中，杨静运用了边服务边调查、以服务进入居民的生活世界、与居民的生活世界建立联系等具体方法。席小华（2017）以 B 市社会工作在少年司法场域六年的嵌入性发展实践为基础，研究了社会工作与少年司法场域互动的行动逻辑，研究发现，理念嵌入、服务嵌入和制度性建构是社会工作嵌入少年司法的基本行动逻辑。很明显，该研究属于宏观层面的行动研究。任敏、吴世友（2018：142）结合在大学讲授"家庭社会工作"课程教学活动的教学情境和开展真实家庭咨询服务活动的实务情景，探索出了一种新的"穿梭式行动研究"模式，以研究者自身为梭子多次穿梭于研究、教学和服务三种实践中，从中吸纳三个角色空间中的差异化信息，反思和构建实践知识。该模式整合了研究者、社会工作专业教学活动实践者、专业服务活动实践者三重角色，将行动研究中研究者和实践者的二元属性拓展为"实务－研究－教学"的三位属性，并将学生作为观察者群体和服务协助者。基于"5·12"地震后"青红社工"参与灾后重建的行动研究，郭伟和等（2012）在社会工作介入当地实践过程中提出"双重的反思性对话"，即社会工作（者）与案主之间的批判反思性对话、研究者与实践者之间的反思性对话，以此促进理论和实践的辩证发展。这些以社会工作服务对象的问题解决或社会改变为主题的行动研究无疑在研究范式上为本研究提供了参考。此外，已有文献还展开了对社会工作其他人群和领域的行动研究，如预防青少年犯罪（高万红，2015）、城市新移民社会融入（黄晓燕，2011）、鲁甸地震伤员心理社会干预（杨婉秋等，2017）等。这些行动研究为本研究提供了丰富的行动过程参考，但关注的都是对服务对象的改变，缺乏对社会工作者的行动改变或社会支持等议题的探讨。

同时，在我国，以社会工作者或民办社工机构为关注对象的行动研究很少见。在有限的文献中，范明林（2015）以上海市 Y 区社工站中 11 名社会工作者组成的学习小组为实践基础，采用行动研究，与实务工作人员共同合作，探索了学习小组对社区青少年社会工作服务的改善情况。他研究发现，学习小组能明显提高青少年社会工作者的专业素质，使他们不断提升服务质量和创新服务手法，社会工作者对学习小组尤其是其"同伴支持"和"团队合作"的评价颇高，这些为社会工作者提供了同辈支持（学习小组）形成的行动路径，但未能揭示生态系统中其他社会支持的构建过程。廖其能、张和清（2019）以广东社工"双百计划"中 HC 社工站为例，与 7 名社会工作者协同行动，探讨了社会工作督导范式的转向。他们研究发现，协同行动者（研究者兼督导）与社会工作者的协同行动可以遵循"提问式教育"的理念，推崇"互为师生"的关系状态，通过"行动－提问－对话－反思"的循环往复、螺旋式上升的协同行动策略，达到协同行动者与社工双重能力建设。这项行动研究探讨了社会工作者获取督导支持的新范式，为本研究提供了行动参考，但只局限于督导支持领域。

综上，行动研究与社会工作的实用取向契合，两者的共同目标是致力于通过行动来达成社会改变。在我国，社会工作领域的行动研究起步较晚，已有文献更多偏重对服务对象的专业服务和行动改变、教学活动等内容的研究，但很少见对民办社工机构中社会工作者职业生存状况改善、社会支持网络构建等议题的行动研究，这也是本研究所要关注的主要内容。而且，随着专业化和职业化的不断推进，近年来常见一些从外部和观察者角度开展的"伪"行动研究，而"真"行动研究却起步较晚，相对较少（杨静、夏林清，2013）。这也进一步彰显了对社会工作者这个特殊的助人职业群体展开行动研究的重要性。

因此，提出本文的研究问题：在我国社会工作职业化发展初期，民办社工机构如何构建社会工作者的社会支持网络？

（六） 生态系统理论作为研究视角

1. 生态系统理论的主要观点

生态系统理论（Ecosystems Theory）起源于系统理论，主要用以考察人类行为与社会环境的交互关系，在社会工作领域分析社会现象时，把人与环境系统不同相互作用关系作为首要考虑因素。该理论认为，要把人类成长发展的社会环境，包括家庭、机构、团体、社区等，看成一种社会性的生态系统，强调这些系统对分析和理解个体行为具有重要影响，并且关注个体与环境内不同系统的交互作用及其影响力（Greene，1999）。

最早将社会生态系统观点应用到人文科学领域的是著名的心理学家布朗芬布伦纳（Bronfenbrenner）。他于1979年提出社会生态系统理论，把生态环境分为四个相互联系的系统模型：微观系统、中观系统、外在系统和宏观系统。微观系统主要是指与个人有最直接密切接触的环境，如家庭、朋友、邻里关系等，对个体的成长发展以及行为方式和价值观的塑造影响最为深刻；中观系统是指各个微观系统之间的互动关系，包括朋辈群体、单位组织以及其他社会团体；外在系统是指与个人未发生直接接触，但是对个体发展也有一定影响作用的部分，比如家庭成员的工作单位等；宏观系统是指个人生存的社会大环境，包含社会文化、意识形态等（Bronfenbrenner，1979）。后来，布朗芬布伦纳在以上四个系统的基础上提出了时间系统的概念，涉及与个体环境相关的时间因素，也就是，个体发展过程中各个系统随着时间的推移而发生的变化。

2. 本研究应用生态系统理论的原因

本研究应用生态系统理论，有三点考虑：一是该理论所关注的四个相互联系的系统，与社会支持网络所呈现的纬度和视角类似，都会关注个人、家庭、朋辈群体、组织、社区、政策和文化等方面；二是在社会工作者日常实践中，寻求的社会支持网络的来源和内容比较切合生态系统理论所关注的几个纬度；三是民办社工机构在构建社会工作者社会支持网络的过程中，不是孤立的，需要突破机构视角的局限，从多个纬度来展开行动。

3. 生态系统理论如何看待社会工作者

生态系统理论把每个人的生存环境都看成一个完整的系统，关注的重点是不同系统中人与人的适应情况与沟通过程。社会生态系统理论提供了一个整合和分析的框架，强调系统内的互动，并且关注人与环境之间相互协调和适应的能力（Bronfenbrenner，1989）。社会工作者作为一个有机个体，与周围系统处在相互关联之中，要了解社会工作者的职业发展需求，就要在其所处的生态环境中去观察，通过专业视角发现其中存在的障碍并采取恰当的手段进行介入（何雪松，2007）。该理论主张在研究社会工作者时，不仅仅要把焦点放在观察社会工作者自身，更要用整体视角观察分析社会工作者所处的真实生态环境，全面分析不同要素之间的互动和关联（Germain，1982），进而通过实际行动帮助社会工作者学会发掘和利用身边的有利资源，促进个体与环境之间的良性互动。

4. 生态系统理论在本研究中的运用

根据社会工作者日常实务工作接触的利益相关方情况，以及考虑到该行动研究可以影响的范围，主要从微观系统、中观系统、宏观系统三个层面进行分析。外在系统，如社会工作者家庭成员的工作单位、朋友的工作单位等，因为行动影响触及的范围有限，将不在本文的重点考虑范围内。生态系统理论在本研究中的运用可以用图1的研究框架来概括。具体而言，有三个方面。

首先，通过行动研究的动态螺旋过程，呈现福建省民办社工机构中社会工作者的工作实践与社会支持状况，界定社会支持网络的含义、类型和具体内容。具体包括：（1）评估和呈现社会工作者的工作和与社会支持网络状况，包括对专业与家庭背景、亲友互动、工资与福利、组织、专业督导与同事、环境和政策支持主体的感受与支持评价等内容；（2）从微观、中观、外在系统和宏观系统四个层面（如图 1 所示）来系统诠释社会工作者社会支持网络的含义、获取社会支持的渠道（如同事、家人、朋友、同学等）以及具体的支持内容（如物质支持、精神支持、工具性支持和信息支持等）。

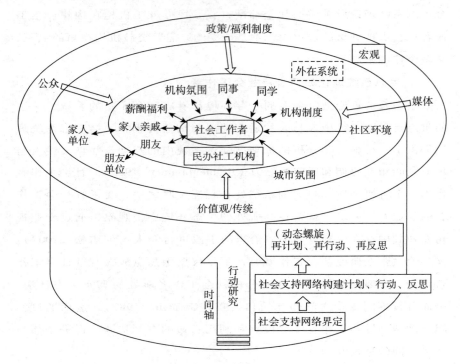

图 1　研究框架

其次，在行动研究的行动反思动态螺旋循环过程中，分析影响社会工作者社会支持网络构建的影响因素，并探索如何付诸行动。影响因素可能来自生态系统中的多个层面，比如机构外部，宏观系统的政策/福利制度、价值观/传统、公众认同、媒体关注、城市氛围和社区环境，以及微观系统的朋友、同学的影响；也可能来自机构内部，中观系统的机构氛围、机构制度和同事关系等，以及微观系统的工作压力和薪酬福利等。在具体的行动循环中，这些不同影响因素或有利或不利于社会支持网络的构建，本研究将深入分析不同影响因素之间的动态影响，如何在行动过程中趋利避害。

最后，通过行动研究，重点分析民办社工机构社会工作者社会支持网络构建的系列路径和具体的行动策略。结合"计划、行动和反思"的多次螺旋循环，探讨构建社会支持网络的路径，以及具体的行动策略。同时，从生态系统理论出发，以民办社工机构和社会工作者的发展为中心，综合考虑不同利益相关方，试图探索影响或改变不同利益相关方，使之朝着利好方面发展。

（七）研究目标

研究的总目标：通过行动研究，探讨我国民办社工机构中社会工作者社会支持网络构建的过程和行动策略，丰富社会支持网络的内涵和多元化发展，促进社会工作者职业队伍稳定发展，从而提高实际工作效能，增进服务成效。具体而言有两点，一是丰富社会支持网络的内容，促进社会组织在构建社会支持网络方面的多元化发展；二是探讨社会工作者社会支持网络构建的过程和策略，为民办社工机构提供一条可借鉴的行动路径。

三　研究方法：行动研究

（一）行动研究

行动研究作为一种研究范式（research paradigm）是本体论和认识论上的突破，实际上源于对科学实证主义的挑战和反思。行动研究反对"科技理性"或"工具理性"和研究者主导的研究权威，相信知识是在行动中与行动参与者一起创造和建构的（knowing through doing），而不是在思考中获得（knowing through thinking）（古学斌，2013，Schön，1983）。从发展脉络来看，行动研究受杜威的民主传统、法兰克福学派的批判理论、拉美反殖民统治政治运动开创的反压迫者教育学的影响，知识建构论和行动科学也给行动研究带来深远影响。同时，行动研究也受后结构主义（post-structuralism）和后实证主义（post-positivism）的影响，认为行动参与者是能动的主体，会不断影响行动的过程，与研究者共同获取和创造知识。

库尔特·勒温（Kurt Lewin）是行动研究的先驱者，认为行动与研究的结合是行动研究最重要的特征，从而可实现理论知识和实践经验的连接（Lewin，1946）。勒温之后，唐纳德·A.舍恩（Donald A. Schön）写的《反映的实践者》和阿吉利斯（Chris Argyris）写的《行为科学》继续批判实证主义"科技理性"和"工具理性"所生产的知识，提出"反映理性"（reflective rationality）和"协同探究"理念，寻求理论知识和实践经验之间的连接，据此形成"反映实践取向的行动研究"（阿吉利斯，2013；舍恩，2007；杨静，2017b；Schön，1983），认为行动研究者也是实践者，实践知识是以实践者为主体发展的知识，是内涵于实践者内部的，研究者需要"在行动中反思"以提炼和获取知识，故而研究者也是"反思实践者"（Schön，1983）。

台湾学者夏林清师从阿吉利斯和舍恩，她倡导"社会改变取向的行动研究"，认为行动研究是一种致力于寻求社会改变的方法（夏林清，1993），主张在行动研究中行动者要能自觉和觉他，在行动的历史和现实情景中进行"反映对话"，亦即对内返身内省与向他者开放探究，辨识行动者介入的作用，发展社会改变的行动方案，从而推进社会关系中他人或他群的改变（龚尤倩、夏林清，2017；杨静，2013）。台湾学者陶蕃瀛（2004：36）还强调需要"从行动者真实的社会位置进行观察、搜集资料和分析"，与夏林清所讲的在情景中进行"反映对话"有共同之处。

古学斌强调"参与式行动研究"，其源于参与式的世界观和认识论，认为实用性知识构建于民主参与的行动过程，打破了研究者与被研究者、知识生产主体与客体的分离，需要"将行动和反思、理论与实践结合在民众的参与当中，探寻对满足民众个人和社区需求有用的方案"（古学斌，2013：5）。参与式行动研究也是教育、意识提升和行动改变的过程，是研究、教育和社会行动相结合的三位一体。其中，教育是行动过程中意识转化和觉察的过程。教育的介入，一方面让研究者觉知自我，反身观察，强调反身性（reflexivity），另一方面让行动参与者意识觉醒，增强其在行动中的权能，强调赋权（empowerment）。通过教育，研究者可以与行动参与者一同成长（古学斌，2013）。同时，行动研究还带有明显的价值介入取向，行动过程本身就是一个政治化的过程（古学斌，2017）。

综上，不难看出，有别于传统社会科学研究，行动研究有很强的实用导向和社会改变关怀，在行动研究中，研究者亦即行动（实践）者，行动与研究合二为一。

行动研究的流派和类型：常见的行动研究可以分成三大流派：科学技术的行动研究、实践取向的行动研究和批判解放的行动研究（杨静，2013）。①科学技术的行动研究源于"科技理性"，但也受制于"科技理性"，重视研究者的控制和预测，基本还是传统的实证主义研究范式，研究者没有真正参与实践，而是利用二手资料进行研究，从外部以观察者和他人的角度在研究别人的实践，因此也被称为"伪"行动研究。古学斌（2015a）提到的"隔墙观察"的行动研究、外来者行动研究均属于此类。②实践取向的行动研究强调"实践者即研究者"，突出对行动的反思，既重视实践者的能力提升和改变，又重视研究者与实践者在行动中对实践知识的共同构建。在此流派下，古学斌（2015a）细分出协同式行动研究和实践者行动研究。协同式行动研究亦即参与式行动研究，在行动过程中，实践者（被研究对象）是协同研究者，研究者参与了部分实践，研究者和实践者有不同的角色和分工。实践者行动研究就是"实践者对其自我、对自我所处之社会位置、情境、社会经济政治的环境结构，对自己在某一社会情境下的行动或实践，以及对自己行动和实践所产生的影响所进行的自主研究"（古学斌，2015a：96），研究者即是实践者。协同式和实践者行动研究的区别就是研究者在行动中的角色不同，于前者而言研究者是行动协同者，于后者而言研究者就是实践者。舍恩提出的"反映实践取向的行动研究"和夏林清倡导的"社会改变取向的行动研究"都可以归入此类。③批判取向的行动研究是对实践取向行动研究的发展，在行动反思的基础上，更多吸收了法兰克福学派批判理论的思想，研究者采取更为积极的立场，投入争取更理性、公平正义、民主的社会形态。实践者在行动研究过程中，既要自我反省，又"要针对社会制度结构进行理性批判"（杨静，2013：105），也可以说是更为激进的行动研究流派。后两种流派往往被称为"真"行动研究。

本文的行动研究范式是实践者行动研究，研究者（笔者）即实践者。选择行动研究有两点考虑：一是研究者既是高校研究者，同时为民办社工机构的负责人和实践者，行动研究具有行动与研究相结合的特点，因此符合研究者和实践者的双重期待；二是行动研究所体现出来的在行动中反思、在反思中行动和促进社会改变的特点，更加符合社会工作研究的实用取向。

关于行动研究过程和周期的划分有多种，但基本包含问题分析、计划、行动、观察与评估行动效果、反思等阶段的螺旋循环。Kemmis 和 McTaggart（1988）将行动研究划分为"计划、行动、观察和反思"四个阶段的循环周期。Susman（1983）则将其分为五个阶段：问题的诊断和界定（亦即需求评估）、行动计划的制订、行动的实施、问题的再评估（亦即行动效果评估），以及研究发现并从行动中学习，然后进入行动研究的第二轮循环周期（古学斌，2013：9）。基于此，本研究遵循这样的步骤（如图2所示）：①问题的界定是起点；②拟订行动计划，实施行动；③对计划和行动效果进行考察和评估，反思并改进行动；④再计划，再行动，再反思。

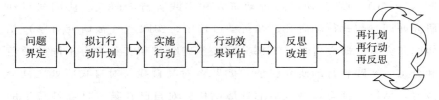

图2　行动研究过程

具体思路有两点。①行动与研究相结合，在行动中研究，通过研究来推动和优化行动效果。首先对社会工作者社会支持网络构建中的问题或需求进行界定，找出网络构建的关键要素，从民办社工机构发展的视角拟订行动计划，实施、考察和评估行动，在行动中反思，探讨社会支持网络构建的过程和内容。②基于生态系统理论研究框架的指引，行动更具有规划性、连贯性，用行动效果和反思来推动和优化下一步的计划和行动，螺旋循环。

选择厦门市WX民办社会工作服务机构（简称"WX机构"）作为行动研究的案例和实务工作场域，主要基于两点考虑：一是WX机构在福建省社会工作服务机构中具有一定的典型代表意义，WX机构经历了社会工作从非专业化、非职业化到专业化、职业化的发展过程，社会支持网络构建的覆盖面广；二是研究者多年深入参与WX机构的实务和机构管理，作为实践者长期与社会工作者一起行动，深知他们的声音，行动和反思过程更加深入和全面，便于行动研究的深入开展。

同时，该研究是国家社科规划基金项目的阶段性研究成果，研究获得了笔者所在学校的研究伦理委员会的批准，也获得了 WX 机构的知情同意，不同的访谈也均做到了访谈对象的知情同意和匿名处理，充分遵循知情同意、匿名、保密和非伤害性等原则（Danchev & Ross，2014；Johns，2016；Reamer，2018）。

（二） 研究资料收集和分析方法

笔者身为高校社会工作专业教师，同时为 WX 机构总干事兼副理事长，负责机构的总体运营，与 WX 机构工作人员及各利益相关方深度接触，能系统查阅 WX 机构自创立以来的所有档案和资料，方便获取大量有价值的研究资料。基于此，该行动研究综合运用了参与式观察法、文献资料法、半结构深度访谈法、行动反思和自反性（Reflexivity）等方法进行研究资料的收集。

1. 参与式观察法

自 2016 年 8 月至今，作者一直为 WX 机构总干事兼副理事长，在行动研究过程中，深入机构的服务实施与管理工作，与 WX 机构社会工作者密切共事，并主导行动计划、行动实施、行动反思的全过程。其间，因为在境外学习，行动研究有所中断，但是总体上不影响研究的实施。因此，参与式观察的频率很高，基本上每周均有 8 小时以上的密切观察时间，形式包括现场观察、线上沟通和交流两种方式。2019 年 9 月至今更为密切，每周均有多次多点的观察与互动，基本上是全天候的观察。参与式观察地点主要包括 WX 机构中心办公室、WX 机构几个项目点的办公室、项目点所在社区的服务活动场所、日常的互动交往空间等。参与式观察的内容主要包括社会工作者的工作和生活状态、社会交往状况、职业发展和互动关系、亲属朋友评价、社会公众评价、与各利益相关方和员工的互动关系等，以及其互动模式、互动变化趋势、社会支持网络状况。

因此，研究者在行动过程中从 WX 机构获取了大量一手的行动资料，主要包括：2016 年 9 月以来的督导记录 100 余份、年度总结报告与年度计划 4 份、项目中期和末期总结报告与对应的第三方评估报告20 余份、机构在社会工作者社会支持网络构建方面的年度行动计划和年度总结各 3 份、行动研究过程记录 10 余份和反思笔记 10 余份等。同时，还包括机构的章程、系列管理制度、员工年度绩效考核记录、年度财务报表、人力资源发展和资金规划、员工职业规划、员工培训等资料。同时，本研究强调资料来源的晶体化（Crystallization），即通过多种方法、从多个利益相关方收集行动研究的资料，以更深入地展现社会支持网络构建过程的真实性、完整性，从而更深入、复合和彻底地理解行动研究的主题（Richardson & Pierre，2005；Rubin & Babbie，2016）。

2. 半结构访谈法

访谈对象主要包括专职社会工作者 21 人、创始人兼理事长 1 人、副理事长 2 人、兼职督导 2 人、员工亲属和朋友 5 人、服务对象 5 人、政府主管单位及合作方代表 5 人、社区居委会代表 5 人和志愿者 5 人。半结构访谈的主题和内容，根据研究框架，主要聚焦：①WX 机构社会工作者获取社会支持的来源和内容；②在社会支持网络构建过程中与各利益相关方之间的互动和沟通信息；③对于提升我国社会工作者社会支持网络方面的对策和建议。

对研究资料的整理和分析，按照研究框架设计进行分类、归纳和整理，主要运用了主题分析法（Thematic Analysis）（Braun & Clarke，2006；Ng，2016；Ngai，2014），即围绕 WX 机构社会工作者社会支持网络构建这条主轴，在"计划、行动、考察或评估、反思"的螺旋式循环过程中，经过对收集到的研究资料进行编码、提炼主题，以及在行动反思后再编码和再提炼主题的多次循环，然后在生态系统理论研究框架下，运用数据资料来阐述社会支持网络是如何构建的。

该行动研究还特别注重研究者的反思或自反性（Reflexivity）。该研究中，研究者亦即实践者，因此，产生了大量的行动过程考察的反思或自反性材料，这些也将作为重要的研究资料和行动资料，运用到后续的"再计划、再行动、再反思"的螺旋式循环中去，以补充、修正和增进对研究主题的深度理解和分析（Bourdieu & Wacquant，1992；Crapanzano，2007；Malinowski，2007；Robben & Sluka，2007）。

（三）WX 机构介绍

WX 机构位于福建省厦门市，机构起源于一支老年人志愿者服务队伍，后在厦门市民政局注册成为一家"民办非企业单位"性质的专业社会工作服务机构。WX 机构从志愿服务开始，紧擎社会工作服务构想，从志愿服务队伍发展到专业的民办社工机构，机构的发展经历了我国专业社会工作从无到有、从有到专的发展历程，因此，WX 机构具有我国民办社工机构的代表性。WX 机构的服务范围比较广泛，具体包括：①为老年人提供法律、医疗、心理等咨询服务；②开展社会工作专业服务、督导、评估、研究、培训及各类能力建设。纵观WX 机构的发展阶段和时间脉络，可以用图 3 来概括。

图 3　WX 机构发展历程

第一阶段：WX 机构发端于老年志愿服务队，经历了我国社会工作职业化萌芽前期专业实践的摸索过程。WX 机构创始人兼理事长为厦门某大学社会工作专业教授，2001 年国内基本上没有专业的社会工作服务机构，出于拓展实务教学、研究和推动行业发展等目的，开始由志愿者开展老年人热线咨询服务起步，探索社会工作实务的开展，咨询服务内容包括医疗、法律和心理咨询三大模块。彼时，凭借创始人专业教授的身份和人脉，以及热线"以老为老"服务的原则，逐渐组建了一支由厦门市各大医院知名医生、律师和心理咨询师组成的相对稳定的专业志愿者队伍（有 70 余人），其中以老年人志愿者居多。热线服务和专业志愿者在 WX 机构成立后一直延续至今。

第二阶段：WX 机构注册成立后的蛰伏期。时间来到 2010 年，老年人服务热线的规模和社会影响力获得厦门市老龄委（包括现在的卫生健康委员会）的认可，其有意每年拨付 5 万元活动经费予以资助，但要求必须是注册的法人单位。在此利好推动之下，WX 机构创始人从厦门市某基金会募集到 3 万元注册资金，机构在厦门市民政局以"民办非企业单位"注册成立。机构注册后的三年时间内，一直希望能开展社会工作专业服务，但因经费不足无法雇人，只能继续以志愿者服务的形式开展服务。同时，以专业教师带学生实习的方式与厦门市某社区居委会合作，尝试开展老年人专业服务实践，获得多方好评。彼时，WX 机构在厦门市属于较早成立并开始瞄准社会工作专业服务的民办社工机构之一，在行业内具有一定声誉和影响力，外部资源丰富并延续至今。笔者于 2011 年先以社会工作专业教师志愿者身份进入机构，任主任（创始人）助理，后任总干事兼副理事长。

第三阶段：WX 机构的职业化发展期。机构注册成立三年后至 2013 年下半年，厦门市民政局开始小范围启动政府购买社会工作服务项目，WX 机构凭借多年实务经验积累和专业背景优势，顺利承接首批四个政府购买社会工作服务项目中的一个，为三年期项目，但服务合同一年一签。WX 机构开始招募首名全职社会工作者，开启职业化发展时期。笔者作为机构负责人，深入参与购买服务项目的全过程。随后的三年时间内至 2016 年，机构先后拓展了 1 个大型和 3 个小型服务项目，机构人数和规模快速发展，全职社工从 1 名扩展到 21 名，兼职督导 3 人（项目和人员情况见表 1，兼职财务人员未列入）。机构的多个项目、多名社工在此期间获得多个奖项，社会对机构的专业认可度进一步提升；但与此同时，职业化初期，WX 机构也经历了组织管理、项目管理、专业督导、员工流失、外部合作关系等方面的多重挑战。笔者在此期间任总干事兼副理事长、督导，全程深入参与机构管理、项目拓展和专业督导，该行动研究始于机构多个项目拓展和人员规模扩展之后。

表 1　WX 机构工作人员一览

项目	社工	性别	年龄（岁）	职位	专业职称	学历	婚姻	备注
A	A1	女	30	项目主管	社会工作师	研究生	已婚	
	A2	女	26	一线社工	助理社会工作师	本科	未婚	
	A3	女	29	一线社工	助理社会工作师	本科	未婚	
B	B1	女	32	项目主管	助理社会工作师	研究生	未婚	
	B2	女	29	一线社工	尚未持证	本科	未婚	
	B3	女	27	一线社工	助理社会工作师	本科	未婚	

续表

项目	社工	性别	年龄（ ）	职位	专业职称	学历	婚姻	备注
C	C1	男	28	项目主管	助理社会工作师	本科	未婚	非社工专业
	C2	女	48	总干事助理（兼）	助理社会工作师	本科	已婚	非社工专业
	C3	女	29	一线社工	助理社会工作师	本科	未婚	
D	D1	女	31	项目主管/副总干事（兼）	社会工作师	研究生	未婚	
	D2	女	28	一线社工	助理社会工作师	本科	已婚	
	D3	女	25	一线社工	助理社会工作师	本科	未婚	
E	E1	女	32	项目主管/副总干事（兼）	社会工作师	本科	已婚	
	E2	女	27	一线社工	尚未持证	本科	未婚	非社工专业
	E3	男	31	一线社工	助理社会工作师	本科	未婚	
	E4	女	30	项目主管	助理社会工作师	本科	未婚	
	E5	女	28	一线社工	助理社会工作师	本科	未婚	
	E6	女	29	项目主管	社会工作师	本科	已婚	
	E7	女	26	一线社工	尚未持证	本科	未婚	非社工专业
	E8	女	25	一线社工	助理社会工作师	本科	未婚	
	E9	男	28	一线社工	助理社会工作师	本科	未婚	
	C2	女	48	总干事助理（兼）	助理社会工作师	本科	已婚	非社工专业
督导	F1	男	39	总干事（兼）	助理教授	博士	已婚	研究者
	F2	女	65	理事长（兼）	教授	本科	已婚	兼职
	F3	女	45	理事（兼）	教授	博士	已婚	兼职

第四阶段：WX 机构的服务深入发展期。自 2013 年以来，与国内其他城市类似，厦门市政府购买社会工作服务项目迅速在各区推开，至 2016 年，厦门市注册的社会工作服务机构已有近 50 家。WX 机构在此期间拥有诸多政策利好，承接服务项目容易，机构容易做大，但是，WX 机构创始人与总干事（笔者）一直秉持做精做深专业服务的原则，控制机构的项目和人员规模，在 3～4 个社区和项目服务点深入

开展专业服务，这就对社会工作者的能力和社会支持网络构建提出了更高的要求，需要更为稳定和专业的社工开展深入服务。该行动研究中的"计划、行动、反思"到"再计划、再行动、再反思"的螺旋循环主要发生在此阶段，一直持续至研究结束。

四 行动与研究发现

该行动研究持续四年多，经历了多次反复的螺旋式行动过程，从问题界定、拟订行动计划、实施行动、行动效果评估到行动反思，到再计划、再行动、再反思的过程，行动过程有一些反复和迂回。总体而言，可以归纳为三个螺旋式的行动过程：一是"计划—行动—反思"初循环，关注行动的系统性和全面性；二是"再计划—再行动—再反思"次循环，重点突出机构内的专业支持和情感支持；三是"再计划—再行动—再反思"再循环，挖掘有事业、有理想和抱负的机构"擎旗手"和管理接班人。

（一）"计划—行动—反思"初循环

在初循环过程中，主要计划是与 WX 机构社会工作者一道厘清社会支持网络构建的框架和设想，并付诸全面实践行动。如前文所述，WX 机构在经历 10 余年志愿服务发展后，在厦门市社会工作职业化开始前在市级注册为"民办非企业单位"，立足于城市社区开展专业服务。彼时，地方政策鼓励社会组织发展和政府购买社会工作专业服务政策利好，机构快速发展壮大，并且凭借高校专业教授背书而拥有良好的公信力和外部合作关系，高校专家智库支持较多，资金充足。但与此同时，也面临一些困扰，如：资金来源单一，对政府资金依赖性强；社会工作者在机构中虽占绝大多数，但专业构成多元化；全职团队人员构成年轻且不稳定，面临人才流失和较高的培养成本；等等。

基于此，对"计划—行动—反思"的初循环，将从问题和现状分析、计划和行动、行动考察、行动反思、主要研究发现等五个方面展开阐述。

1. 问题和现状分析

主要讨论 WX 机构社会工作者拥有的资源和社会支持还需要哪些，

面临的挑战和困难，作为后续计划和行动的基础。如前文关于生态系统理论在该研究的运用中讲到，考虑到 WX 机构社会工作者日常实务工作接触的利益相关方，以及可以影响的范围，本研究主要从微观系统、中观系统、宏观系统三个层面展开。外在系统，如社会工作者家庭成员的工作单位、朋友的工作单位等，将不在重点考虑范围内。

（1）微观系统

优势：经过评估界定，优势主要表现在两个方面。一是 WX 机构的年轻社会工作者拥有强烈的使命感和驱动力。如表 1 所示，工作人员中绝大多数为具有社会工作专业背景的新进入的毕业生，他们在选择进入社工行业的前几年，带有强烈的社会工作使命感（钱宁，2014；An & Chapman，2014）。其他非社会工作专业工作人员也是因为高度认同社工的专业价值和使命而进入该职业。二是 WX 机构拥有持续的高校专业督导，他们能提供实务督导和情感支持。

挑战：有三个方面明显的挑战。一是社会工作者的经济压力或比较性经济压力大。新进社会工作者的工资水平偏低，具有一定工作经验的项目主管和机构层面管理者相较于其亲朋好友而言的收入水平要低。二是项目主管能力不足使得社会工作者难以获得直接支持。项目主管能力不足主要表现在项目管理能力、团队管理能力、实务能力和督导能力偏弱几个方面。三是部分家人对社会工作者的不理解或不支持。这主要表现在家人不理解、不认同或者强烈反对他们从事社会工作职业，觉得没有"钱途"。

> 我觉得社会工作非常有价值，自己学习了四年，就是应该做这个呀……目前我可能觉得工资偏低（税后差不多 3500 元），不过还好，毕竟才刚刚毕业……我们这个项目的主管也是刚刚社会工作硕士毕业，可能在实务上对我的指导有时达不到我的期待，不过我们关系还不错啦。（B3，女，27 岁，一线社工）

从上面 B3 的话来看，她既高度认同社工的价值和使命，又面临收入偏低和来自项目主管直接支持的不足，呈现"纠结"的状态。

（2）中观系统

优势：中观系统有两个明显优势。一是 WX 机构内的朋辈支持一定程度上鼓励社会工作者彼此分享实务经验和做法（如下文中一线社工 E1 所言），以弥补社会工作实务经验的欠缺。二是温馨开放的机构文化为社会工作者营造了良好的工作环境，社会工作者乐于工作于此。

> 平时没有督导的情况下，社会工作者之间会经常讨论一些实务过程中遇到的问题，彼此分享和启发，因为我们这个项目点十来个社工都在一起办公，交流方便，气氛融洽……今年（2016）机构的绩效评估稍微滞后了一些，要设计年度绩效评估方案，没有现成的东西可以用，势必会有一些绩效评估过程和评估指标不太严谨，可能部分社工有意见……慢慢来完善吧。（E1，女，32岁，项目主管兼副总干事）

挑战：同时，在行动过程中，WX 机构的社会工作者也反馈在中观系统层面有两个直观的挑战。一是机构内的人员流动和团队不稳定带来的负面影响，使得部分社会工作者萌生离职念头，影响工作的积极性和投入。二是 WX 机构在组织管理层面缺乏系统、规范和专业的成套管理制度和经验，如上文中项目主管兼副总干事 E1 描述的，在年度绩效评估时需要自己摸索，呈现一边实践一边完善的状态，间接影响到工作的投入和期待。

（3）宏观系统

优势：梳理彼时 WX 机构所处的宏观系统，有两项与其他社工机构类似的利好政策，给社会工作者带来明显的鼓励和支持。一是政策利好使得政府购买社会工作服务项目大面积铺开，出现更多社工专业岗位，社会工作职业化进程加快，社会大众对社会工作的认识有一定程度的提升。二是全国和各地针对社会工作服务机构注册的政策放宽，出现大量不同服务领域的民办社工机构，一定程度上促进了 WX 机构社会工作者对职业的认同。

> 过去几年，我亲自参与并亲眼见证了厦门社会工作从无到有的发展过程，发展还是蛮快的……我们也时刻感受到，部分街道（办事处）的领导其实是很强势的，社会工作服务机构和社会工作者跟他们的对话根本不在一个水平线上，即使我有大学老师的

身份，会好一些，但是依然能充分感受到他们是很强势的。（F2，女，65 岁，理事长兼督导）

挑战：在政策利好的同时，WX 机构的社会工作者面临两个明显的挑战。一是外部合作关系中，强势的政府角色挤压社会工作的专业空间，社会工作者的处境尴尬，专业不可替代性低，受质疑。上文中 WX 机构理事长 F2 所感受到的社工与政府领导角色和权力不平等现象在一线社工身上会被放大很多倍。二是大众对社会工作的认同度偏低，社会工作者在服务过程中面临多方质疑或否定，易产生职业困扰。

2. 计划和行动

基于上面的问题分析，在行动的初循环阶段，微观、中观和宏观三个层面的具体计划和行动汇总如下。

（1）微观系统

微观系统层面的行动概括起来有四点。一是引导和促进社会工作者与家庭成员、朋友之间的互动，争取获得非正式支持。主要做法是通过提供电话补贴、探亲假、探亲往返交通报销等方式来鼓励社会工作者与亲朋好友互动和交流。二是继续强化 WX 机构负责人的高校教师背景，加强社工教师对社会工作者的专业督导和情感支持，将三名社工教师分配到不同项目跟进督导。同时，辅之聘请和增加一线实务督导人员对社会工作者的督导。三是增加对社会工作者实操技能的培训和增能，制订和实施年度培训和增能计划，平均每个月至少一次集中培训和团队工作坊；同时，增加社会工作者外出参访学习和实务交流的机会，分别让他们前往上海、深圳、成都、香港等地参访学习。四是有目的性地重点培养项目主管，为项目主管提供更多的发展机会和直接的专业支持，并培养其带领团队和项目管理方面的能力。

（2）中观系统

中观系统开展了三项行动。一是培育和发展社会工作者之间的朋辈支持和同伴督导。明确支持在工作时间内，每个项目每周可以自由安排至少一次项目组内或者组间的交流和互动，形式不一。二是调整机构对外关系策略，发挥机构灵魂人物的作用，负责应对政府关系。主要由机构创始人兼理事长 F2、总干事 F1 二人负责处理政府关系，具体对接工作交由副总干事处理，以此来减轻项目主管和一线社工面对政府关系时的压力。三是引导社会工作者参与机构规章制度制定和组织管理。具体包括员工手册细则的拟定、节假日福利、项目经费报销流程、服务记录套表修订、年度考核方案和指标的调整等，在机构管理方面发挥员工的主动性，提升其职业获得感和组织文化认同。

（3）宏观系统

宏观系统层面的行动能够给 WX 机构社会工作者带来的直接影响虽然小，但其长远影响至关重要，具体包含两点。一是发挥机构重要灵魂人物专家身份作用。也就是，理事长和总干事直接参与本地社工相关政策的制定，如厦门市政府购买社会工作服务的政策文件、项目评估办法和评估指标等，尽量使宏观政策和规章制度更加有利于社会工作者开展专业服务。二是通过项目服务成效的呈现，用实际行动开展政策实践（policy practice），推动更多政府部门出台社会工作相关的利好政策，继续推进社会工作专业化服务的开展，提升社会工作者的职业地位，比如通过某社区计生特殊家庭项目良好的服务成效，推动全区乃至全市范围内各街道在该领域对社会工作服务的购买。

3. 行动考察或评估

在初循环阶段，行动与考察并行，主要从以下五个方面展开，下面将对具体行动效果做概括性呈现。

第一，社会工作者的实务工作变得更加自信和娴熟。WX 机构绝大多数社会工作者能较好地运用社会工作专业方法开展实务工作，如康娱性小组工作、社区活动、咨询性个案工作、志愿者团队建设等，服务文案记录越来越规范，表明上述微观和中观系统采取的系列行动（包括增强高校和实务专家督导、实操技能培训和增能、朋辈支持和同伴督导等），支持了社会工作者实务能力的提升。但是，这也反映出社会工作者在疑难个案工作、资源整合、社区社会组织培育和志愿队伍发展等方面的处理能力略显逊色。

第二，社会工作者自身对职业的认同和心理变化明显。大部分社会工作者能排除来自社会大众、亲朋好友的负面影响，怀有坚定的职业理想和使命感。少数社会工作者受到外界干扰和其他行业相对较高收入的诱惑，对职业前景感到困扰，或产生离职念头，表明上述在微观系统层面采取的目的在于获得亲朋好友非正式支持的行动，存在诸多不确定性。

（过去一年）团队之间朋辈支持和同伴督导显得很常见，引导同事边做边学，共同提升……每个项目的中期和末期评估都在80分以上，评估专家对项目方案、专业方法的运用、服务成效、服务记录文案给予了普遍的肯定……员工积极参与机构系列规章制度的修订，从而提升了员工对于机构的投入和认同……政府关系依然需要花费时间和精力去维护，项目主管和一线社工随时面临压力。（2017 年 WX 机构年度总结报告）

第三，社会工作者（尤其是项目团队）之间的合力得到提升。WX 机构5个项目除了 A 项目，其他均为新组建项目团队，行动表明，这5个项目团队成员间能产生更好的团队合作，彼此支持，项目间的支持和协作也呈现良好势头，社会工作者开始习惯通过团队合作来应对工作中遇到的挑战（如上面引用的 2017 年度总结报告）。但是，其也暴露出多数项目主管能力不足的问题，需要更长时间的培养和历练。这些表明在中观系统层面采取的朋辈支持和同伴督导、参与式管理的引导等行动发挥了作用，微观系统层面对项目主管的培养还需要继续加强。

第四，组织管理方面发生的积极变化，给社会工作者带来更好的组织支持和文化认同。绝大多数社会工作者很认同 WX 机构创始人和总干事对社会工作的责任和使命感，同时在机构参与式管理理念的驱动下，更多员工愿意全身心投入机构的发展和管理事务。上面 2017 年度总结报告也表明，参与式行动在此阶段的行动中对社会工作者的职业发展是值得肯定的。

第五，在外部关系（尤其是与政府部门、社区居委会等直接合作方）中，社会工作者并未感受到明显的变化。在上述宏观系统层面，WX 机构尽量让灵魂人物出面处理政府关系，而且通过服务效果而实施的政策实践，确实缓冲和处理了一些来自外部合作关系中的压力和挑战。但是，一线社工依然时刻感受到一些政府官员的"任性"和对专业空间的挤压时刻横在面前。宏观系统层面行动所带来的缓慢改变，并不能为社会工作者带来立竿见影的支持。

4. 行动反思和下一步行动的关键点

综上，有几点主要的行动反思，现汇总如下。

第一，社会工作者自身的专业认同和使命感持续高涨，不用太多行动干预，但是，专业认同和使命感容易受到外部关系（主要是政府）、非正式支持网络（主要是家人朋友）负面因素的影响而消弭。而且，专业方法的运用与工作经验积累有直接关系，项目主管和社会工作者能力提升并不能一蹴而就。与其他机构类似，在 WX 机构也会出现"赶鸭子上架"的情况（Lam & Yan, 2015），由于工作需要和人才储备欠缺，部分项目主管硬是被推到了这个位置。

第二，家庭成员、朋友关系等中观系统层面社会支持的行动干预相对比较困难，效果未能显现。对于 WX 机构这样的民办社工机构的单一行动，如果没有伴随整体政策和职业状况的改变，则社会工作者非正式支持网络的行动干预存在太多不确定性。

第三，WX 机构创始人兼理事长、总干事等灵魂人物作用发挥，虽然能缓解一线社工在面对政府关系时的压力，但并未能完全改变政府和社区居委会等利益相关方对项目主管和一线社工的主导（dominating）角色，以及因此形成的专业空间挤压，社会工作者相对弱势的地位依然存在。由以上两点，可以用"汝果欲学诗，功夫在诗外"这句诗来概括，想提升社会工作者来自亲朋好友等中观系统的非正式支持，以及来自宏观系统层面外部合作关系的支持，实际成效更多取决于整体政策和职业地位的提升这些"诗外"的功夫和行动。

基于上述反思，下一步行动计划的关键是：①继续聚焦社会工作者的专业督导、情感支持；②继续聚焦社会工作者一线实务能力的提升；③从项目管理角度增强社会工作者对实务工作的感受；④进一步完善机构参与式管理模式。

5. 主要研究发现

第一，WX 机构在微观和中观系统层面采取的行动提升了一线社工实务能力的提升，也在一定程度上增强了对项目主管的培养。

> 虽然来机构的时间不长，但是两位老师的专业督导、行政督导我是很受用的，这些是我之前在大学里没有学过的……同时，也参加了几次机构内、外组织的培训……很多实际工作问题能够得到解决。（B2，女，29 岁，一线社工）

这些行动主要是专业支持和情感支持，包括增强高校和实务专家督导、实操技能培训和增能、朋辈支持和同伴督导等。

第二，在微观系统层面采取行动的目的在于获得亲朋好友非正式支持的行动，效果未能呈现，行动存在诸多不确定性，明显受到宏观环境、职业地位和社会认同的影响。

> 我专业不是社工，但是我很认可它的理念和价值观，大学期间也参与了一些社工机构组织的志愿服务活动……家人给我的压力还是蛮大的，他们的期待更高，希望我考雅思出国留学……这段时间其实是过渡，我会认真工作，同时准备申请国外大学。（C1，男，28岁，项目主管）

社会工作者有很强的专业使命，但是时刻感受到现实生活的压力，出现"使命"与"活命"拉锯战。情怀有时比面包重要，有时面包不够，展现了现实残酷的一面。

第三，在中观系统层面采取参与式管理的引导等行动发挥了积极作用。

> 机构有很多事情，我是直接参与的，比如：员工手册的修订、员工福利的调整、项目方案和年度计划等……感觉有一种归属感和主人翁意识，跟营利性公司有明显不同。（D1，女，31岁，项目主管兼副总干事）

这些参与式管理的引导给社会工作者带来更好的组织支持和组织文化认同，愿意留任，对社工的责任感、使命感和工作投入明显增多。

第四，宏观系统层面的政策利好为社会工作者带来的支持是全面的，固然重要，但对WX机构的社会工作者而言，她/他们更为关注日常实务工作和身边生活的事，更期待有"烟火气"。

> 社会工作的春天快到了，我们都说了很多年，我觉得还在路上……有些政策好是好，但是太宏观了，对于我们一线社工而言，没有实际的指导意义……我们的事情该做还得做，街道（办事

处）和居委会的工作人员对我们的态度还是那样，（我们）依然很弱势。（E5，女，28岁，一线社工）

有些政策的运用和外部关系的处理，使一线社工感觉有点"鞭长莫及"，需要工作经验的积累和职业整体发展来逐渐改变。

（二）"再计划—再行动—再反思" 再循环

本部分重点突出机构内专业支持和情感支持。

1. 问题和现状再分析

如初循环所述，WX 机构的社会工作者在经过初循环阶段的行动之后，在微观系统、中观系统、宏观系统呈现了变化，现总结如下。

（1）微观系统

优势：社会工作者的专业使命驱动力足，部分社会工作者自身对职业的认同度高，能获得较为及时的高校和实务专家的督导支持、实操技能培训和增能，实务工作技术变得更加娴熟。

在 WX 机构待了几年，我觉得高校老师督导挺有优势的，对很多问题分析得很透彻……我觉得成长不少。不过，还是经常会遇到瓶颈，比如个案工作推动不下去的时候，项目团队成员不知道怎么带，比较烦恼。（A1，女，30岁，项目主管）

挑战：微观系统层面有两点挑战依然明显。一是社会工作者的专业督导、情感支持需求依然迫切，尤其是在个案工作（如上面项目主管 A1）、资源整合、社区社会组织、志愿者发展等方面的处理能力仍需提高。二是项目主管的培养和能力建设依然"在路上"，需要更长时间的历练。

（2）中观系统

优势：中观系统层面采取的朋辈支持和同伴督导等行动发挥了积极作用，社会工作者尤其是项目团队成员之间的合力明显提升，逐渐养成朋辈支持和同伴督导习惯。同时，参与式组织管理的行动对社会工作者的职业发展是支持性的，给社会工作者带来更好的组织支持和文化认同，社会工作者继续职业留任意愿增强。

　　　　过去一年，我注意到同工们个体的工作能力有明显提升……
但是在项目制下，大家需要彼此更多协作，发挥每个人的特长，
取长补短，共同将项目成效呈现得更好……另外，建议还需要细
化更多关于机构管理的专业方法，有章可循，进一步提高工作效
能。［C2，女，48 岁，总干事助理（兼），摘自 2018 年度个人总
结报告］

　　挑战：一是基于项目管理视角，需要进一步提升社会工作者对项
目整体发展方向的掌控能力，提升项目团队成员之间的协调和配合能
力，以及在团队中综合运用社会工作实务技巧的能力，而不是凸显社
会工作者个人的能力。如上述总干事助理 C2 年度总结报告所写。二
是在 WX 机构参与式管理引导下，需要从温馨、参与的良好机构文化
氛围中，深入拓展更加规范、专业的机构管理方法和细则。

　　（3）宏观系统

　　优势：WX 机构的多个服务项目和社会工作者获得市、区层面的
奖励，机构的口碑和认可度明显提升。WX 机构的创始人和总干事等
灵魂人物出面处理政府关系，明显缓解了一些社工面对政府关系时的
压力。与此同时，厦门市各区普遍开展政府购买社工服务项目，社会
工作的外部政策更加宽松。

　　　　两位机构负责人不在的时候……社工都很怵街道（办事处）
的人，哪怕是一个普通的工作人员或者办公室的临聘人员，都可
以对我们指手画脚，甚至直接干涉我们的服务和活动。（E4，女，
30 岁，项目主管）

　　挑战：如项目主管 E4 讲到的，一是社会工作的专业空间依然被
挤压，WX 机构灵魂人物虽然可以缓冲和应对一些来自外部合作关系
的压力，但是不能从根本上扭转一线社工在面对政府官员或工作人员
时的"弱者"地位，社会工作的专业边界随时可能被跨越。二是社会
工作专业的社会认同依然需要进一步改善，专业的不可替代性需要进
一步证明，社会工作者的成长和服务成效的呈现需要加强。

2. 再计划和再行动

（1）微观系统

WX 机构在微观系统层面采取了三点行动。一是拓展了对社会工作者的督导形式和督导内容。除了 WX 机构内的高校老师每月开展专业督导外，还特地从香港、台湾、深圳、上海、成都等地邀请资深督导或公益专家开展相应的督导和培训，内容从原来聚焦在社会工作专业方法和项目管理，进一步拓展到团队协作、项目评估、志愿者发展、资源整合等。二是开展系列实务技能培训和能力建设，包括机构内外部培训，多次组团前往上海、深圳、成都、香港、台湾等地参访学习，内容上更加聚焦某一特定领域专业服务的开展与资源拓展。三是投入更多精力，耐心培养 3~4 名项目主管，使其发挥更为重要的支持系统中枢作用：既能应对外关系的压力，又能参与机构管理，传承机构文化，还能带领一线社工成长。

（2）中观系统

中观系统层面有两项有针对性的行动。一是重点促进项目团队成员之间在专业服务上开展协作，更好呈现服务成效。具体做法是优化项目管理流程，拟定项目管理标准化操作流程（Standard Operation Process，SOP），将项目任务指标与团队成员的优势、工作职责结合起来，授权项目主管在预算内增加团建活动的频率。同时，规范项目服务文档要求，由机构三名督导同时为一线社工和项目主管提供指导。二是在参与式机构管理模式下，规范和细化各项规章制度，比如：制定项目资金预算、优化审批和报销流程，细化绩效考核和员工奖惩制度，修订员工手册，增加员工福利具体条款，等等，在参与式管理的同时避免人治，尽量用规范来引导社会工作者的行为。

（3）宏观系统

在宏观系统层面，除了继续初循环的两项行动：WX 机构灵魂人物承担部分对外关系维护和沟通工作，用服务成效进行专业倡导之外，新增两项行动：一是 WX 机构的灵魂人物直接参与政策制定或政策倡导，在多种场合与厦门市区民政局、卫生健康委员会、残联、妇联、文明办等相关单位和负责人沟通，促进各个领域专业社会工作的发展和社工职业地位的提升。二是注重拓展和维护好不同利益相关方的关系。除了政府部门之外，社区居委会、媒体、志愿者、社区社会组织或自组织等，均是重要的合作资源，在再循环阶段的行动上需特别关注。

3. 行动再考察

参照初循环行动考察的框架，再循环依然围绕相同的五个层面展开行动再考察。

第一，社会工作者实务工作能力有明显提升。在初循环行动取得的成效基础上，多数的项目主管和一线社工能深入开展疑难个案工作，设计教育性而非康娱性的小组工作来回应服务对象的深层次需求，在社区范围内能开展志愿者队伍和社区社会组织或自组织的发展工作来促进服务的可持续发展，各个服务项目的社区内外部资源整合更加多元。这些表明督导形式和内容的拓展、系列实务技能培训和能力建设、聚焦培养项目主管的行动是有成效的。不过，部分项目主管的团队带领能力、管理能力依然需要继续加强，如总干事 F1 在理事会上的发言：

> 我们能做的就是一步步往前"拱"，用实际的服务成效和政策倡导的方式。可喜的是，我们看到了一些变化：我们参与的相关政策和文件的出台对社会工作者整体是利好的，更多的社区、街道觉得社工是有用的……问题的关键是我们自身要快点成长起来，配得上各方的专业期待。（F1，男，39 岁，总干事，2019 年机构理事会上的发言）

第二，社会工作者自身对职业的认同和心理变化总体趋于稳定。与初循环类似，亲朋好友方面的非正式支持网络存在不确定性，大部分社会工作者能获得正向支持，少数受亲朋好友的干扰和商业部门相对高收入的诱惑，心理状态有波动，遇到工作瓶颈，有离职念头，在项目主管和督导的引导下，基本能继续留任。

第三，社会工作者之间尤其是项目团队成员之间的有机协作更加深入。从四个项目的团队成员分工和任务指标分解来看，三名机构内部督导均认为社会工作者在团队中的角色和任务分工较为合理，比如：有的社会工作者擅长开展社区活动，有的擅长小组工作的策划和开展，有的擅长开展一对一个案工作辅导和入户跟进服务，有的则擅长处理与社区居委会和街道办事处的沟通和合作，团队成员彼此协作，优势互补，而不是简单根据项目任务指标平均分摊。跨项目间社会工作者的协助和支持亦初步形成，彼此分享工作心得和方案设计，支持社区现场活动的开展。这较好地说明了中观系统层面的团队协作行动有不错成效。

第四，规范和细化机构规章制度为社会工作者带来更为清晰的指引，工作效率和效能感提升。如前文所述，在参与式管理模式下，机构的系列规章制度得以制定和细化，在温馨、参与的机构文化氛围下，社会工作者明显能感受到这些细致的规章制度能支持日常工作，提高工作效率，提升效能感。

第五，持续向好的外部关系为社会工作者带来更多正面支持。与初循环的行动成效相比较，虽然在外部合作关系中政府部门依然强势，容易跨越边界，其他利益相关方的关系是有明显积极发展态势的，如总干事 F1 在理事会上的发言，各方的认可度提升，社会工作者能感受到这份认可带来的支持。

4. 行动再反思和下一步行动的关键点

WX 机构社会工作者的社会支持网络构建与其职业胜任力和能力建设不是区隔的，而是融为一体的。对于 WX 机构而言，社会工作者社会支持网络的构建不是最终目的，行动的重心应该放在核心的能力建设上，无论是对一线社工的督导、项目主管的培养，还是开展的系列培训和能力建设，都在于提升职业胜任力和核心能力。职业化初期，WX 机构社会工作者能力的提升，既需要其本人通过多年实践来日积月累，也需要有长期的专业督导支持、陪伴和情感支持。

社会支持网络构建过程虽是机构主导，但社会工作者是行动的主体。从 WX 机构的行动来看，社会工作者刚开始时无感，她/他们更关心日常工作和实务工作的开展，但是随着机构行动的深入，以及项目团队成员协作和参与式管理的推进，社会工作者的主体性逐渐被"教育"和发展，意识到社会支持网络构建的主体应该是社会工作者本身，机构只是提供一个平台，对于 WX 机构而言，未来还需要重点培养有能力的机构层面的运营管理的接班人。

外部政策和政府关系变化带来的影响"穿透性"强。近年来，厦门市政府购买社会工作服务项目政策有变化，大量居家养老服务项目和助老员项目获得购买。在该行动研究末期，因为厦门市、区两级政府购买社会工作服务项目政策的变化，以及政府部门相关领导换届带来的前后政策不连贯，WX 机构服务的三个项目到期结项，不再延续。这种影响的"穿透性"强，对 WX 机构和项目的可持续发展、社会工作者的社会支持网络构建产生显而易见的负面影响，政策变化显露了社工行业的脆弱，直接影响社会工作者的职业稳定性。因此，在面临外部政策和政府关系变化时，服务转型将是需要重点考虑的行动策略。

下一步行动的关键点有以下几个。①开展"同行"计划。督导与社会工作者并肩同行，陪伴共同成长和发展，共同面对问题和解决问题。②侧重社会工作者主导下的支持网络构建，寻找机构运营管理的接班人和"擎旗手"，甚至突破机构边界构建社会支持网络。③WX 机构面临转型，需要精耕细作。面对项目和队伍的缩减，收窄服务范围，聚焦某一两类服务对象深入开展专业服务。

5. 主要研究发现

再循环的行动再次回应了初循环的三点研究发现：专业支持和情感支持的正向作用；亲朋好友非正式支持行动的不确定性；参与式管理带来积极的支持作用。同时，再循环还有三点新的研究发现。

第一，围绕社会工作者的职业胜任力和核心能力建设是构建社会支持网络的核心内容。从初循环和再循环的行动来看，在微观系统和中观系统的多种行动均有效提升了一线社工、项目主管的职业胜任力和核心能力，具体包括：增加和拓展督导形式和内容，开展一系列实务技能培训和能力建设，投入精力耐心培养几名项目主管或骨干社工，促进朋辈支持和同伴督导，开展项目团队成员间的协作，以及在参与式管理模式下，规范各项规章制度，提升工作效能等。

> 过去一年，自己的角色有了很大变化，从一线社工变成了项目主管……我觉得收到了莫大的支持，包括几位老师的督导、机构内的培训、外出参访学习、同事之间的信任和帮助、机构给予的机会等……从社工实务能力、项目管理，到带领团队以及沟通技巧等方面的能力都有了很大提升。（E6，女，29 岁，项目主管，2019 年年度个人总结报告）

从项目主管 E6 的个人总结报告可以看出，其实务能力和管理能力均得以提升，更加自信，能得到同伴和机构的支持，对机构黏性和职业认同明显提高。

第二，从项目和机构两个层面入手是社会工作者支持网络构建的重要抓手。在再循环阶段，行动加强了在项目层面的措施，呈现不同的效果。具体措施包括：投入精力培养几名项目主管，这样的话，项目主管能给一线社工提供更为及时的支持；重点促进项目团队成员之间在项目层面的协作，拟定项目管理标准化操作流程（SOP），项目团队成员合理分工，在团队中彼此促进成长和获得支持，更好呈现服务成效。

> 社工支持网络的构建不应该是个体的事情，应该从项目管理和机构发展两个纬度将大家带动起来，这样才能真正做到彼此支持。个体的能力建设相对简单，但只是个体。（F1，男，39 岁，总干事，行动研究过程反思笔记，2019 年 11 月 25 日）

如上面作者的行动研究反思笔记所记录，除了项目层面，在机构层面，更为重要的是在参与式机构管理模式下，"教育"社会工作者作为主体参与机构发展的诸多决策，同时规范和细化各项规章制度，提升工作效率。

第三，宏观系统层面政策变化和政府关系的不确定给 WX 机构和社会工作者支持网络构建带来直接影响。

> 过去三年，我们的项目取得了不错的成效，赢得了口碑，凭借服务成效，几个项目获得了市、区两级的多个奖项……今年的最大挑战是，三个项目到期未能续期，均是因为购买方合作意向的调整，多出来的员工需要重新安置……接下来，机构面临转型调整。（2018 年理事会工作总结报告）

如 2018 年理事会工作总结报告所述，2017 年以来，因政策调整，WX 机构三个项目到期无法再续，社会工作者团队稳定性受到严重影响，面临人员离职风险。同时，政府部门相关领导的换届带来政策的不连贯，项目的合作关系需要重新维系。这些关键变化直接影响到WX 机构社会工作者的职业发展，在短时间内，机构需要调整战略或转型，在微观系统和中观系统做出相应调整。

（三）"再计划—再行动—再反思"三循环

从重视社会工作者实务技能培训，转向挖掘有事业、有理想的机构"擎旗手"和接班人。

1. 问题和现状再分析

（1）微观系统

优势：与初循环和再循环类似，在三循环阶段，这些优势是延续的：社会工作者拥有强烈的社会工作使命感和驱动力；能获得由高校专业督导和资深督导提供的专业督导和情感支持；接受系列实务技能培训和能力建设，实务能力明显提高，社会工作者更加自信。

挑战：有两点挑战呈现出来。一是机构负责人和督导是否能与社会工作者"在一起"，陪伴成长和发展，共同解决问题。如下方一线社工 E2 所反馈的，WX 机构的高校督导和外部资深督导均为兼职，社会工作者容易觉得督导没有"同行"，是"局外人"，没有一起在实务中工作，共同解决问题。

> ……也期待督导能长期跟我们在一起，在日常工作中提供及时的督导和支持，毕竟有些情境如果督导能在现场，在真实的情境中一起解决问题，我觉得自己会更加受益。（E2，女，27 岁，一线社工）

二是社会工作者的实务操作能力仍然需要进一步提升，他们仍需要积累更加丰富的一线实务经验，比如：更加娴熟的个案工作能力，开展治疗性和成长性专业小组工作等。同时，项目主管的能力依然需要提升，对项目主管的培养依然"在路上"。

（2）中观系统

优势：机构的朋辈支持和同伴督导良好；项目管理规范和标准化操作流程（SOP）为社会工作者带来专业支持；基于以项目发展为目的的团队成员间的有机协作开始出现；机构内跨项目间的协作和支持

形成惯例；WX 机构温馨的文化、人性化管理提供长久的职业发展支持；越来越规范和细化的机构规章制度能带来更为清晰的指引，工作效率和效能感得到明显提升。

挑战： 寻找机构"擎旗手"和运营管理的接班人，如下方作者的行动笔记所记录，当机构的两位灵魂人物"缺席"时，年轻人扛不起来；在参与式管理模式下，需要继续"教育"社会工作者来主导和构建社会支持网络，甚至打破机构的局限，在机构和行业间构建社会支持网络；另外，机构的团队建设是常态化活动，依然需要进一步投入时间和精力。

> ［我们］需要考虑"去 F1、F2 老师化"。两位老师在机构发展历程中确实扮演了非常重要的角色……2018～2019 年，两位老师同时因为各自家庭和个人因素，对机构的投入大大减少，暂时往后站了一些，角色和舞台交给了机构的年轻人……负面影响是很直接的，年轻的接班人接不上，扛不起来，员工感觉不稳定。
> （摘自行动笔记，2019 年 12 月 15 日）

（3）宏观系统

优势： WX 机构的公信力和项目服务成效获得服务对象、政府部门和合作方的认可；WX 机构灵魂人物直接面对政府部门官员，缓解和处理一线社工面临的外部关系压力，带来正面支持；同时，机构灵魂人物还直接参与当地有关社会工作方面的政策制定或政策倡导，为机构赢得良好口碑。

挑战： WX 机构面临转型，需要精耕细作。政策变化带来诸多不稳定性：多个项目结项，人员压缩，经费减少；厦门市大量社工机构注册成立，发展迅速，外部关系变得复杂；整体而言，社会工作专业空间依然被挤压，而且出现了不同的社工机构，导致政府和公众对社会工作专业性的质疑。此背景下，社会工作者对专业地位和社会认同存疑。

> 我觉得在接下来的几年时间内，机构需要重新思考定位。作为高校老师和机构的创办人，我觉得要重新思考这些问题……厦

门市内的社工机构已经……发展到近 100 家，WX 机构不能只是
停留在原来的一线服务领域，需要转型做些更有意义，更超前的
事情……当然，这种转型肯定会给员工带来很多挑战。（F2，女，
65 岁，理事长）

从理事长 F2 的话语来看，厦门市众多社工机构成立，由此引发
WX 机构创始人对自己角色的重新定位，高校教师"领办"社工机构
的使命觉得基本完成，需要重新审视，寻找机构的接班人，社会工作
者感受到诸多不确定性。

2. 再计划和再行动

（1）微观系统

在三循环阶段，微观系统的行动主要是开展"同行计划"。具体
而言，就是由 WX 机构几位固定的专业督导，与社会工作者"同行"，
进入项目的服务场域，常规性增加督导的频率和时间，由原来的每月
1～2 次督导增加到每周 1～2 次实务陪伴，在日常实务工作中陪伴社
会工作者。

（2）中观系统

中观系统层面的行动主要是从机构中物色和培养机构的"擎旗
手"和管理接班人，带动其他社会工作者的发展。经过近两年的考察
和培养，从项目主管中提拔了两名副总干事，他们的学历、工作经验
和综合能力均强于其他人，作为机构发展的后备人才进行培养。目的
是让有能力的人能在 WX 机构发挥主导和带领作用，调动大家的事业
心，共同推进机构发展，开展社会工作者支持网络构建，甚至突破机
构的界限，寻求更加多元的合作，比如与企业、基金会等开展深入
合作。

（3）宏观系统

宏观系统层面的行动是转型和"星散"。如前文所述，机构创始
人和总干事对于 WX 机构、自己角色的重新定位，带来系列影响和行
动：机构转型，由原来开展综合性的社区服务转型聚焦老年人、计生
家庭这两类服务群体，精耕细作；将部分服务剥离出去，联合社工协
会、资深社工注册成立一家新的社会服务支持性机构，部分人员分流
到新机构中担任主要职务，部分转岗或被"邀请"到省内其他社工机

构中担任重要岗位，实现社工使命和社会支持网络往外"星散"。

3. 行动再考察

参照前两个循环，三循环将继续围绕相同的五个层面展开再考察，其中关于社会工作者自身对职业的认同和心理变化情况，与前两个循环基本类似，这里就不再赘述。

第一，开展"同行"计划后，社会工作者普遍反映能获得更为及时、常态化的专业支持。能更为恰当地运用专业方法开展实务工作，一线实务技能掌握更加娴熟，自信心增强。项目主管在项目管理、团队带领方面的能力也有较为明显的提升。社会工作者能感受到督导和机构负责人的"陪同是最长情的告白"。不过，两名新晋升的副总干事作为机构的"擎旗手"和接班人的工作状态显得一般，信心不太足，有些问题难以解决，如：外部关系拓展、项目督导和团队带领、内部人员关系处理等，管理经验方面还需要历练，与前两个循环针对项目主管的培养行动类似，机构未来接班人的培养依然在路上。

第二，社会工作者团队之间动力总体良好，但随着两位副总干事的提拔而出现失衡状况。三循环行动带来的变化，延续了前两个循环良好的朋辈支持和同伴督导、团队成员之间的协作。但是，随着两名副总干事的提拔，她们之间的分工和协作显得不够默契，影响到她们与项目主管之间的合作关系，角色和位置变化之后带来了一定程度的关系失衡，在短时间内，出现了负向涟漪效应。两位副总干事的角色和协作关系需要重新调整，她们的"能力建设"一直在路上，由此而产生的关系失衡也需要给予特别关注。

第三，WX机构管理层面的行动为社会工作者持续带来组织支持和文化认同。与前两个循环类似，三循环继续参与式管理，发挥机构文化氛围的作用，继续规范和细化组织的规章制度，这些行动为员工带来持续的组织支持。然而，显露出来的问题是机构发展的重新定位，经过理事会讨论决议，最后决定将做小而精的服务组织，将支持性服务项目从机构分离出去，独立发起成立新的组织，人员将分流和"星散"。这些来自机构层面的重大决策和行动调整，直接影响到社会工作者的职业发展和组织支持的获取状况，社会工作者在被妥善安置的同时体会到职业的不稳定，也深刻意识到能力提升才是维持个人职业竞争力的关键。

第四，购买政策变化，政府合作关系不确定，给 WX 机构和社会工作者带来诸多不确定性。政府购买社会工作服务政策变化和政府合作关系的变化，导致几个项目终止，经费减少，人员被动压缩，由此引发机构转型而给社会工作者职业发展带来不确定性。基于此，机构创始人和负责人对自身角色和机构的定位均发生变化，也给社会工作者带来诸多不确定。

> 机构的使命和愿景有变化……最开始，我们是要引领厦门市社工行业的发展，因为有两位社工老师的引领，厦门当时需要这样的示范……不过，时过境迁，社工行业发展迅猛，我们需要重新思考……现在社工支持性服务非常缺乏，比如：督导培养、项目和机构评估、实务研究等，都是值得我们去做的事情。（2019年 WX 机构第二届理事会第一次会议记录）

所以，面对外部环境的变化，社会工作者感受的不确定性凸显。与此同时，WX 机构及时做出战略转型调整，为组织发展和社会工作者职业发展明确了方向。

4. 行动再反思和下一步行动的关键点

首先值得思考的是社会工作者需要的持久而有效的支持是什么。是专业督导，"同行"计划，与社会工作者一起行动，在"圈内"支持，还是聚焦他们的核心能力建设，抑或是外部良好的政策支持和合作关系？从三循环的行动结果来看，很明显，项目与组织层面构建社会工作者社会支持网络的若干行动，很容易被外部政策变化和政府关系的不确定性搅得七零八落。在本行动研究中，宏观层面政策调整和不稳定性带来的影响，远远超出组织内的行动和个人核心能力建设的行动带给社会工作者的影响。而且，组织管理和项目层面的行动，以及个人核心能力建设方面的行动就显得不重要或者微不足道了吗？WX 机构在该轮行动研究中，围绕外部政策和合作关系变化带来挑战时采取的行动，方向上出现了问题？延伸出来的话题就是，我们的行动是要寻求机构和项目的可持续发展，还是要追求社会工作者的能力提升和可持续发展？从本行动研究来看，行动的导向很明显是要偏向社会工作者的可持续发展，"星散"的行动策略，虽然看起来没有保证 WX 机构组织和项目的利益最大化，但是符合 WX 机构的使命和战略调整，让有竞争力的社会工作者流向省内那些刚刚成立不久的社工机构，或者转岗到新成立的支持性服务机构，这对社会工作行业而言无疑是促进和发展，WX 机构的社会工作者也得到了更宽阔的发挥专业特长的平台。

其次是关于"使命"驱动、事业心和能力提升的思考。对于机构的接班人和"擎旗手"，也就是两位副总干事的选拔和培养，在三循环中是重要内容，但从行动效果来看，她们的使命驱动力和事业心足够，但能力显得不够，与机构管理和发展的需求明显不匹配。结合再循环阶段对于项目主管的培养，我们反思有点"赶鸭子上架"，项目主管的培养需要一个过程，对于机构未来接班人的培养，同样是"在路上"，"一将难求"的情况很明显，实际上就是经验积累和能力提升的过程。这种情况，同样印证了前文所述关于核心能力建设在构建社会工作者社会支持网络时的重要性。

未来可能继续的行动计划有以下几个。

针对 WX 机构社会工作者社会支持网络的构建，本行动研究虽然结束，但是从 WX 机构可持续发展的角度，以及未来在厦门市更大范围内，针对社会工作者的支持行动依然会继续。

WX 机构继续沿着使命和战略调整的方向发展，精耕细作，在新的接班人的带领下，聚焦老年人尤其是失独老人，将社会工作专业服务做深做实。

联合厦门市民政局、厦门市社工协会，在厦门市范围内发起针对有一定工作经验的社会工作者的"督导培养计划"，培养厦门市社会工作专业督导员，为社会工作本土化发展提供专业支持。截至本文成稿时，这项行动已经完成两届督导员培养。

联合厦门市各社工机构，发起针对社会工作者的"学习支持网络平台"，运用沙龙、案例分享、培训和互动交流等形式，促进社会工作者、企业家、政府官员、高校教师、媒体、社区工作者之间的互动和交流，为社会工作行业内以及不同行业之间提供交流和支持的平台。

5. 主要研究发现

第一，应对宏观系统层面政策和合作关系的不利变化，组织使命和战略规划的调整是民办社工机构社会工作者社会支持网络构建过程中的重大组织战略性行动，影响深远。在再循环和三循环阶段，WX机构既面临两位灵魂人物的同时缺位，又面临外部政策和合作关系不利变化，项目和经费大量缩减。此背景下，WX机构采取的行动是调整组织使命和战略规划，重新梳理和明确组织的发展方向，注入新的思维。于WX机构而言，组织要"使命"也要"活命"；于社会工作者同样如此，既要坚守职业，也要谋求一份个人未来的发展。

> 最近机构的发展进行了很大的方向性调整，理事会有开会讨论，总干事正式告知我们，可以做怎样的选择，机构会怎样支持我们未来的发展，我们其实都有参与其中……这让我们更加觉得WX机构很了不起，不只是关起门来只顾机构的发展不管员工的死活。（B1，女，32岁，项目主管）

从上面项目主管B1的感受来看，WX机构使命和战略规划的调整，在一定程度上既给机构提供了新的可能和发展机会，也为社会工作者提供了更加广阔的发展空间。与此同时，也让我们更为清晰地认识到，社会工作就是一份职业，需要去除道德绑架，实实在在的职业生存和发展是关键。

第二，社会工作者社会支持网络的构建可以定位更高视角，从组织扩大到行业发展。随着三循环行动的开展，WX机构社会工作者社会支持网络的构建其实突破了一个机构的范围，是定位在厦门市整个社会工作行业。WX机构使命和战略调整后，精耕细作某一服务领域，留下的社会工作者目标更为清晰，能获得持久的社会支持。

> 我觉得WX机构后面的发展是透明的，机构转型发展之后，我们有几种选择……我最后决定去一家刚刚成立的社工机构，他们很缺有经验的社工……因为WX机构在厦门市的口碑，同时我也有接近三年的工作经验，那家机构让我过去做项目主管，服务内容正好是我过去熟悉的领域，工资方面也不差……我觉得我会带着在WX机构学到的东西过去，期待未来有好的发展，以服务社工行业发展。（E8，女，25岁，一线社工）

同时，"星散"策略下，流向省内其他初创社工机构的人（如一线社工 E8），拥有更多发展专业能力的平台，将 WX 机构的社会支持网络同时"星散"出去。

第三，人才培养始终是民办社工机构社会工作者社会支持网络构建的关键所在。从再循环和三循环的行动反思中，我们一直在强调项目主管和副总干事的培养，人才培养"一直在路上"。实际上，于 WX 机构而言，社会工作者社会支持网络的构建最终要由这些骨干成员支撑起来，他/她们是行动的主体，对整个机构的发展和社会工作者支持网络的构建至关重要。

> WX 机构过去几年一直引领厦门社工行业发展，在服务过程中培养了一批优秀的项目主管和社工，这是机构的宝贵财富，同时也是厦门社工行业的宝贵财富……虽然最后机构转型发展，只有少数留下来，其他人在其他机构其实都是核心骨干，能独当一面，带团队做项目，给更多的年轻社工提供专业支持。（F2，女，65 岁，理事长）

看得出来，即使是在"星散"环节，机构的骨干成员的影响依然重要。在某种意义上，这些骨干成员一直在自我承认（self-recognition）（王思斌，2013c）或自我证明（self-endorsement）（Aiello & Tesi，2017；Geisler et al.，2019），为社工行业发展背书，社会支持网络的构建也从组织内向行业拓展。

五　讨论和结论

宏观系统因素对于社会工作者社会支持网络构建的影响存在明显的两面性。一方面，是积极的推动作用。在该行动研究中，由于政府购买社会服务政策的放宽，厦门市鼓励社会工作人才的支持性政策陆续出台，与其他民办社工机构类似，WX 机构社会工作者队伍迅速扩大，项目和服务领域增多，专业岗位明显增多，社会工作在短时间内被政府、社区和民众所知晓。正如王思斌（2020）、顾东辉（2017）和柳拯（2012）等提到的，我国社会工作迎来良好发展机遇，尤其是宏观政策利好，社会工作总体上呈快速上升趋势。同时，该行动研究也清晰的呈现，WX 机构社会工作者意识到宏观系统支持的重要性，普遍能从政策利好中获得职业发展信心，坚持社会工作使命，这些是宏观系统层面的政策利好带来的积极支持（唐斌，2014；王思斌，2016）。不过，该研究也进一步表明，WX 机构社会工作者（尤其是一线社工）对这些宏观系统层面的政策，不管是否利好，时常觉得有点"鞭长莫及"，而更加关心日常工作实践中如何获取社会支持，也就是社会支持的实际获得感。另一方面，是消极的阻碍作用。WX 机构以及社会工作者在面对宏观政策变化和合作关系不确定性时显得力不从心，在新的政策出台过程中的参与度不够，社会工作者的话语权欠缺；社会工作的专业性依然受质疑，民办社工机构和社会工作者在面临政府部门强势干预服务过程中，专业空间会随时面临挤压，工具化明显（安秋玲，2010；易松国，2013；尹阿雳等，2016），民办社工机构在与政府的互动关系中依然处于被动地位（范明林，2010；管兵，2015；朱健刚、陈安娜；2014），对政府资源依赖性高导致发展受限（陆士祯、郑玲，2013；易松国，2013）。在该行动研究的三循环中，宏观系统层面的不确定性而导致 WX 机构战略规划被动调整，社会工作者部分被分流到新成立的支持性服务机构，或者"星散"到福建省内其他社工机构中去，这些直接影响到 WX 机构的发展方向和社会工作者的职业规划。所以，社会工作者受宏观政策影响既有"使命"担当，坚守职业，也要"活命"，谋求职业发展，在面临重大宏观系统层面因素影响时需要做出及时调整和应对。在民办社工机构社会工作者社会支持网络构建过程中，宏观系统层面的因素至关重要。

中观系统层面行动的成效明显，进一步深度阐述了互动关系建设在社会工作者社会支持网络构建过程中的重要性。如已有研究（安秋玲，2010；雷杰、黄婉怡，2017）指出，互动关系的拓展和优化，以及在互动关系中提升社会工作者的人际关系和社会支持网络的有效性，一直是较为传统的视角。该行动研究也进一步回应了这些观点。在 WX 机构的行动逻辑上，首先是加强对社会工作者的专业督导和系列培训，引导参与式管理，提升机构的文化氛围、管理制度等内容，这些行动明显属于专业支持、情感支持和组织支持，在一定程度上增强了社会工作者的留任意愿（顾东辉，2017；张伶、吴美琦，2015）。

其次是朋辈支持的营造，让年轻的社会工作者之间形成互通有无、沟通、协商与合作的工作惯例，在职业化初期弥补了专业督导有效性不足的缺陷。再次是项目和机构两个层面深入的系列行动：通过培养项目主管进一步带动朋辈支持和团队协作，项目主管对于一线社工的职业留任和发展扮演直接的支持者角色。拟定项目管理标准化操作流程（SOP）促进项目团队分工和合力，提升项目服务成效；在参与式管理模式下，规范和细化各项规章制度，提升工作效率和工作效能感。在WX机构的行动研究也进一步回应了以往研究发现，项目和机构两个场域及其行动始终是社会工作者获得社会支持至关重要的来源（安秋玲，2010；林卡，2009；陆士桢、郑玲，2013；沈泉宏、王玉香，2020），中观系统层面的行动会直接影响社会工作者获得支持的状况。通过行动反思，该行动研究还补充阐述了来自中观系统层面的专业支持、情感支持、组织文化支持和朋辈支持该如何构建。而且，该研究深入呈现了基于项目管理层面支持行动的重要性，以及在民办社工机构中，如何基于项目管理的视角来促进社会工作者之间的合作，提升团队工作效率，更好呈现项目服务成效。

来自微观系统层面的支持源为社会工作者提供直接的专业支持和情感支持，也为其职业发展带来一定程度的影响。一是来自家庭和亲朋好友的非正式支持，往往扮演双重角色，也就是积极和消极作用。家庭或亲朋好友，有的相信和支持社会工作者，给予精神和物质支持，鼓励其追逐梦想和坚持社会工作使命，是其继续职业生涯的重要支撑力量；有的"好言相劝"或者"逼迫"社会工作者"货比三家"，选择更有直接经济回报的职业，放弃社会工作职业。同时，与亲朋好友比较而言，比较性经济压力也会给社会工作者带来一定的心理压力，容易产生消极情绪或者职业倦怠，甚至出现离职念头，这些研究发现也在一定程度上回应了已有文献，如刘文瑞（2016：66）指出薪酬待遇低是导致民办社工机构在职社工离职的"第一位原因"。就目前中国社会工作职业现状而言，家人的支持不足所带来的消极作用明显存在，会影响到社会工作者的职业认同（安秋玲，2010）。当消极作用发生时，WX机构作为民办社工机构在构建和推进这方面支持的改善上显得有力使不上，"鞭长莫及"或者无从下手。二是督导的专业支持发挥重要作用，使得WX机构新入职社会工作者能获得及时的专业指导和情感支持，这些研究发现与已有文献契合（彭岚，2007；沈泉宏、王玉香，2020）。同时，该行动研究还进一步揭示了 WX 机构学院派督导的局限性。因为 WX 机构的督导是高校教师，社会工作专业背景浓厚，虽然能使社会工作者慢慢具备扎实的实务基础，但学院派气息浓厚并沿袭到每位社会工作者身上，有时会使得机构和社会工作者比较谨小慎微，既注重过程也注重结果，事事"留痕"，也面临跨域实践的困境和压力（王思斌，2013a）；社会工作者在行动中也反馈，实务的创新性和拓展性显得不足，不如实务派督导来得更加针对、及时和接地气。

社会工作者社会支持网络的构建既重视社会支持网络互动关系的建设，也更加侧重职业胜任力和核心能力建设，双措并举。如上述中观系统层面的行动逻辑谈到，项目和机构层面的互动关系在社会支持网络构建过程中的重要性尽显无遗。然而，相较于关注互动关系在形式上提升社会支持网络，该研究也进一步阐释了职业胜任力和核心能力建设（雷杰、黄婉怡，2017；张伶、吴美琦，2015）是伴随社会支持网络构建的核心内容。在互动关系中，重点突出社会工作者职业胜任力和核心能力建设，两条主轴双措并举，共同促进社会支持网络的构建。具体而言，在初循环和再循环，加强专业督导，不断拓展督导形式和内容；增加实操技能培训和增能，开展系列实务技能培训和能力建设活动；重点培养3～4名项目主管均是侧重核心能力建设，这些行动都是可行有效的。在三循环，职业胜任力和核心能力建设同样是行动的要义。类似于张伶、吴美琦（2015）指出的，针对社会工作者在不同职业生涯发展阶段的特点，会实施相匹配的阶段性策略来提升组织承诺，减少离职行为，其中，处理和解决问题的能力、参与组织决策的能力等职业胜任力和核心能力的提升是系列策略中的重要内容。在 WX 机构的行动研究中，无论是"同行"计划，物色和培养机构的"擎旗手"，还是在机构转型过程中让部分有能力的员工"星散"，其核心内容都离不开能力建设。

相较于机构外因素给社会工作者社会支持网络构建带来的不确定性，机构内的行动显得更加基础和可控。在机构外部，虽然政策和外部合作关系的变化给 WX 机构和社会工作者带来影响，机构要做出战略调整，社会工作者要"星散"。然而，如果视角聚焦到社会工作者社会支持网络的构建，而非 WX 机构层面的战略调整和项目压缩，社会工作者的职业胜任力和核心能力得到了提升，职业留任持续稳定。在此过程中，如已有文献（安秋玲，2010；雷杰、黄婉怡，2017；陆士桢、郑玲，2013；沈泉宏、王玉香，2020）指出，机构内的行动和系列支持起到关键作用，既有正式支持，也有非正式支持。同时，该研究也进一步拓展了机构内支持行动的内容和积极作用，具体包括：强化专业督导和情感支持，拓展督导形式和督导内容，实施"同行"计划为社会工作者提供常规支持；增加对实操技能的培训和增能，开展系列实务技能和能力建设；重视和实施朋辈支持和同伴督导；重视培养项目主管，物色和培养机构的"擎旗手"；优化项目管理流程，拟定 SOP；实施参与式管理模式，规范和细化各项规章制度；等等。总体而言，这些机构内的行动为社会工作者提供立体的组织支持，在个人层面重视核心能力建设，在项目层面重视项目管理规范化，在机构层面聚焦机构管理与组织文化和认同的提升。虽然机构外影响因素的不确定性和穿透性强，甚至会影响到 WX 机构的发展，使得机构陷入困境或不利局面（史柏年，2006；王思斌，2013），但是该研究也为我们呈现了规避外部不确定性和风险的可能行动策略。

该行动研究表明，从微观系统、中观系统和宏观系统三个层面展开的行动，对 WX 民办社工机构社会工作者社会支持网络的构建有明显成效，是切实可行的。具体而言，这些行动主要从社会工作者个人职业胜任力和核心能力的提升，项目管理和互动关系的优化，机构参与式管理和组织支持的改善，以及尽力争取政策和外部合作关系等四个维度展开。同时，该行动研究还进一步阐明：宏观系统层面的因素对于民办社工机构社会工作者社会支持网络的构建既有积极的推动作用，也会呈现消极的阻碍作用；微观系统层面的支持源为社会工作者提供直接的专业支持和情感支持，同时一定程度上也会掣肘其职业发展；互动关系建设、职业胜任力和核心能力建设是社会支持网络构建过程中的两条主轴，双措并举，前者侧重形式，后者突出核心内容；相较于机构外因素带来的不确定性，机构内的行动对社会支持网络构建显得更为基础和可控。

本研究对于我国民办社工机构的发展和社会工作者而言，有几点启示。一是要特别重视机构外的支持，学会读懂政策，会用政策利好，同时要尽力做好与政府关系的维护。二是启发我国民办社工机构可以发展机构的参与式管理，提升组织支持，为社会工作者营造温馨和参与式的组织文化，促进职业留任。三是启发我国民办社工机构要重视专业督导对社会工作者的支持，不断提升督导的专业性和实用性，继续拓展专业督导的形式和内容。四是我国民办社工机构乃至社会组织需要重点关注社会工作者或从业人员的职业胜任力和核心能力建设，在开展系列专业培训和能力建设的同时，重点培训项目主管和机构管理人才，切忌"赶鸭子上架"，机构和行业的人才培养需要从长计议。五是提醒我国民办社工机构和社会工作者，关注非正式支持系统对职业生存和发展的影响，需要辅以必要的情感支持和专业使命的驱动，促进职业留任。

本研究有两点研究局限。一是该行动研究以厦门市某民办社工机构为场域，研究发现的普遍性还有待未来进一步验证；二是行动研究过程带有研究者个人经历、工作经验和教育背景的影响，主观经验和反思性思考偏重。笔者对未来相关研究有两点建议：一是可以在更大范围内开展社会工作者社会支持网络构建方面的行动研究或者干预研究，进一步深入探讨社会支持网络对社会工作者职业生存和发展的影响；二是可以开展关于民办社工机构社会工作者社会支持网络构建的相关定量研究，丰富相关领域的定量数据和线性关系描述。

参考文献

安秋玲（2010）："社会工作者职业认同的影响因素"，《华东理工大学学报》（社会科学版）第2期，第39~47页。

边燕杰、郝明松（2013）："二重社会网络及其分布的中英比较"，《社会学研究》第2期，第78~97、243页。

崔萍、李磊（2008）："和谐社会视野下我国社会组织发展探析"，《中国特色社会主义研究》第5期，第81~85页。

崔月琴、李远（2015）："'双重脱嵌'：外源型草根NGO本土关系构建风险——以东北L草根环保组织为个案的研究"，《学习与探索》第9期，第19~24页。

崔月琴、沙艳（2015）："社会组织的发育路径及其治理结构转型"，《福建论坛》（人文社会科学版）第10期，第126~133页。

邓国胜（2011）："政府与NGO的关系：改革的方向与路径"，《理论参考》第6期，第34~36页。

范明林 (2010)："非政府组织与政府的互动关系——基于法团主义和市民社会视角的比较个案研究"，《社会学研究》第 3 期，第 159～176、245 页。

范明林 (2015)："行动研究：社区青少年社会工作的服务改善"，《浙江工商大学学报》第 4 期，第 110～116 页。

费孝通 (2012)：《乡土中国》，北京大学出版社。

高万红 (2015)："预防流动青少年犯罪的社会工作行动研究——以昆明 F 社区为例"，《浙江工商大学学报》第 4 期，第 117～128 页。

龚尤倩、夏林清 (2017)："行动研究的社会探究之道——以台湾社工专业实践为例"，《中国农业大学学报》（社会科学版）第 3 期，第 57～66 页。

古学斌 (2013)："行动研究与社会工作的介入"，《中国社会工作研究》第 1 期，第 1～30 页。

古学斌 (2015a)："为何做社会工作实践研究？"，《浙江工商大学学报》第 4 期，第 92～97 页。

古学斌 (2015b)："为何做社会工作实务研究"，《山东青年政治学院学报》第 2 期，第 2～5 页。

古学斌 (2017)："道德的重量：论行动研究与社会工作实践"，《中国农业大学学报》（社会科学版）第 3 期，第 67～78 页。

古学斌、兰茜、齐华栋 (2020)："老年人与地方营造：一项跨学科灾后社区重建的行动研究"，《社会工作》第 3 期，第 3～15、109 页。

顾东辉 (2017)："内生模式下的本土社会工作人才培育——以上海为例"，《中国社会工作》第 13 期，第 27 页。

管兵 (2015)："竞争性与反向嵌入性：政府购买服务与社会组织发展"，《公共管理学报》第 3 期，第 83～92、158 页。

何国良 (2017)："久违的实践研究：创造社会工作学的路向"，载王思斌主编《中国社会工作研究》第五辑，社会科学文献出版社，第 1～43、228 页。

何雪松 (2005)："社会网络的动态过程及理论探索"，《上海行政学院学报》第 4 期，第 78～85 页。

何雪松 (2007)：《社会工作理论》，上海人民出版社。

黄晓春 (2015)："当代中国社会组织的制度环境与发展"，《中国社会科学》第 9 期，第 146～164、206～207 页。

黄晓燕 (2011)："城市新移民社会融入的行动研究——以天津市华章里社区为例"，《晋阳学刊》第 1 期，第 52～56 页。

纪莺莺 (2013)："当代中国的社会组织：理论视角与经验研究"，《社会学研究》第 5 期，第 219～241、246 页。

贾西津 (2005)："历史上的民间组织与中国'社会'分析"，《甘肃行政学院学报》第 3 期，第 41～46 页。

贾西津 (2009)："NGO：向下生根向上成林"，《理论学习》第 11 期，第 54～55 页。

康晓光 (2013)："转变政府职能：构建'小政府、大社会'的社会管理模式"，《学术探索》第 12 期，第 4～5 页。

克里斯·阿吉利斯、罗伯特·帕特南、戴安娜·麦克莱恩·史密斯著，夏林清译 (2012)：《行动科学：探究与介入的概念、方法与技能》，教育科学出版社，2012。

雷杰、黄婉怡 (2017)："实用专业主义：广州市家庭综合服务中心社会工作者'专业能力'的界定及其逻辑"，《社会》第 1 期，第 211～241 页。

李培林（1996）：“流动民工的社会网络和社会地位”，《社会学研究》第 4 期，第 42～52 页。

李强（1998）：“社会支持与个体心理健康”，《天津社会科学》第 1 期，第 3～5 页。

林卡（2009）：“论中国社会工作职业化发展的社会环境及其面临的问题”，《社会科学》第 4 期，第 62～70、188～189 页。

林南、俞弘强（2003）：“社会网络与地位获得”，《马克思主义与现实》第 2 期，第 46～59 页。

刘畅、袁易卿、孙中伟、何雪松（2020）：“中国社会工作动态调查（CSWLS 2019）：设计、实施与样本描述”，《华东理工大学学报》（社会科学版）第 1 期，第 1～32 页。

刘军（2006）：《法村社会支持网络：一个整体研究的视角》，社会科学文献出版社。

刘文瑞（2016）：“民办社工机构社工人才流失问题的分析与思考——基于北京深圳成都三地的调查”，《中国社会科学院研究生院学报》第 1 期，第 63～68 页。

柳拯（2011）：“专业社会工作者应做‘五有’人才”，《中国社会报》12 月 8 日第三版。

柳拯（2012）：《本土化：建构中国社会工作制度必由之路》，中国社会出版社。

陆飞杰（2011）：“上海社会工作者的离职原因探析——基于 50 位社工的访谈”，《社会工作》（学术版）第 11 期，第 60、82～84 页。

陆士桢、郑玲（2013）：“浅论我国民办社工服务机构的发展”，《社会工作》第 3 期，第 16～23、151 页。

孟亚男、周欢（2018）：“如何处理社会工作者的职业倦怠”，《中国社会工作》第 4 期，第 45～46 页。

民政部（2009）：“民政部关于促进民办社会工作机构发展的通知”，（民发〔2009〕145 号），http://www.mca.gov.cn/article/zwgk/fvfg/shgz/200910/20091000039649.shtml。

民政部（2019）：“全国现有注册志愿者超过 1.2 亿人，专业社工达 120 余万人”，2019－07－29，https://www.sohu.com/a/330663359_774167。

民政部（2020）：“2019 年民政事业发展统计公报”，2020 年 9 月 8 日，http://images3.mca.gov.cn/www2017/file/202009/1599546296585.pdf。

潘允康、约翰·罗根、边馥琴、边燕杰、关颖、卢汉龙（1997）：“住房与中国城市的家庭结构——区位学理论思考”，《社会学研究》第 6 期，第 71～81 页。

彭岚（2007）：“青少年事务社会工作者职业倦怠现状与对策的研究”，《上海青年管理干部学院学报》第 4 期，第 16～19 页。

钱宁（2014）：“农村社区治理创新与社会工作者的使命”，《湖南农业大学学报》（社会科学版）第 3 期，第 1～5 页。

任敏、吴世友（2018）：“‘穿梭式行动研究’模式在社会工作教育中的探索——依托‘家庭社会工作’课堂进行的实践”，载王思斌主编《中国社会工作研究》第一辑，社会科学文献出版社，第 124～154、177～178 页。

阮曾媛琪（2002）：“中国就业妇女社会支持网络研究：‘扎根理论’研究方法的应用”，北京大学出版社。

阮曾媛琪、朱东武（1999）：“中国的社会支持网络在加强社会整合中的角色——北京一个街道的中国在职母亲的个案”，《中华女子学院学报》第 1 期，第 3～

5 页。

沈泉宏、王玉香（2020）："青少年社会工作者职业倦怠的原因和对策研究——以济南市为例"，《山东青年政治学院学报》第 5 期，第 55～61 页。

石亚、史天琪（2013）："社会支持视角下社会工作者职业倦怠研究"，《社科纵横》（新理论版）第 1 期，第 150～152 页。

史柏年（2006）："体制因素与专业认同——兼谈社会工作职业化策略"，《华东理工大学学报》（社会科学版）第 4 期，第 6～11 页。

孙莹（2005）："社会工作者在我国城市反贫困中的使命和角色"，《华东理工大学学报》（社会科学版）第 1 期，第 29～34 页。

唐斌（2010）："社会工作机构与政府组织的相互嵌入及其影响"，《社会工作》（下半月）第 7 期，第 9～12 页。

唐斌："中国社会工作职业化研究：现状、特点及反思"，《学习与实践》第 10 期，唐纳德·A. 舍恩著，夏林清译（2007）：《反映的实践者》，教育科学出版社。

陶传进（2013）："向新型公共治理方式变革迈进"，《中国社会组织》第 3 期，第 19 页。

陶蕃瀛（2004）："行动研究：一种增强权能的助人工作方法"，《应用心理研究》第 23 期，第 33～48 页。

童敏（2006）："中国本土社会工作专业实践的基本处境及其督导者的基本角色"，《社会》第 3 期，第 194～204、210 页。

童敏（2019）：《社会工作理论》，社会科学文献出版社。

王海洋、王芳萍、夏林清（2019）："社会工作实践知识的意涵与发展路径——兼论反映实践取向行动研究路数"，《华东理工大学学报》（社会科学版）第 3 期，第 1～12 页。

王名（2006）："非营利组织的社会功能及其分类"，《学术月刊》第 9 期，第 8～11 页。

王名（2014）："建立健全社会组织人才培养体系"，《经济界》第 3 期，第 18～19 页。

王名、贾西津（2002）："中国 NGO 的发展分析"，《管理世界》第 8 期，第 30～43、154～155 页。

王思斌（2008）："发挥社会工作在灾后重建中的作用"，《中国党政干部论坛》第 6 期，第 11～13 页。

王思斌（2013c）："走向承认：中国专业社会工作的发展方向"，《河北学刊》第 6 期，第 108～113 页。

王思斌（2013a）："高校教师领办社会工作服务机构的跨域实践"，《江苏社会科学》第 5 期，第 114～119 页。

王思斌（2013b）："我国社会工作制度建设分析"，《广东工业大学学报》（社会科学版）第 5 期，第 12～18、86 页。

王思斌（2014）："社会工作参与社会治理创新研究"，《社会建设》第 1 期，第 8～15 页。

王思斌（2015a）："社会工作参与社会治理的特点及其贡献——对服务型治理的再理解"，《社会治理》第 1 期，第 49～57 页。

王思斌（2015b）："社会工作机构在社会治理创新中的网络型服务治理"，《学海》第 3 期，第 47～52 页。

王思斌（2016）："社会工作在构建共建共享社会治理格局中的作用"，《国家行政学院学报》第 1 期，第 43～47 页。

王思斌（2020）："社会工作专业优势刍议"，《中国社会工作》第 13 期，第 46 页。

王思斌、阮曾媛琪（2009）："和谐社会建设背景下中国社会工作的发展"，《中国社会科学》第 5 期，第 128～140、207 页。

王文彬、余富强（2014）："社会建构理论视角下的社会工作者身份认同研究——以深圳市社会工作者为例"，《社会工作》第 6 期，第 57～66、153 页。

魏敏、乔婷婷、张媛（2017）："精神卫生医务人员职业倦怠与社会支持调查"，《南京医科大学学报》（社会科学版）第 4 期，第 294～299 页。

文军（2015）："在生存与发展之间"，《社会科学报》，2015 年 3 月 19 日，第 5 版。

文军、刘昕（2015）："近八年以来中国社会工作研究的回顾与反思"，《华东理工大学学报》（社会科学版）第 6 期，第 1～12、39 页。

席小华（2016）："我国少年司法社会工作的实践困境及行动策略——以 B 市实践为例"，《华东理工大学学报》（社会科学版）第 6 期，第 25～35 页。

席小华（2017）："从隔离到契合：社会工作在少年司法场域的嵌入性发展——基于 B 市的一项实证研究"，《中国社会工作研究》第 1 期，第 54～90、209～210 页。

夏林清（1993）："实践取向的研究方法"，《由实务取向到社会实践》，台北：张老师出版社，第 3～27 页。

徐永祥（2005）："论现代社会工作在和谐社会中的建构功能"，《学海》第 1 期，第 53～56 页。

杨静（2013）："回观历史辨识经验寻找变的力量——一个社会工作者的行动研究"，《中国农业大学学报》（社会科学版）第 3 期，第 104～113 页。

杨静（2014）："社区关系重建和生活意义重塑——行动研究在村改居社区工作的运用"，《华东理工大学学报》（社会科学版）第 1 期，第 8～14、37 页。

杨静（2017a）："朝向人性化改变的理论——《受压迫者教育学》的解读及对社会工作的启示"，《中国农业大学学报》（社会科学版）第 3 期，第 46～56 页。

杨静（2017b）："破茧成蝶——实务工作者知识生产的过程——以《行动研究经典读书札记》书写为例"，《中国社会工作》第 28 期，第 24～26 页。

杨静、冯小娟（2017）："批判反思教育理念下社会工作学生价值观的培养——基于《个案社会工作》教学的行动研究"，《中国社会工作》第 10 期，第 30～33 页。

杨静、吉家钦、夏林清（主编）（2015）：《行动研究经典读书札记》，社会科学文献出版社。

杨静、夏林清（2013）：《行动研究与社会工作》，社会科学文献出版社。

杨婉秋、沈文伟、刘桂昌（2017）："医务社会工作介入地震伤员心理社会干预的行动研究——以 8·3 鲁甸地震昭通市第一人民医院医务社工站为例"，《社会工作》第 6 期，第 85～97、112 页。

易松国（2013）："民办社会工作机构的问题与发展路向——以深圳为例"，《社会工作》第 5 期，第 21～25、151 页。

尹阿雳、赵环、徐选国（2016）："双向嵌入：理解中国社会工作发展路径的新视角"，《社会工作》第 3 期，第 47～55、125～126 页。

尹保华（2008）："试论中国社会工作职业化"，《社会主义研究》第 1 期，第 116～118 页。

张大维、郑永君、李静静 (2014)："社会环境、社会支持与社会工作者的职业耗竭——基于广深莞汉 100 名专职社工的调查",《中州学刊》第 2 期,第 79 ~ 84 页。

张海军 (2012)："'社会组织'概念的提出及其重要意义",《社团管理研究》第 12 期,第 31 ~ 32 页。

张和清 (2011)："社会转型与社区为本的社会工作",《思想战线》第 4 期,第 38 ~ 39 页。

张和清 (2015)："知行合一:社会工作行动研究的历程",《浙江工商大学学报》第 4 期,第 98 ~ 103 页。

张和清 (2016)："中国社区社会工作的核心议题与实务模式探索——社区为本的整合社会工作实践",《东南学术》第 6 期,第 58 ~ 67 页。

张和清、杨锡聪、古学斌 (2008)："优势视角下的农村社会工作:以能力建设和资产建立为核心的农村社会工作实践模式",《社会学研究》第 6 期,第 174 ~ 193、246 页。

张伶、吴美琦 (2015)："社会工作者组织承诺提升策略——台湾儿童暨家庭扶助基金会的案例研究",《南京大学学报》(哲学·人文科学·社会科学) 第 6 期,第 31 ~ 41、154 页。

张倩、吴彬、谢满祝、陈实 (2010)："社会工作者职业健康心理研究述评和展望",《现代商业》第 15 期,第 273 ~ 274 页。

张冉 (2007)："我国行业协会管理体制弊端、实践创新及变革趋势",《昆明理工大学学报》(社会科学版) 第 4 期,第 8 ~ 13 页。

张冉、玛瑞迪斯·纽曼 (2012)："情绪劳动管理:非营利组织人力资源管理的新视角",《浙江大学学报》(人文社会科学版) 第 2 期,第 5 ~ 21 页。

张洋勇 (2020)："嵌入、服务与发展:农村社会工作嵌入性发展的实践过程——以福建省 DC 村项目为例的个案研究",载王思斌主编《中国社会工作研究》第十八辑,社会科学文献出版社,第 132 ~ 176、213 ~ 214 页。

张友琴 (2001)："老年人社会支持网的城乡比较研究——厦门市个案研究",《社会学研究》第 4 期,第 11 ~ 21 页。

钟莹、赖丰茹、麦富兴 (2010)："专业社会工作者的职业状况及其启示",《江西师范大学学报》(哲学社会科学版) 第 1 期,第 102 ~ 106 页。

周林刚、冯建华 (2005)："社会支持理论———一个文献的回顾",《广西师范学院学报》第 3 期,第 11 ~ 14、20 页。

朱健刚、陈安娜 (2013)："嵌入中的专业社会工作与街区权力关系——对一个政府购买服务项目的个案分析",《社会学研究》第 1 期,第 43 ~ 64、242 页。

朱健刚、陈安娜 (2014)："社工机构的 NGO 化:专业化的另一种思路",《华东理工大学学报》(社会科学版) 第 1 期,第 28 ~ 37 页。

朱健刚、赖伟军 (2014)："'不完全合作':NGO 联合行动策略——以'5·12'汶川地震 NGO 联合救灾为例",《社会》第 4 期,第 187 ~ 209 页。

Aiello, A., & Tesi, A. (2017). "Psychological Well – Being and Work Engagement among Italian Social Workers: Examining the Mediational Role of Job Resources." *Social Work Research 41* (2), 73 – 84. doi: 10. 1093/swr/svx005.

An, Q., & Chapman, M. V. (2014). "The Early Professional Experience of a New Social Worker in China." *Journal of Social Work Education 50* (2): 322 – 333.

Bai, J. (2014). "What is the role of social work in China?" A multi-dimensional analysis. *Advances in Social Work 15* (2): 495 – 506.

Bian, Y. (1997). "Bringing Strong Ties Back in: Indirect Ties, Network Bridges, and Job Searches in China." *American Sociological Review 62* (3): 366 – 385.

Bourdieu, P., & Wacquant, L. J. D. (1992). *An Invitation to Reflexive Sociology*. Chicago: University of Chicago Press.

Bransford, C. L. (2005). "Conceptions of Authority Within Contemporary Social Work Practice in Managed Mental Health Care Organizations." *American Journal of Orthopsychiatry 75* (3): 409 – 420. doi: 10. 1037/0002 – 9432. 75. 3. 409.

Braun, V., & Clarke, V. (2006). "Using Thematic Analysis in psychology." *Qualitative Research in Psychology 3* (2): 77 – 101.

Bronfenbrenner, U. (1979). "*The Ecology of Human Development*: Experiment by Nature and Design. Cambridge, Mass: Harvard University Press.

Coffey, M., Dugdill, L., & Tattersall, A. (2004). "Stress in Social Services: Mental well-being, Constraints and Job Satisfaction." *The British Journal of Social Work 34* (5), 735 – 746. https://doi. org/10. 1093/bjsw/bch088.

Collins, S. (2008). " Statutory Social Workers: Stress, Job Satisfaction, Coping, Social Support and Individual Differences." *The British Journal of Social Work 38* (6): 1173 – 1193.

Crapanzano, V. (2007). At the Heart of the Discipline: Critical Reflections on Fieldwork. In A. C. G. M. Robben & J. A. Sluka (Eds.), *Ethnographic Fieldwork: An Anthropological Reader* (pp. 546 – 562). Malden, MA: Blackwell Pub.

Danchev, D., & Ross, A. (2014). *Research Ethics for Counsellors, Nurses and Social Workers*. Los Angeles: SAGE.

Dave, M. (1997). " Social Networks and Economic Sociology: A Proposed Research Agenda for a More Complete Social Science." *American Journal of Economics and Sociology* (56): 287 – 303.

Davern, M. (1997). "Social Networks and Economic Sociology: A Proposed Research Agenda for a More Complete Social Science." *American Journal of Economics and Sociology, 56* (3), 287 – 302. https://www. jstor. org/stable/3487236.

Drucker, P. F. (1990). *Managing the Non-Profit Organization: Practices and Principles*. Harper Collins.

Geisler, M., Berthelsen, H., & Muhonen, T. (2019). "Retaining Social Workers: The Role of Quality of Work and Psychosocial Safety Climate for Work Engagement, Job Satisfaction, and Organizational Commitment." *Human Service Organizations: Management, Leadership & Governance 43* (1): 1 – 15. doi: 10. 1080/23303131. 2019. 1569574.

Germain, C. B. (1982). An Ecological Perspective on Social Work in the Schools. In R. Constable and J. Flynn (Eds.), *School Social Work: Practice and Research Perspective*. Homewood, IL: Dorsey Press.

Gibson, M. (2016). "Social Worker or Social Administrator? Findings from a Qualitative Case Study of a Child Protection Social Work Team: Social Worker or Social Administrator?" *Child & Family Social Work*. doi: 10. 1111/cfs. 12335.

Granovetter, M. (1974). *Getting a Job: A Study of Contacts and Careers*. Cambridge, Mass: Harvard University Press.

Greene, R. (1999). *Human Behavior Theory and Social Work Practice*. New York, Aldine De Gruyter.

Guo，W.（2016）．"Insights from the Fifth Plenary Session of the 18ᵗʰ CPC Central Committee on Indigenization of the Path of Development of Social Work in China. " *China Journal of Social Work 9*（1）：92 – 95.

Jiang，H.，Wang，Y.，Chui，E.，& Xu，Y.（2019）．"Professional Identity and Turnover Intentions of Social Workers in Beijing，China：The Roles of Job Satisfaction and Agency Type. " *International Social Work*，*62*（1），146 – 160. https://doi. org/10. 1177/0020872817712564.

Johns，R.（2016）．*Ethics and Law for Social Workers.* London：SAGE Publications Ltd.

Kemmis，S.，& McTaggart，R.（1988）．*The Action Research Planner.* Geelong，Victoria：Deakin University Press.

Lam，C. M.，& Yan，M. C.（2015）．"Driving Ducks onto a Perch：the Experience of Locally Trained Shenzhen Supervisor. " *China Journal of Social Work 8*（2）：182 – 194. doi：10. 1080/17525098. 2015. 1039169.

Lewin，K.（1946）．"Action Research and Minority Problems. " *Journal of Social Issues 2*（4）：34 – 46.

Lin，N.（1986）．Conceptualizing Social Support. In N. Lin，A. Dean，& W. M. Ensel（Eds. ），*Social Support，Life Events，and Depression*（pp. 17 – 30）．New York，NY：Academic Press.

Li，X.，Zhang，N.，& He，X.（2020）．"Role Stress and Depressive Symptoms Amongst Social Workers in China：The Moderating Effects of Social Support. " *The British Journal of Social Work.* 00，1 – 18. https://doi. org/10. 1093/bjsw/bcaa193.

Li，X.，Zhang，N.，& He，X.（2020）．"Role Stress and Depressive Symptoms Amongst Social Workers in China：The Moderating Effects of Social Support. " *The British Journal of Social Work.* doi：10. 1093/bjsw/bcaa193.

Lloyd，C.，King，R.，& Chenoweth，L.（2002）．"Social Work，Stress and Burnout：A review. " *Journal of Mental Health 11*（3）：255 – 265. doi：10. 1080/0963823 0020023642.

Malinowski，B.（2007）．Method and Scope of Anthropological Fieldwork. In A. C. G. M. Robben & J. A. Sluka（Eds. ），*Ethnographic Fieldwork：An Anthropological Reader*（pp. 69 – 81）．Malden，MA：Blackwell Pub.

Mitchell，J. C.（1969）．*The Concept and Use of Social Networks.* Manchester：University of Manchester Press for Institute of Social Research，University of Zambia.

Ngai，S. W.（2014）．*Experiences of Adult Children with Intergenerational Ambivalence in a Chinese Society：Sources and Management.* Hong Kong：Department of Applied Social Sciences，The Hong Kong Polytechnic University.

Ng，K. T.（2016）．*Exploring the Professional Supervisory Dyad Working Alliance in Children and Family Integrated Services in Hong Kong.*（Ph. D），Department of Applied Social Sciences，The Hong Kong Polytechnic University. Hong Kong.

Reamer，F. G.（2018）．*Social Work Values and Ethics*（5th ed. ）．New York：Columbia University Press.

Richard，N. C.（1997），A Dialogue between Peter F Drucker and Isao Nakauchi. *Foreign Affairs*，127 – 128.

Richardson，L.，& Pierre，E. A. S.（2005）．Writing a Method of Inquiry. In N. K. Denzin & Y. S. Lincoln（Eds. ），*The Sage Handbook of Qualitative Research*（3rd ed. ，pp. 959 – 978）．Thousand Oaks，Calif：Sage Publications.

Robben, A. C. G. M., & Sluka, J. A. (2007). *Ethnographic Fieldwork: An Anthropological Reader*. Malden, MA: Blackwell Pub.

Rubin, A., & Babbie, E. R. (2016). *Essential Research Methods for Social Work* (4th ed.). Boston, MA: Cengage Learning.

Schön, D. A. (1983). *The Reflective Practitioner: How Professionals Think in Action*. New York: Basic Books.

Susman, G. (1983). Action Research: A Sociotechnical Systems Perspective. Ed. G. Morgan, *Beyond Method: Strategies for Social Research* (pp. 95 – 113). London: Sage Publications.

Thoits, P. A. (1982). "Conceptual, Methodological, and Theoretical Problems in Studying Social Support as a Butter Against Life Stress." *Journal of Health and Social Behavior* (23): 145 – 159.

Tracy, E. M., & Brown, S. (2011). *Social Networks and Social Work Practice*. New York: Oxford University Press.

Wellman. B., Carrington, P., & Hall, A. (1988), Net-works as personal communities, in Wellman, B. & Berkowitz, S. D. (eds.), *Social Structures: A Network Approach*, Cambridge University Press.

Yuan, Y., Liu, C., Sun, Z., & He, X. (2021). "Baseline Survey of China Social Work Longitudinal Study 2019: Design and Implementation." *Research on Social Work Practice 31* (5): 513 – 519. https://doi.org/10.1177/1049731520984536.

Yuan, Y., Liu, C., Sun, Z., & He, X. (2021). "Baseline Survey of China Social Work Longitudinal Study 2019: Design and Implementation." *Research on Social Work Practice*. doi: 10.1177/1049731520984536

Zhao, R., Wu, Z., & Tao, C. (2016). "Understanding Service Contracting and its Impact on NGO Development in China." *VOLUNTAS: International Journal of Voluntary and Nonprofit Organizations 27* (5): 2229 – 2251. doi: 10.1007/s11266 – 016 – 9714 – 3.

Zheng, G., Liu, H., Wang, Y., & Chen, B. (2021). "The Embedded Paradox of Organizational Turnover and Professional Autonomy." *Research on Social Work Practice*. doi: 10.1177/1049731520984535.

中国社会工作研究 第二十辑

第 206~231 页

© SSAP，2021

"高开低走"：资深社会工作者的
行业离职因素和路径

王晔安 郑广怀 刘海娟[*]

摘 要 针对当前资深社会工作者转行的突出问题，本研究基于期望理论建立离职模型，探讨内在动机如何影响资深社会工作者的离职意愿及其退出行业的路径。本研究采用混合方法。首先，我们展开一项定量研究，以专业能力为自变量，犬儒主义为中介变量，专业认同为调节变量来分析资深社会工作者行业离职意愿的影响因素。然后，我们继之以定性研究，通过访谈探索和阐明定量数据的结果，分析影响社会工作者行业离职意愿的关键因素和发生机理。研究发现，组成该研究样本的资深社会工作者呈现一定程度的"高开低走"状态，"高"是指资深社会工作者对专业发展和自身能力提升的高预期，"低"是指这种预期与现实状况之间的低匹配度。相对于专业认同度较低的资深社会工作者，专业认同度较高的资深社会工作者在能力提升时，行业离职意愿更强烈。这种强烈的离职意愿源于他们的期待与专业环境的多重不匹配。专业认同度高的资深社会工作者更注重专业影响力和成就感，并倾向于设定更有挑战性的价值目标，他们和

---

* 王晔安，博士，北京师范大学副教授，E-mail：echowang@ bnu. edu. cn；郑广怀，博士，华中师范大学教授，通讯作者，E-mail：zhenggh01@ 163. com；刘海娟，华中师范大学博士生，E-mail：331260992@ qq. com。

专业认同度较低的社会工作者一样面临个人发展受限和较低的环境支持困扰，但更多经历了价值目标幻灭的过程。本文建议，社会工作应当营造专业环境以缓解犬儒情绪，注重价值养成以提高职业韧性，夯实专业支持以强化专业认同，从而更好地留住资深社会工作者，实现社会工作专业发展的"触底反弹"。

关键词　离职意愿　资深社会工作者　专业才能　职业身份　犬儒主义

一　问题的提出

职业群体的稳定是专业传承与持续发展的保证。职业群体一般可以分为核心和边缘两个部分（Atkinson，1987）。在职业群体中，如果位于核心的资深人员大量离开行业，专业发展就难以为继，也说明专业发展道路亟待反思。因为，资深员工的行业离职不仅会影响组织发展（Jiang et al.，2019），而且可能导致行业知识传承难以为继（Jin & Li，2015）。目前，中国社会工作大致呈现两条发展道路：一是以广州、深圳为代表的专业化道路（刘洪，2010；童远忠，2014），二是以"双百计划"为代表的去专业化的道路（张和清、廖其能、许雅婷，2018；卓志强，2018）。尽管这两条道路方向不同，但它们都有赖于资深社会工作者作为核心人员留在行业内，成为推动专业发展的关键力量（刘洪，2010；卓志强，2018）。然而，这两条道路都面临着大量社会工作者（包括资深社会工作者）转行的问题（李学会，2016；徐道稳，2017）。这对两条发展道路同时提出了严峻挑战。换言之，不解决资深专业人员离开行业的问题，任何专业发展的道路都不可持续。

国内现有的社会工作者离职研究较少区分行业离职和组织离职，且更多关注的是社会工作者的态度和环境因素，认为工作满意度、倦怠、薪酬和职业发展、社会认知等会影响社会工作者的离职（姜海燕、王晔安，2016；孙中伟、周海燕，2019；唐立、费梅苹，2020），这些因素不足以解释资深社会工作者为何离开行业。对于资深专业人员的转行，人与环境契合理论提供了部分解释（Kristof，1996），员工与工作环境的契合度越高，其离职意愿越低。而员工人力资本较高可能导致他们产生较高的离职意愿（Wei，2015）。这是因为，极高或极低的能力都可能导致个人需求和工作供应、工作需求和个人能力的不匹配，这些情况会增加员工离开的风险（Kennedy，2005）。简言之，能力越强的专业人员，他们越倾向于追求更匹配的工作环境而离开行业。此时，如果高能力者具有较强的专业认同，则可能在一定程度上抑制他们的离开。社会工作者的专业认同通常被视为一种专业自我概念，包括属性、价值观、信念、经验和动机（Webb，2016）。专业认同的形成和提高有助于缓冲社会工作者的离职（Chang et al.，2007；Jiang et al.，2019）。问题是，当前中国的社会工作者是内部异质性大且外部认可度低的职业群体，从内部构成讲，他们有的接受过完整的专业教育但缺乏实践经验，有的专业知识和技能匮乏却具有丰富的实践智慧，有的和政府部门与企业密切合作，有的则选择与底层群体坚定地站在一起，相互之间缺乏认可和支持。从外部认可来看，由于专业发展不成熟，社会公众对社会工作者的认可度不高。社会工作者也没有形成充分的内部一致性，未能团结而有效地应对公众质疑。这就使专业认同和专业能力之间关系变得复杂多变。换言之，专业认同度高的资深专业人员不一定更倾向于留下来引领专业发展。相反，他们的行业发展路径可能是"高开低走"的，即他们抱着社会工作专业发展和自身能力提升的高预期而来，却不得不面对预期与现实之间的低匹配，最终只好选择离开。

鉴于资深社会工作者转行的深远影响以及既有离职研究对社会工作者个人专业特质的关注不够，本文重点关注专业认同和专业能力如何具体影响资深社会工作者的行业离职，专业认同度较高的资深社会工作者在能力提升时，行业离职意愿是否反而更强烈？怎样的具体机制影响了资深社会工作者的离职意愿？对这一问题的回答，不仅有助于中国社会工作的持续和稳定发展，也有助于我们进一步反思中国社会工作作为转型国家新兴专业的专业认同的特定内涵。现有的专业认同概念基于社会认同理论，基本上回答了"我是谁"和"我们是谁"的问题（Abrams & Hogg，1988；Scheepers et al.，2006；Scheepers & Ellemers，2019），但是，它没有充分回答"我和谁一起工作"以及"我们是否得到支持"的问题。而资深社会工作者的"高开低走"，可能就在于他们一方面很认同社会工作，另一方面又无法在工作中感受到应有的支持和认可。

二　文献回顾

（一）离职意愿及其影响因素

离职意愿是由员工对组织以及社会结构的消极心理反应触发，通过认知过程进而演变为行为的一个多阶段过程（Takase，2010）。由于它可以直接预测实际离职率，因此在研究模型中常被用于替代实际离职率（Michaels & Spector，1982；Sun & Wang，2017）。通常认为员工流失会导致组织成本的增加和绩效不佳（Davidson et al.，2010；Mohr et al.，2012；Staw，1980），但也可能适当促进组织和行业的长期生存能力（Staw，1980）。无论如何，核心员工的大量转行不利于行业劳动力的储存和发展。在提供社会服务方面，高离职率严重损害服务质量、一致性和稳定性（Itzick & Kagan，2017），并可能导致服务工作的失败（Gomez et al.，2010），因为专业人士和案主之间的长期关系可以促进个人成长和恢复（Knight et al.，2013），如果他们转行，可预见的关系断裂对服务影响更甚。目前我国社会工作者的行业离职率很高，在广州有强烈离职意愿的社会工作者中，有38.1%的人倾向于组织间流动，而有49.4%的人则倾向于离开行业（徐道稳，2017）。深圳社会工作者的离职率为46.2%，其中48.4%已经离开了社会工作行业（李学会，2016）。这无疑对服务对象乃至整个行业带来了不利影响。

Michaels 和 Spector（1982）建构了预期收益、工作特征、领导氛围、年龄、职位回报等因素通过作用于工作满意度和组织承诺，进而影响人们的离职意愿的模型。这种模型被普遍应用于研究一般雇员的组织离职和行业离职。Itzick 和 Kagan（2017）从个人因素、结构因素和心理因素等方面综合考察了社会工作者离职的影响因素。综合来看，个人和组织因素是影响社会工作者离职的主要因素。就个人特征而言，一是人口统计学变量，如年龄、性别、任期和教育背景（Carless & Arnup，2011；Knapp et al.，1981）；二是员工的个人态度，在社会服务领域（包括社会工作、护理和儿童福利），大多数个人特征变量集中在员工态度方面，例如职业和组织承诺（Chang et al.，2007；

Yousaf et al.，2018）、工作满意度（Lei et al.，2018）、犬儒主义和倦怠（Laschinger & Fida，2014；Rudman et al.，2014）；三是员工个人职业特质，如专业认同（Jiang et al.，2019；Wen et al.，2016）。就组织层面而言，影响行业离职的因素包括工作环境、领导支持和工作场所干扰，这些因素会影响职业倦怠、职业承诺和工作满意度，从而预测员工的行业离职（Laschinger & Fida，2014；Van der Heijden et al.，2007）。目前国内对社会工作者的离职研究更多关注的是个人态度和环境因素（姜海燕、王晔安，2016；孙中伟、周海燕，2019；唐立、费梅苹，2020），尚未足够重视专业能力和专业认同的作用。

（二）研究模型的建立

既有研究验证了员工能力与离职意愿之间的关系，但都是一般性谈及能力或实践能力，未专门论及社会工作者的专业能力，尤其是资深社会工作者的专业能力。如前所述，与一般员工不同，能力提升可能是资深专业人员离开的原因，这种影响通过内在动机发挥作用。按照期望理论的公式：行为动力＝行动结果的价值评估×实现目标的可能性（Parijat & Bagga，2014），对专业认同度高且能力强的资深社会工作者而言，其对行动的价值评估是高的，如果他们发现实现目标的可能性相对于普通员工更低，就可能引发他们的行业离职。一些研究证实了这一论断。Richer、Blanchard 和 Vallerand（2002）发现，能力通过员工的内部动机间接地对他们的离职意愿产生影响，他们对自身能力的感知影响着工作满意度和情感耗竭，最终影响员工的离职意愿。Abraham（2000）发现，作为工作能力较强的体现，高绩效工作实践（high-performance work practices）可以通过减轻员工对组织的犬儒态度来降低其离职意愿（Gkorezis et al.，2018）。这意味着犬儒主义可能会中介专业能力对行业离职意愿的影响。Pope、Butcher 和 Seelen（1993）认为犬儒主义是人格的一个方面。在组织管理领域，学者们通常把犬儒主义视为更客观的结构，一种对组织的消极态度，一种习得性而非人格性反应（Wanous et al.，2000：147）。本文借鉴 MBI-GS 的犬儒主义分量表中的五个题项（Maslach et al.，1996）来操作化犬儒主义，并将犬儒情绪界定为一种对所从事的工作抱有消极态度，缺乏继续投入工作的动力的状态。

此外，专业认同也是影响离开行业的内在动机。专业认同的两个维度（专业依恋和专业支持）可以直接、稳健地预测他们的离职意愿（王晔安、郑广怀、朱苗，2021），尤其是集体主义盛行的国家中，离开行业的意愿更依赖于情感上的专业认同和价值观（Chang et al.，2007）。另外，相较于员工的态度因素（例如工作满意度和职业承诺），专业认同对员工的行业离职发挥着更基础和前置性的作用。职业承诺中最重要的情感承诺是指"个人对特定组织的认同和参与的力度"（Mowday，Porter & Steers，1982），情感承诺基于心理依恋而产生（Cohen，2007），与专业认同紧密相关。更有研究明确指出，护理学生的专业认同是他们职业承诺的基础（Clements et al.，2016）。因此，将专业认同视为比职业承诺和工作满意度更内隐的内在动机是适当的。在确定专业能力影响行业离职的基础上，本文关注的是不同专业认同水平的资深社会工作者的行业离职路径是否存在差异。

本研究分为两个子研究，采用混合设计依次展开定量和定性研究（Teddlie & Tashakkori，2011）。本研究以专业能力作为自变量，犬儒主义作为中介变量，专业认同作为调节变量来分析资深社会工作者行业离职意愿的影响因素。基于文献我们假定，资深社会工作者的高期待可能源于他们的较强的专业能力和较高的专业认同度，因此专业能力和专业认同构成了研究一关注的核心变量。研究二基于研究一的发现，基于定性资料深入分析影响资深社会工作者行业离职意愿的关键因素和发生机理。

三　研究一

（一）　样本和测量

定量分析的样本源自中国社会工作者调查（CSWS）数据库。CSWS 是 2018 年进行的面向全国社会工作者的高质量的调查。该调查的样本总数为 5620 人，约占 2017 年我国 1025757 名社会工作者的 0.5%（民政部，2018）。问卷内容涵盖多个方面，如社会工作者的职业状况和地位。基于对"您的主要工作内容是什么"的回答，我们挑选出 624 位社会工作督导作为研究对象，作为本文分析的资深社会工作者的代表。社会工作督导体系于 2009 年在我国首次实施。按照目前各地的具体实践，社会工作督导必定是资深社会工作者，并承担适当的管理职责。例如，广东省民政厅 2016 年发布的《关于加强和完善社会工作督导工作的指导意见》指出，"社会工作督导一般是由社会服务机构内资深的社会工作者发挥行政、教育和支持功能"；深圳市民政局 2019 年公布的《关于进一步规范和加强我市社会工作督导工作的指导意见》指出，"社会工作督导人员是从我市一线注册社会工作者中选拔，具备督导专业能力的资深社会工作者"。因此，我们具体选择社会工作督导作为资深社会工作者的代表。在本文的样本中，女性占 70.7%（$N = 441$），平均年龄为 33.69 岁（SD = 8.377），具有社会工作教育背景的人占 50.0%（$N = 312$），持有社会工作资格证的比例为 88.5%（$N = 552$），有 67.8%（$N = 423$）的人在社会工作机构工作。

　　用于分析社会工作督导的行业离职的研究变量包括：行业离职意愿、专业能力、犬儒主义和专业认同。首先，我们基于 Meyer、Allen 和 Smith（1993）的三项量表（例如"我经常想摆脱社会工作"）略微修正了行业离职意愿的测量，该量表使用了五点李克特量表（1 = 强烈不同意，5 = 完全同意）。其次，我们使用 48 个题项 9 个维度的专业能力量表来评估专业能力（Wang & Chui, 2017）。量表的得分为李克特五分制（1 = 我没有能力，5 = 我有很强的能力）。再次，犬儒主义源自 MBI-GS 的犬儒主义分量表中的五个题项（Maslach et al., 1996），所有题项都与工作场景中的倦怠有关（例如"自从我开始这项工作以来，我对工作的兴趣就减少了"）。该量表以李克特七点量表进行评分（0 = 从不，6 = 总是）。最后，专业认同使用 19 个题项的社会工作专业认同量表测量（王晔安、郑广怀、朱苗，2021）。该量表采用李克特五分制（1 = 强烈不同意，5 = 完全同意）。题项如"公众了解社会工作专业"和"我代表社会工作专业"。同时，我们采用均值（M = 3.805，SD = 0.53）将社会工作督导分为两组：高专业认同组（$N = 316$）和低专业认同组（$N = 308$）。

　　为了建立研究模型，我们采取了三步分析过程：首先使用验证性因子分析（CFA）来测试测量模型，其次从理论上构建结构方程模型（SEM）来检查三个潜变量的直接和间接关系（Kline, 2011），最后进行多组分析（高专业认同组与低专业认同组比较），以检验专业认同的调节作用。同时考虑因子结构的有效性和可靠性以及结构模型的模型拟合指标（Hu & Bentler，1999；Kline，2011）。最后，我们采用SPSS 24.0 和 AMOS 24.0 分析数据。

（二）结果

1. 测量模型

为了保证量表的信度和效度，研究一首先使用 AMOS 24.0 通过最大似然估计来评估测量模型的适当性。结果表明，三个潜变量构成的测量模型很好地拟合了数据（$\chi^2/df = 2.651$；CFI = 0.981；RFI rho 1 = 0.961；RMSEA = 0.051）。该模型的三个潜变量获得了高于建议临界值 0.7 的复合可靠性系数，说明其具备较高的内部一致性。为了评估收敛效度，我们使用平均方差提取值（AVE）、最大共享方差（MSV）和平均共享方差（ASV）标准，即 AVE > 0.5；CR > AVE > MSV > ASV（Hair et al.，2010）。表 1 显示，测量模型有较好的收敛效度。最后，根据 Fornell 和 Larcker（1981）的方法，我们通过比较 AVE 的平方根与潜变量间的相关性来评估区别效度，如表 1 所示，三个潜变量的 AVE 的平方根都超过了变量间的相关系数。因此，我们认为测量模型具有较好的信度及收敛效度和区别效度（Hair et al.，2014）。

表 1　描述性统计量、信效度和相关性

	CR	AVE	MSV	ASV	行业离职意愿	专业能力	犬儒主义
行业离职意愿	0.803	0.672	0.504	0.213	**0.820**		
专业能力	0.952	0.687	0.334	0.142	− 0.175	**0.829**	
犬儒主义	0.879	0.601	0.504	0.224	0.710	− 0.250	**0.775**

注：粗体数字是 AVE 的平方根。

2. 模型检验

我们进一步测试了社会工作督导的专业能力影响行业离职意愿的初始模型（未加入犬儒主义作为中介变量）。结果表明，社会工作督导的专业能力与他们的行业离职意愿呈显著负相关（$\beta = - 0.17^{**}$）。然后，我们通过在初始模型中加入犬儒主义，建立整合模型。同样，模型拟合良好（$\chi^2/df = 2.565$；CFI $= 0.974$；RFI rho 1 $= 0.958$；RMSEA $= 0.050$）。我们控制了性别、年龄、工作年限，本科教育背景和工作环境等变量，结果发现，只有社会工作年限这个控制变量显著（如图1所示）。这表明，从事社会工作期限越长越倾向于不离开本行业（$\beta = -0.11^{**}$）。模型表明，社会工作督导的专业能力与犬儒主义呈显著负相关（$\beta = -0.25^{***}$），犬儒主义与他们的行业离职意愿呈显著正相关（$\beta = 0.71^{***}$），但是，专业能力与行业离职意愿之间的显著关系开始变得不显著（从初始模型中的 $\beta = -0.17^{**}$ 到整合模型中的 $\beta = -0.02$），这表明犬儒主义可能完全中介了专业能力对行业离职意愿的影响。

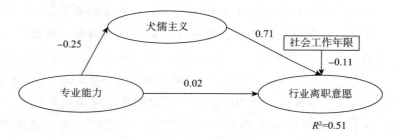

图1 社会工作督导行业离职意愿模型

3. 调节作用

为了确认专业认同的调节作用，我们使用 Amos 24.0（高认同组，$N = 316$；低认同组，$N = 308$）进行了多组分析。将专业认同作为调节加入模型后拟合良好（$\chi^2/df = 2.021$；CFI $= 0.978$；RFI rho 1 $= 0.948$；RMSEA $= 0.029$）。

我们发现，社会工作督导的专业认同确实在专业能力与犬儒主义之间的关系中发挥了调节作用，z 值为 -1.637^*（见表2）。具体而言，专业能力和犬儒主义之间的负相关关系在高认同组中显著存在（$\beta = -0.407^*$），而在低认同组中则不显著。尤其值得注意的是，专业认同也在专业能力和行业离职意愿之间的关系中起到了调节作用，z 值为 2.009^{**}（见表2）。具体而言，在专业认同度较高的人群中，他们的专业能力与行业离职意愿之间的正相关关系显著（$\beta = 0.361^{**}$），而这种正相关在认同度较低人群中则不显著。

表 2　专业认同的调节作用

	低认同组		高认同组		
	β	p	β	p	z-score
专业能力→犬儒主义	− 0.027	0.858	− 0.407	0.022	− 1.637 *
专业能力→行业离职意愿	0.021	0.827	0.361	0.009	2.009 **

四　研究二

　　研究一确认了专业认同的调节作用，这意味着，在资深社会工作者中，专业认同度高的人随着能力的提高反而更倾向于离开社会工作行业。这一发现，完全打破了社会工作界的期待，即资深的社会工作者会作为核心人员稳定留在行业内，成为推动社会工作发展的关键力量。为了进一步探讨这一现象，我们展开了定性研究。

（一）访谈对象和分析策略

　　我们以目的抽样的方式在全国范围内从深圳、成都、武汉等地选择 11 名在社会工作机构的资深社会工作者，对他们进行深度访谈。需要指出的是，我们并未直接从研究一的数据库中抽取样本，因为我们已经无法联系到研究一数据库中的社会工作督导。具体而言，我们访谈了 9 位已离开行业和打算离开行业的资深社会工作者，基于提问"您想离开这个行业的原因是什么"，他们解释了想离开行业的原因以及对专业环境的看法。作为对照，我们以 "您继续留在行业的原因是什么" 为题访谈了 2 位无转行意向的资深社会工作者。考虑到中国社会工作的发展现实，有些人虽然在社会工作行业直接从业时间不长，但在相关的公益组织或基层社区工作多年，因此我们将其视为资深社会工作者，访谈了 2 名（见表 3）。受访者平均服务年限为 4.28 年（SD = 3.3），其中 8 位是女性，有 6 位有社会工作本科学历，6 位表现出相对较高的专业认同（4 位已转行，2 位无转行意愿）。我们使用 Nvivo 11 软件辅助分析定性材料，呈现个人发展、专业环境以及成就感和影响力三个影响资深社会工作者离开行业的主题代码，为深入解释为何专业认同度高的人随着能力的提高反而更倾向于离开社会工作行业，我们首先采用研究一中测量专业认同的 4 个维度，根据受访者自述进行高、低的区分。自述较高得 1 分，较低得 0 分，总分大于等于 2 视为认同度较高。当维度高低识别模糊时计为 0 分，以确保进行比较分析时浮现出影响较高专业认同组转行的特定因素。

表 3　被访者基本信息

化名	性别	学历[1]	社会工作专业	从业月数[2]	是否转行	转行年份	所在地
刘	女	本科	是	42	已转行	2012 年	深圳
朱	女	本科	是	36	已转行	2012 年	深圳
苏	女	本科	是	36	已转行	2011 年	深圳
何	女	本科	是	62	有转行意愿	在职	成都
佳[3]	女	本科	否	12	已转行	2019 年	武汉
奇	男	本科	否	19	已转行	2014 年	武汉
唐	男	本科	否	34	已转行	2019 年	成都
陈	女	本科	否	31	已转行	2012 年	深圳
罗	女	本科	是	139	已转行	2019 年	深圳
鲁[4]	男	大专	否	31	无转行意愿	在职	孝感
华	女	本科	是	123	无转行意愿	在职	深圳

[1] 学历为受访者从事社会工作时的学历。

[2] 从业月数统计截止到 2020 年 2 月（含），受访者在社会工作机构工作的月数。

[3] 佳在社区和街道工作多年，于 2017 年进入社会工作机构任项目主管，从业月数为 12 个月是仅统计了她在社会工作机构的工作时长。

[4] 鲁有 10 年的公益组织工作经验，于 2017 年 7 月创办社会工作机构，从业月数为 31 个月是仅统计了他在社会工作机构的工作时长。

（二）资深社会工作者的期待与专业环境的多重不匹配

我们对受访者专业认同的类型和他们行业离职的原因进行了交叉分析，发现在 9 个有转行意愿或已转行的资深社会工作者中，5 个专业认同度较低的受访者提及离职原因的频次分别为个人待遇低和发展受限 23 次、环境支持不足 28 次、影响力和成就感弱 4 次；而专业认同度较高的资深社会工作者在表达受到个人待遇低和发展受限以及环境支持不足的困扰的同时，更多提及影响力和成就感弱对他们离开行业的影响，频次高到 17 次。由此可见，资深社会工作者对待遇和个人发展以及工作环境的期待与真实的专业环境之间的匹配度很低，在访谈中他们普遍提到，糟糕的专业环境正在侵蚀他们的工作动力，妨碍职业成就的实现。

1. 个人发展期待与专业空间的不匹配

受访者普遍提到社会工作者的收入较低，且职业发展空间有限，他们在机构甚至行业中已经达到较高的职位，仅更换机构可能无法满足他们对个人发展的期待，所以只能离开行业以寻求更好的发展。

何：成都现在做个收银（每月）都有两三千块钱，社会工作者可能三四千块，可我刚刚说的七个能力他都得有（才能胜任）……二就是整个社会工作行业就是一个新鲜事物，待遇和社会认可度都低，任凭你再怎么有情怀也兜不住。

刘：综观整个行业好像都差不太多，而且就算我出去的话，职位可能并不一定是这个，团队也是全新的。最主要是我觉得大同小异，普遍都差不太多。所以我还是决定离开这个行业。

罗：但是你在深圳做社会工作者，你才四五千块钱！交个房租都最低 1800（块）！

唐：因为确实我们之前的工资在公益的行业里面其实也不算低，但是你说要跟我之前的商业的领域比完全比不了，但是因为确实有一个很现实的问题，有小孩了，然后我可能开始考虑（换工作），一方面是经济上的考虑，第二个是（发展）空间……可能我再待三五年甚至 10 年，（职位）可能也就这个样子。

朱：我干吗要换机构？不管在哪个机构，我们都是最好的，最早做（社会工作者）的……我觉得社会工作者的上升途径太太太少了。

2. 专业支持的期待与环境排斥的不匹配

受访者表达了对专业支持、政府重视以及社会认可的期待，但对现有的专业环境并不抱乐观态度，有的受访者直接表明在工作中获得的支持较少，甚至受到来自工作环境的打压。

　　佳：因为我以前没有做过这种社会工作机构的，我进入后就希望形成这种技术支持，但实际上我能够得到的这种有效（支持）确实会比较少。

　　陈：民政局或者社会工作委员会的做法是不是真的能让社会工作职业政策或者在政府层面真正受到尊重，能够像公务员一样有一个体系，（遇到问题）他好歹知道可以向哪里申诉，可是社会工作者本身职业的凝聚力不够，一旦发生了事情，它是没有办法去申诉的，说白了很弱。

　　刘：离开的直接的因素，是我所在的机构的原因。机构内部的氛围不太好，有一种内斗的形式在里面……虽然我是机构的两位部长之一，然后是两位初级督导之一，但是我觉得当时的处境还是非常难堪的，就管理层就会把我当作一个排挤的对象，我觉得挺难过的。

　　罗：政府也不够重视，机构给的支持也很少。我就觉得可能管理者的领导能力也是缺乏的。

　　苏：我们那时候社会工作者完全没有归属感，机构对我们也不怎么管，我们也不知道我们属于哪里。

3. 专业影响的期待与价值弱化的不匹配

　　相比前两种情形，价值期待在专业认同度较高的受访者中更加突出，即认同度较高的资深社会工作者更看中专业的价值因素，对专业的影响力和成就感有更高的追求，对价值目标的高需求和较低的实现可能性是专业认同度高的资深社会工作者更倾向于离开社会工作行业的关键原因。

　　佳：社会工作者和政府，包括和街道、社区都是不对等的，其实你通过防疫的战斗可以很明确地感受到……能够做事情的效率或者成就感（和政府防疫力度相比）可能会有比较大的挫败感，但是有些事情我们还是要去做，如果我们都不去做的话，可能就没有人去关注这一点……想做更多事情发挥更大的价值，你看我就会觉得很失望，为什么我的同事都没有去想一下，我们这些活动或计划应该去做更多的事情（才能做得更好）。

陈：职业成就感还不够……所以有一部分社会工作者当中相对比较出色的人，他很可能很快就要想走了。

罗：这也不叫外逃，其实不是的，始终还是在那里的，如果认同的话，只是以不同的方式再去创造社会服务……如果有哪一天有的话，我希望能够回流去带动（行业），不管之后它是不是还被叫作社会工作。

朱：离开可能是当时社会工作者影响力比较低……人员没有保证，经费也没有保障，（社会工作行业）肯定是一直都停留在做最基础的工作，这会对普通居民有什么太大的影响吗？没有太大意义……更有情怀的人可能更注重自己能不能发挥这个作用，做久了就会认识到（社会工作者）影响力不够高，其实光喊口号是没有用的。

因此，受访者的期待与专业环境的多重不匹配使受访者难以在行业持续发展，然而在其他行业他们则可能获得更好的资源，例如更好的待遇、更多施加影响力的机会以及良好的支持环境。

陈：所有的培训都是停留在浅层次的，（社会工作者）要成长全部都是要自己花钱……想做好社会工作者一定要学心理学，花费很大……自我成长是这一个行业没有办法帮助他、支持他的……心理学（成长）机会却很多。

刘：我在企业里面待了很多年，企业管理非常讲究效率，非常重视人力资源。对比企业来讲，它（社会工作）是一个非常没有进取心的行业，奖金的管理落后的感觉不止十年。

苏：当督导又能怎么样？现在深圳一个月也就是最多可能 1 万多块钱，在（深圳）企业可能很多毕业生起薪都 1 万（块）多了。

唐：我决定去 N 组织（一家社会组织），它和传统的社会工作机构或组织不一样，它整体的理念就有前瞻性，简单地来讲的话，是用商业的思维来从事社会工作或者说从事公益的行业。

进一步分析发现，受访者的期待与专业环境的多重不匹配可能引起他们的犬儒情绪。

苏：因为要从长远选择一个事业，长远来说你要看它对你人生的一个影响，对吧？我发现它（社会工作）好像不管从各个方面都不能让我觉得很有意义，所以我就不想干这行。

唐：我个人其实是看不起社会工作专业的，甚至于说社会工作的。这个是我正儿八经内心的一个实话。我可能更认同公益者。

刘：其实我离开社会工作服务中心，当时是经历了非常痛苦的一个选择的。有点轻度抑郁的状态呢，就是每天一上班就特别难受，特别难过，想哭。以至于我离开原服务中心之后的一两年之内想起这段经历我都觉得非常的难过，眼泪都能够马上出来。

由此可见，一方面，较高或逐步提高的能力与进取精神交织在一起，驱使资深社会工作者为自己设定更高的价值目标；另一方面，期待与专业环境供给之间的多重不匹配，降低了目标实现的可能性。由于人们行动的动力是他们对该行动可能获得的结果价值评估以及实现目标的可能性的乘积（Parijat & Bagga，2014），这导致受访者在行业内行动的动力极大地降低了，这时如果他们已为转行做好了准备，则极有可能真的离开社会工作行业。

（三）不均衡的专业认同

参照研究一测量专业认同的四个维度，访谈结果显示了受访者在四个维度上的不均衡状态（见表4）。值得注意的是，无论是否接受过社会工作专业教育，受访者感受到的专业支持都较低，这可能导致社会工作者内在价值感的不稳定，蕴藏着工作动力无法持久的风险。值得注意的是，9个已转行或有转行意愿的受访者中，5个有社会工作本科学历，其中4人已不再从事和社会服务相关的工作，分别转行进入高校、企业和政府，1人考虑继续读书深造；而非社会工作教育背景的4名受访者虽然已经离开社会工作机构，但仍从事社会组织工作和心理咨询服务。

表4　不均衡的专业认同

佳（无社会工作学历背景，后供职于社会组织）
专业认知：我离开社会工作机构进入了一个 NGO，但之前我一直以为这两种是一样的。↓
专业地位：社会工作这个行业还是很吸引我的，和社区工作相比会有学术性的钻研或在某一个领域上面会有一个深挖。↑
专业归属：可能未来只要我还能够做，我还是愿意一直做下去的，或许我对这个（社会工作）行业没有失去信心。↑
专业支持：现在的组织可以得到很多的支持，同事里头会有各行各业的牛人；在社会工作机构得到这种支持比较少。↓

罗（有社会工作本科学历背景，后经营家族生意）
专业认知：社会工作是从西方过来的，有西方的逻辑思维，我们很多社会工作者在处理的时候内心是非常非常矛盾和痛苦的。我做督导就是要看小组、个案的现场，不仅要去讲社会工作的专业理论，还得去教他（社会工作者）怎么做人，教他一些我们中国的本土的文化。↑
专业地位：香港督导经常说我们"你要有专业性"，我很多同事，比如说在敬老院，老人家从不开口到我们社会工作者做了很多陪伴后愿意参加集体活动，这个不是专业是什么？你不能因为他写的东西（材料）就说他不专业，我是不认同的。现在是以国外或是中国香港标准评判"专业"，我们没有话语权。↑
专业归属：我本来认为做社会服务类的工作很有意义，把我限定在所谓的行业或职业里，我的归属感是很低的，没有太大的兴奋点，反而有点把这个社会服务给缩小了。↓
专业支持：机构给的支持很少，管理也不足……这两年社会工作专业毕业生来做的很少，别的专业毕业生多些，甚至是好多只把社会工作者当作过渡的，他们的专业基础相对会差一些。↓

续表

刘（有社会工作本科学历背景，后进入企业）

专业认知：我刚入行的时候。其实对社会工作行业是充满热情的，我认为这个行业是非常有意义，而且还是有点高尚的吧。工作方式方法也相对其他的工作人员有创新。比如说，相对社区的工作人员、学校里面的老师，我觉得我们的方式方法还是非常新颖的，是很受欢迎的。我对这个行业的认识是普遍非常正向的。↑

专业地位：我感觉社会工作者的知名度更高了，但是受尊重程度还是一般。心理咨询师就会很明显的不一样。↓

专业归属：让我印象非常深刻的是我先生的一个朋友，有一次他来我们家。我还非常热情地带他们去参观了机构，很自豪地跟他们介绍这个机构，他们当时都觉得不能理解我一个本科毕业的拿3000多块钱的工资，居然对这个工作这么认可，投入这么多。↑

专业支持：机构内部的氛围不太好，有一种内斗的形式在里面，我是属于那种比较愿意投入时间和精力去做实务的人。而且我对公益组织啊，社会工作理念啊，也都比较坚持，但是机构的领导层并不是这样的一个想法。他们觉得我是不便于管理的这一类人，遭到排挤吧。↓

朱（有社会工作本科学历背景，后做公务员）

专业认知：我大一大二是法律专业，后来因为觉得社会工作好玩，主动转社会工作专业两年，毕业后自己选择做司法社会工作者。↑

专业地位：据我所知，我的工作和司法所体制内的工作人员差别并不是很大，因为在基层，这种司法调解工作的类型，其实内容都是差不多的。社会认可度的差异也没有想象中的大，但是也有差别。↑

专业归属：当时社会工作行业可能影响力还比较低，差不多做相同的事情，可能待遇比较低一点了。我干吗要换机构？不管在哪个机构，我们都是最好的，最早做（社会工作者）的……我觉得社会工作者的上升途径太太太少了。↓

专业支持：首先我觉得社会工作从业人员的素质有在下降，很多人都是可能他不太认同社会工作，但是他只是为了工作才做社会工作者，这是第一个，所以他肯定在这个过程中会影响社会工作者的形象，也造成了用人单位会对社会工作者的一些想法，就更加不重视了，因为觉得你并没有跟其他工作人员有区别。然后第二个就是可能还是经费支持方面，我觉得经费支持还需要增加一点。肯定要提高他们的工资待遇。社会工作者现在深圳这10年来的待遇提升幅度大吗？我觉得太小了。↓

说明：↑＝较高，↓＝较低。

（四）离职过程

　　首先，资深社会工作者具有较强的专业能力，这是行业离职的出发点。其次，不均衡的专业认同贯穿着他们的整个专业实践，蕴藏着行业离职的风险。再次，也是最关键的，资深社会工作者怀着高期待开展实践，但专业环境中与他们的期待存在着多重不匹配，分别是个人发展期待与待遇和专业空间的不匹配、专业支持的期待与环境排斥的不匹配、专业影响的期待与价值弱化的不匹配（详见图2）。最后，多重不匹配可能投射在他们的犬儒主义态度上，进而导致他们产生离开行业的想法。尤其对于专业认同度较高的资深社会工作者而言，他们更关注专业价值目标，对专业影响力和成就感的追求加剧了期待与专业环境不匹配之间的张力，相对于专业认同度较低的人，他们经历着更痛苦的工作动力的消磨，进而更倾向于离开社会工作行业而非仅仅离开社会工作机构。如果有其他工作机会，并且他们的能力已经准备到位，他们就会完成转行行动。

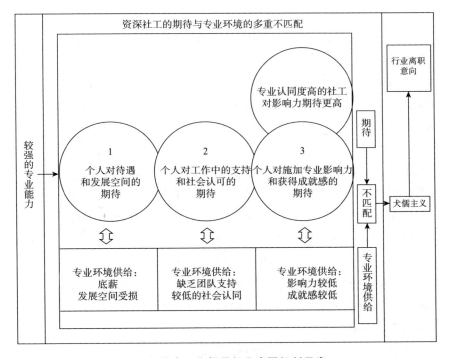

图2　社会工作督导行业离职机制示意

审慎起见，我们增加了两个竞争性访谈，结果显示当行业离职链中的一种或多种不利原因或条件消失时，他们会继续留在行业中。例如，华在做转行打算时获得了晋升，鲁因看好社会工作行业的未来而继续坚持。

华：首先，这是一个挑战，你将面对新的服务对象和工作内容。第二，它确实给了我更多的支持，包括待遇和认同，我对现状比较满意。

鲁：虽然有时候会遇到一些困难和挑战，但这（社会工作）
是大势所趋，因为时代是不断进步和发展的。很多地方的志愿者
组织已经转为社会工作机构，他们很多人之前不想考社会工作资
格证，但是现在他们都在考了……我不是放弃物质追求，但追求
理想更重要吧……我认为我对这个社会很有价值，这一点对我来
说很重要。

五　结论、讨论及应用

本文通过前后相继的两项研究来揭示资深社会工作者转行的原因
和机制。资深社会工作者对专业发展和个人职业发展的高期待与当前
专业环境所能提供条件的低匹配度可能是他们转行的根本原因。具体
而言，相对于专业认同度较低的资深社会工作者而言，专业认同度较
高的资深社会工作者在能力提升时，行业离职意愿更强烈。原因在于，
专业认同度高的资深社会工作者更注重专业影响力和成就感，并倾向
于设定更有挑战性的价值目标，尽管他们和认同度较低的社会工作者
一样面临个人发展受限和较低的环境支持困扰，但更多经历了价值目
标幻灭的过程。简言之，组成样本的资深社会工作者的行业离职可以
总结为"高开低走"，即他们怀抱着对专业发展和自身价值实现的高
期待而来，面对现实中社会工作影响力弱化的现实，他们的不匹配感
更加强烈，继而选择离开。

在讨论这项研究的学术贡献和实际应用之前，我们需要指出本研
究的三个局限。首先，将本研究结论用来解释非资深社会工作者转行
时必须谨慎，因为定量和定性分析样本均来自资深社会工作者。其次，
基于我国社会工作发展中教育先于实践的特殊性，以及专业认同四个
维度中专业支持维度的本土性（王晔安、郑广怀、朱苗，2021），我
们观察到的组成样本的社会工作者的专业认同不均衡状态是否适用于
更大范围有待进一步验证。最后，受抽样所限，研究二的样本与研究
一不同。我们在研究一中选择社会工作督导作为资深社会工作者的代
表。在研究二中，我们根据研究目的选择不同类型的资深社会工作者。
鉴于定性研究重在样本的典型性而非随机性，研究二的样本选取是在
可容许范围内的。以上局限提醒，在理解本文结论时应明了样本背景。

基于研究发现，我们主张，面对资深社会工作者的"高开低走"，社会工作行业应当营造专业环境以缓解犬儒情绪，注重价值养成以提高职业韧性，夯实专业支持以强化专业认同，从而实现"触底反弹"。

（一）营造专业环境以缓解犬儒情绪

本研究证实了犬儒主义对资深社会工作行业离职意愿的重要作用，我们建议从三方面消除在组织环境中诱发犬儒主义的不利因素。首先，提高个人待遇和拓宽专业发展空间，人们普遍认为工资激励和情感支持（Rayan & Sagas，2009；唐立，费梅苹，2020）可以降低他们的行业离职意愿，这意味着满足他们对薪水的期待是有效的。而提供更广阔的职业发展通道对具有较强专业能力的资深社会工作者更具吸引力，有助于降低他们的犬儒情绪。其次，要加强专业环境支持，例如良好的人际关系、社会支持和组织支持，以增强社会工作者抵御压力的能力，缓解其内部消极和愤世嫉俗的反应以抑制他们离开行业的想法（Chiaburu et al.，2013；Derycke et al，2012）。此外，至关重要的是要形成良好的组织氛围，例如赋予资深社会工作者自主权和参与决策的机会，这有助于他们更平稳地应对管理，避免因可能的角色冲突而导致价值冲突加剧（Wong & Lee，2015）。

（二）注重价值养成以提高职业韧性

本研究表明，专业认同度较高的资深社会工作者倾向于设定更高的价值目标，加剧了自身期待与专业环境之间的张力，期待落空成为他们离开行业的直接推力。这可能肇因于社会工作专业的"教育降维"，这种教育关注技术而非社会关键议题，强调技术化伦理而非价值反思，套用已有理论而非鼓励批判思考（郑广怀，2020），导致社会工作者对专业价值的承诺不足（Zhao，Fu，& Yang，2018），无法培养出合格且稳定的行业领导者。作为一门具有强烈价值取向的学科，在专业教育中增强价值教育十分必要。首先，在行业规范中要充分体现并运用价值观，并提前发展出一种理解各种不同价值观的熟悉感（Chakrabarti，1997）。例如，一方面，可以在社会工作课程体系中增加社会议题，例如关于社会组织、社会运动和社会正义的内容，以便学生可以清楚而充分理解社会工作的专业价值和实现路径；另一方面，有必要关注实践中可能存在的价值冲突，尤其是个人价值和专业价值的冲突以及专业价值与社会价值的冲突，注重在课堂教学中强化未来实践困境的主题，并在实习时及时督导。其次，将价值冲突前置有助于社会工作毕业生在系统学习后获得职业韧性（Chakrabarti，1997），我们主张学生在教学场景中体验多样化的价值和价值冲突，比如在课程中深入了解我国既有的社会政策体系及公共服务背后的价值预设，并详细了解社会工作嵌入性发展的结果，将专业人员与科层制的价值冲突前置，增强他们的职业韧性，并激发他们思考如何推动和引领行业发展。

（三）夯实专业支持以强化专业认同

本研究表明，资深社会工作者虽然专业能力较强，但其专业认同不均衡，这种看似强大实则脆弱的状态使得他们无法长期保持对社会工作行业发展的信心，在遭遇惨淡现实时可能会离开行业。现有关于社会工作专业认同的探讨多源于社会认同理论，人们通过分类、识别、比较的认知过程来实现社会认同（Abrams & Hogg，1988；Scheepers et al.，2006；Scheepers & Ellemers，2019）。专业认知（分类）、专业归属感（识别）和专业地位（比较）成为普遍认可的衡量专业认同的维度（Ellemers，Kortekaas，& Ouwerkerk，1999）。这些维度回答了社会工作者"我是谁"和"我们是谁"的问题。但是，内部异质性高和外部认可度低是当前中国社会工作专业发展不可回避的问题，因此"我和谁一起工作"以及"我们是否得到支持"的问题也成为探讨中国社会工作者的专业认同的重要维度。既有研究表明，专业支持作为一种个人资源可以有效抵抗压力（Giauque et al.，2019），而积极的组织支持则可以减少员工的犬儒主义（Chiaburu et al.，2013）。这在理论上提醒我们，有必要拓展对专业认同的理解，尤其要重新审视专业认同的专业支持维度；同时也在实践中启示我们，要实现专业社会工作和行政性社会工作平衡的"融合性发展"，互相承认和优势互补是必由之路（王思斌，2020）。

资深社会工作者作为行业发展的核心力量，他们的稳定性直接关系到我国社会工作专业发展的成败。我们采用混合研究设计对资深社会工作者的行业离职进行了研究。定量研究表明犬儒主义完全中介了专业能力与行业离职意愿之间的负相关关系，而专业认同在其中发挥了重要的调节作用。出乎意料的是，在专业认同度较高的资深社会工作者中，其专业能力提升反而引起更强烈的行业离职意愿。我们进一步用定性研究探讨此困惑，并展示了资深社会工作者的行业离职过程：较强的专业能力是他们的起点，在社会工作实践中贯穿着不均衡的专业认同的发展，同时他们经历着自身期待和专业环境不匹配的巨大张力，这一张力经由资深社会工作者的犬儒主义态度直接影响了他们的行业离职意愿。基于此，我们主张社会工作行业应当营造专业环境以缓解犬儒情绪，注重价值养成以提高职业韧性，夯实专业支持以强化专业认同，同时在理论上将专业支持拓展为专业认同的新维度。

参考文献

姜海燕、王晔安（2016）："承认的作用：基于社会工作者离职倾向的实证研究"，《江苏社会科学》第 4 期，第 149～158 页。

李学会（2016）："社会工作者的职业流动：研究现状与扩展方向"，《社会工作与管理》第 16 卷第 2 期，第 70～77 页。

刘洪（2010）："广东探索建立现代社会工作制度的实践与思考"，《中国民政》第 10 期，第 23～25 页。

民政部（2018）：《民政部办公厅关于 2017 年度社会工作和志愿服务法规政策规划落实情况的通报》（民办函〔2018〕29 号），http://xxgk. mca. gov. cn：8081/n1360/n149022. files/n149023. pdf。

孙中伟、周海燕（2019）："工作条件、家庭支持与职业发展：中国社会工作者离职意愿的多因素分析"，《社会工作与管理》第 19 卷第 4 期，第 29～36 页。

唐立、费梅苹（2020）："薪酬激励抑或情感支持：社会工作者流失之因探究"，《青年研究》第 2 期，第 59～69、95～96 页。

童远忠（2014）："广深社会工作模式及其优化路径探讨"，《社会工作与管理》第 14 卷第 3 期，第 25～30 页。

王思斌（2011）："中国社会工作的嵌入性发展"，《社会科学战线》第 2 期，第 206～222 页。

王思斌（2020）："我国社会工作从嵌入性发展到融合性发展之分析"，《北京工业大学学报》（社会科学版）第 20 卷第 3 期，第 29～38 页。

王晔安、郑广怀、朱苗（2021）："职业支持：社会认同理论与职业支持的新维度"，《社会发展研究》第 1 期，第 52～75 页。

徐道稳（2017）："社会工作者职业认同和离职倾向研究——基于对深圳市社会工作者的调查"，《人文杂志》第 6 期，第 111～118 页。

张和清、廖其能、许雅婷（2018）："'双百计划'实务模式探究"，《中国社会工作》第 19 期，第 19～20 页。

郑广怀（2020）："教育引领还是教育降维：社会工作教育先行的反思"，《学海》

第 1 期，第 106～112 页。

中国社会工作联合会（2018）：《2018 年度中国社会工作发展报告》，http://www. chinadevelopmentbrief. org. cn/news －22678. html。

卓志强（2018）："打造一支夯实基层基础的社会工作专业力量"，《中国社会报》2018 年 8 月 6 日，第 1 版。

Abraham, R. (2000). "Organizational Cynicism: Bases and Consequences. " *Genetic, Social, and General Psychology Monographs* 126 （3）：269.

Abrams, D. , & Hogg, M. A. (1988). "Comments on the Motivational Status of Self-esteem in Social Identity and Intergroup Discrimination. " *European Journal of Social Psychology* 18 （4）：317 －334.

Atkinson, John (1987). "Flexibility or Fragmentation? The United Kingdom Labour Market in the Eighties. " *Labour And Society* 12 （1）：87 －105.

Cable, D. M. , & Judge, T. A. (1996). "Person-Organization Fit, Job Choice Decisions, and Organizational Entry. " *Organizational Behavior and Human Decision Processes* 67 （3），294 －311.

Carless, S. A. , & Arnup, J. L. (2011). "A Longitudinal Study of the Determinants and Outcomes of Career Change. " *Journal Of Vocational Behavior* 78 （1），80 －91.

Chakrabarti, M. (1997) . *Value Education: Changing Perspectives*, pp. 117 －126. Kanishka Publishers.

Chang, H. T. , Chi, N. W. , & Miao, M. C. (2007). "Testing the Relationship Between Three-Component Organizational/Occupational Commitment And Organizational/Occupational Turnover Intention Using a Non-Recursive Model. " *Journal Of Vocational Behavior* 70 （2），352 －368.

Chiaburu, D. S. , Peng, A. C. , Oh, I. S. , Banks, G. C. , & Lomeli, L. C. (2013). "Antecedents and Consequences of Employee Organizational Cynicism: A Meta-Analysis. " *Journal of Vocational Behavior* 83 （2）：181 －197.

Clements, A. J. , Kinman, G. , Leggetter, S. , Teoh, K. , & Guppy, A. (2016). Exploring Commitment, Professional Identity, and Support for Student Nurses. *Nurse Education In Practice* 16 （1）：20 －26.

Cohen, A. (2007). "Commitment Before And After: An Evaluation and Reconceptualization of Organizational Commitment. " *Human Resource Management Review* 17 （3）：336 －354.

Davidson, M. C. , Timo, N. , & Wang, Y. (2010) . "How Much Does Labour Turnover Cost? : A Case Study of Australian Four-And Five-Star Hotels. " *International Journal of Contemporary Hospitality Management* 22 （4）：451 －466.

Derycke, H. , Clays, E. , Vlerick, P. , D'Hoore, W. , Hasselhorn, H. M. , & Braeckman, L. (2012). "Perceived Work Ability and Turnover Intentions: A Prospective Study Among Belgian Healthcare Workers. " *Journal of Advanced Nursing* 68 （7）：1556 －1566.

Ellemers, N. , Kortekaas, P. , & Ouwerkerk, J. W. (1999). "Self-categorisation, Commitment to the Group and Group Self-esteem as Related but distinct Aspects of Social Identity. " *European Journal of Social Psychology* 29 （2/3）：371 －389.

Fornell, C. , & Larcker, D. F. (1981). "Evaluating Structural Equation Models With Unobservable Variables And Measurement Error. " *Journal of Marketing Research* 18 （1）：39 －50.

Giauque, D., Anderfuhren-Biget, S., & Varone, F. (2019). “Stress and Turnover Intents in International Organizations: Social Support and Work-Life Balance as Resources.” *The International Journal of Human Resource Management* 30 (5): 879 −901.

Gkorezis, P., Georgiou, L., & Theodorou, M. (2018). “High-Performance Work Practices and Nurses' Intention to Leave: The Mediating Role of Organizational Cynicism and the Moderating Role of Human Resource Management-Related Educational Background.” *The International Journal of Human Resource Management* 29 (3): 465 −484.

Gomez, R. J., Travis, D. J., Ayers-Lopez, S., & Schwab, A. J. (2010). “In Search of Innovation: A National Qualitative Analysis of Child Welfare Recruitment and Retention Efforts.” *Children and Youth Services Review* 32 (5): 664 −671.

Hair, J. F., Jr., Black, W. C., Babin, B. J., & Anderson, R. E. (2010). *Multivariate Data Analysis: A Global Perspective* (7th Ed.). Upper Saddle River, Nj: Pearson Prentice Hall.

Hair Jr, J. F., Sarstedt, M., Hopkins, L., & Kuppelwieser, V. G. (2014.) “Partial Least Squares Structural Equation Modeling (Pls-Sem).” *European Business Review* 26 (2): 106 −121. Https://Doi. Org/10. 1108/Ebr −10 −2013 −0128.

Hu, L., & Bentler, P. M. (1999). “Cut-Off Criteria for Fit Indexes in Covariance Structure Analysis: Conventional Criteria Versus New Alternatives.” *Structural Equation Modeling: A Multidisciplinary Journal* 6 (1): 1 −55.

Itzick, M., & Kagan, M. (2017). “Intention to Leave the Profession: Welfare Social Workers Compared to Health Care and Community Social Workers in Israel.” *Journal of Social Service Research* 43 (3): 346 −357.

Jiang, H., Wang, Y., Chui, E., & Xu, Y. (2019). “Professional Identity and Turnover Intentions of Social Workers in Beijing, China: The Roles of Job Satisfaction and Agency Type.” *International Social Work* 62 (1): 146 −160.

Jin, X., & Li, L. (2015). The Analysis Of The Science And Technology Enterprise Core Employee Turnover Negative Effects-Based On the Theory of Psychological Contract. In *Shs Web of Conferences*. Edp Sciences. 17, 1005.

Kennedy, S. A. (2006). *Intention to Leave and Organizational Commitment Among Child Welfare Workers (Unpublished Doctoral Dissertation)*. Knoxville, TN: University of Tennessee, Knoxville.

Kline, R. B. (2011). Convergence of Structural Equation Modeling and Multilevel Modeling, pp. 562 −589. In M. Williams (Ed.), *Handbook of Methodological Innovation*. Thousand Oaks, CA: Sage.

Knapp, M., Harissis, K., & Missiakoulis, S. (1981). “Who Leaves Social Work?” *The British Journal of Social Work* 11 (1): 421 −444.

Knight, D. K., Becan, J. E., & Flynn, P. M. (2013). “The Impact of Staff Turnover on Workplace Demands and Coworker Relationships.” *Counselor (Deerfield Beach, Fla.)* 14 (3): 20.

Kristof, A. L. (1996). “Person-Organization Fit: An Integrative Review of Its Conceptualizations, Measurement, and Implications.” *Personnel Psychology* 49 (1): 1 −49.

Laschinger, H. K. S., & Fida, R. (2014). “A Time-Lagged Analysis of The Effect of Authentic Leadership on Workplace Bullying, Burnout, and Occupational Turnover Intentions. " *European Journal of Work And Organizational Psychology* 23 （5）： 739 －753.

Lei, J. , Wang, Y. , & Jiang, H. (2018). "A Comparative Study of the Turnover Intentions of Chinese Social Workers in Autonomous-Embedded and Dependent-Embedded Patterns of Professionalization. " *Smith College Studies In Social Work* 88 （4）： 329 －348.

Maslach, C. , Jackson, S. E. , & Leiter, M. P. （1996）. *Maslach Burnout Inventory Manual* (3rd Ed.). Palo Alto, Ca： Consulting Psychologists Press Inc.

Meyer, J. P. , Allen, N. J. , & Smith, C. A. (1993). " Commitment to Organizations and Occupations： Extension and Test of a Three-Component Conceptualization. " *Journal of Applied Psychology* 78 （4）： 538 －551.

Michaels, C. E. , & Spector, P. E. (1982). "Causes of Employee Turnover： A Test of The Mobley, Griffeth, Hand, and Meglino Model. " *Journal of Applied Psychology* 67 （1）： 53.

Mohr, D. C. , Young, G. J. , & Burgess, Jr, J. F. (2012). "Employee Turnover and Operational Performance： The Moderating Effect of Group-Oriented Organizational Culture. " *Human Resource Management Journal* 22 （2）： 216 －233.

Mowday, R. T. , Porter, L. W. , & Steers, R. M. （1982）. *Employee Organization Linkages.* San Diego, Ca： Academic Press.

Parijat, P. , & Bagga, S. (2014). "Victor Vroom's Expectancy Theory of Motivation-An Evaluation. " *International Research Journal of Business And Management* 7 （9）： 1 －8.

Pope, K. S. , Butcher, J. N. , & Seelen, J. (1993). *The Mmpi, Mmpi －2 & Mmpi-A In Court.* Washington, Dc： American Psychological Association.

Rhodes, S. R. , & Doering, M. (1983). "An Integrated Model of Career Change. " *Academy of Management Review* 8 （4）： 631 －639.

Richer, S. F. , Blanchard, C. , & Vallerand, R. J. (2002). "A Motivational Model of Work Turnover. " *Journal of Applied Social Psychology* 32 （10）： 2089 －2113.

Rudman, A. , Gustavsson, P. , & Hultell, D. （2014）. "A Prospective Study of Nurses' Intentions to Leave the Profession During Their First Five Years of Practice In Sweden. " *International Journal of Nursing Studies* 51 （4）： 612 －624.

Ryan, T. D. and Sagas, M. （2009）. "Relationships between Pay Satisfaction, Work-family Conflict, and Coaching Turnover Intentions. " *Team Performance Management* 15 （3/4）： 128 －140.

Scheepers, D. , & Ellemers, N. (2019). "Social Identity Theory. " In *Social Psychology in Action*, （pp. 129 －143）. Springer, Cham.

Scheepers, D. , Spears, R. , Doosje, B. , & Manstead, A. S. (2006). "Diversity in in-group Bias： Structural Factors, Situational Features, and Social Functions. " *Journal of Personality and Social Psychology* 90 （6）： 944.

Staw, B. M. (1980). "The Consequences of Turnover. " *Journal of Occupational Behaviour* 1 （4）： 253 －273.

Sun, R. , & Wang, W. (2017). "Transformational Leadership, Employee Turnover Intention, and Actual Voluntary Turnover in Public Organizations. " *Public Management Review* 19 （8）， 1124 －1141.

Takase, M. (2010). "A Concept Analysis of Turnover Intention： Implications for Nursing Management." *Collegian* 17 （1）：3 −12.

Teddlie, C., & Tashakkori, A. (2011). "Mixed Methods Research." *The Sage Handbook of Qualitative Research* 4：285 −300.

Van Der Heijden, B. I., Van Dam, K., Hasselhorn, H. M., & Next-Study Group (2007). Occupational Turnover: Understanding Nurses Intent To Leave The Nursing Profession. In 22*nd Annual Conference of The Society For Industrial And Organizational Psychology.* New York, Ny, May, pp. 27 −29.

Wang, Y., & Chui, E. (2017). "Development And Validation Of The Perceived Social Work Competence Scale in China." *Research on Social Work Practice* 27 （1）：91 −102.

Wanous, J. P., Reichers, A. E., & Austin, J. T. (2000) "Cynicism About Organizational Change." *Group And organization Management* 25 （2）：132 −153.

Webb, S. A. (2016) *Professional Identity and Social Work.* London：Routledge, pp. 355 −370.

Wei, Y. -C. (2015). "Do Employees High in General Human Capital Tend to Have Higher Turnover Intention? The Moderating Role of High-performance HR Practices and P-O Fit." *Personnel Review* 44 （5）：739 −756.

Wen, Y., Zhu, F., & Liu, L. (2016). "Person-Organization Fit and Turnover Intention: Professional Identity as a Moderator." *Social Behavior and Personality：An International Journal* 44 （8）：1233 −1242.

Wong, P. Y. J., & Lee, A. E. Y. (2015). "Dual Roles of Social Work Supervisors: Strain and Strengths as Managers and Clinical Supervisors." *China Journal of Social Work* 8 （2）：164 −181.

Yousaf, A., Sanders, K., & Yustantio, J. (2018). "High Commitment Hrm and Organizational and Occupational Turnover Intentions: The Role of Organizational and Occupational Commitment." *The International Journal of Human Resource Management* 29 （10）：1661 −1682.

Zhao, F., Fu, F., & Yang, B. (2018). "Social Work Value System in Mainland China：Construction of a Scale and Value Commitment Assessment." *International Social Work* 61 （6）：917 −929.

中国社会工作研究　第二十辑

第 232～252 页

© SSAP，2021

近代人类学者于式玉的边疆社会
工作实践与研究[*]

王春霞　吴　婧^{**}

摘　要　我国近代人类学者于式玉，受丈夫李安宅影响，也积极投身于边疆社会工作实践与研究。她在西北的拉卜楞成功创办女子小学，对拉卜楞地区和川西藏区进行多次田野调查，并发表大量考察文章。于式玉的办学实践活动直接影响了李安宅的边疆社会工作理论。于式玉重视田野调查的应用性，提出藏民的医药需求应作为边疆社会工作的首要介入点；对边疆文化不能采取同化政策，而应平等尊重，互惠共荣；边疆社会工作者需要有吃苦忍耐的品质，对吃苦精神也要有完整的理解。

关键词　于式玉　边疆社会工作　李安宅　拉卜楞女子小学　应用人类学

于式玉（1904～1969）是我国近代人类学者、藏学家，是人类学家、藏学家、边疆社会工作专家李安宅的妻子。受李安宅的影响，于

* 本文系教育部人文社会科学规划项目"专业化视域下的北平协和医院社会服务部研究"（19YJA840014）的阶段性研究成果。

** 王春霞，浙江财经大学社会工作系副教授，E-mail：wcx197588@163.com；吴婧，浙江育英职业技术学院助教，E-mail：306161799@qq.com。

ing Management. " *Collegian* 17 （1）: 3 −12.

Teddlie, C. , & Tashakkori, A. (2011). "Mixed Methods Research. " *The Sage Handbook of Qualitative Research* 4: 285 −300.

Van Der Heijden, B. I. , Van Dam, K. , Hasselhorn, H. M. , & Next-Study Group (2007). Occupational Turnover: Understanding Nurses Intent To Leave The Nursing Profession. In 22*nd Annual Conference of The Society For Industrial And Organizational Psychology.* New York, Ny, May, pp. 27 −29.

Wang, Y. , & Chui, E. (2017). "Development And Validation Of The Perceived Social Work Competence Scale in China. " *Research on Social Work Practice* 27 （1）: 91 −102.

Wanous, J. P. , Reichers, A. E. , & Austin, J. T. (2000) " Cynicism About Organizational Change. " *Group And organization Management* 25 （2）: 132 −153.

Webb, S. A. (2016) *Professional Identity and Social Work.* London: Routledge, pp. 355 − 370.

Wei, Y. -C. (2015). " Do Employees High in General Human Capital Tend to Have Higher Turnover Intention? The Moderating Role of High-performance HR Practices and P-O Fit. " *Personnel Review* 44 （5）: 739 −756.

Wen, Y. , Zhu, F. , & Liu, L. (2016). "Person-Organization Fit and Turnover Intention: Professional Identity as a Moderator. " *Social Behavior and Personality: An International Journal* 44 （8）: 1233 −1242.

Wong, P. Y. J. , & Lee, A. E. Y. (2015). "Dual Roles of Social Work Supervisors: Strain and Strengths as Managers and Clinical Supervisors. " *China Journal of Social Work* 8 （2）: 164 −181.

Yousaf, A. , Sanders, K. , & Yustantio, J. (2018). " High Commitment Hrm and Organizational and Occupational Turnover Intentions: The Role of Organizational and Occupational Commitment. " *The International Journal of Human Resource Management* 29 （10）: 1661 −1682.

Zhao, F. , Fu, F. , & Yang, B. (2018). " Social Work Value System in Mainland China: Construction of a Scale and Value Commitment Assessment. " *International Social Work* 61 （6）: 917 −929.

式玉也有着浓厚的社会工作情怀，她不仅在拉卜楞成功创办女子小学，而且对拉卜楞地区和川西藏区进行了多次田野调查，发表了大量考察文章。目前，学界对于式玉的研究主要集中在她对藏学的贡献上①，晚近始有从文化人类学视角的考察②，而对她的社会工作实践与理论却没有自觉的认识，因此已整理出版的《于式玉藏区考察文集》中，没有收录她有关社会工作的文章，如《边疆工作经验谈》③、《边疆妇女的福利工作》④ 和《拉不楞办学记》⑤ 等，实属遗憾！本文将通过对于式玉个人生命史的梳理与回顾，主要探讨新中国成立前她对边疆社会工作实务和理论的重要贡献。

一　简要生平及受李安宅的影响转向边疆社会工作

1904 年，于式玉⑥出生于山东省临淄县葛家庄，系家中长女，1923 年从山东省立第一女师毕业，随父到日本留学，先入日本东洋音乐学校钢琴科，后又到奈良女子高等师范学校就读，习文史。1930 年于式玉毕业回国，4 月与在燕京大学任教的李安宅结婚，到燕京图书馆担任日文部主任，同时兼北平国立女子文理学院讲师，教授日文与日本史。1931 年于式玉辞去北平国立女子文理学院职务，开始在燕京大学教日文。

于式玉对社会工作的认识，与其丈夫李安宅有直接关系。这里有必要简要介绍一下早期李安宅与社会工作的关系。李安宅（1900 ~ 1985），河北迁安人，早年在天津基督教青年会夜校学习英文时，受教员侯感恩（R. M. Hogan）⑦ 的动员在夜校的另外班次义务帮助他人学习，"第一次接触到除了自己向上爬之外，还有对于素不相识的人义务帮助的道理"（王川，2018：8）。同时，李安宅开始接受平民教

---

① 主要研究成果有：张庆有，1989；周群华，1991；李绍明，1991；汪洪亮，2011；田利军，2015；宗喀·漾正冈布、蔡文君，2020；汪洪亮，2020。
② 主要研究成果有：郭一丹，2017；汤芸，2007。
③ 发表于《学思》1942 年第 2 卷第 1 期。
④ 发表于《社会行政季刊》1944 年第 1 卷第 1 期。
⑤ 发表于《边疆服务》1943 年第 1 卷第 4 期。
⑥ 于式玉生平事迹主要参考汪洪亮，2013。
⑦ 侯感恩（R. M. Hogan），美籍传教士，天津基督教青年会教师。

育运动的思想，"以后不断参加此类工作，也于此时开端"（王川，2018：16）。1924 年，李安宅到燕京大学社会学系读"社会服务研究班"①，"半日读书，半日参加社会活动，如通过社会服务团与协和社会服务部从事教育、卫生、区域调查之类"（王川，2018：16）。当时李安宅的学习与服务都是在步济时（John S. Burgess）② 的安排下进行的，因而步济时的社会工作思想对他影响很大。③ 1926 年李安宅毕业留校任教，"并在海甸④、成府进行社会教育与服务工作"（王川，2018：18）。1927～1929 年李安宅获奖学金并在燕大社会学系复学，"得理学士及相当于硕士的社会服务职业证书"（王川，2018：24～25）。1930 年和于式玉结婚后，李安宅在燕大任教，继续开展社会工作，对于式玉自然有着耳濡目染的影响。

1934 年，李安宅赴美国加利福尼亚大学、耶鲁大学人类学系留学，其间到墨西哥和印第安人生活的地区考察乡村教育，受到"极大鼓舞、启发，为后来在藏族地区工作的思想基础"（王川，2018：33、35）。李安宅对社会教育情有独钟，也影响了于式玉（见后文）。1936 年，李安宅回燕大任教，竭力提倡"实地研究""实地工作"（王川，2018：35），于式玉也开始参与边地的实地调查。1937 年春，燕京大学与清华大学联合组织了内蒙古参观团，由李安宅带领，于式玉等参加。同年暑期，段绳武和顾颉刚组织内蒙古绥宁考察团，于式玉也参加了。考察团到归绥时，绥远省蒙旗长官指导公署还请于式玉协助制订一个蒙古族妇女教育计划，这可能是于式玉从事女子教育的开端，但后因抗战而作罢。

---

① 1922 年，美国传教士步济时（John S. Burgess）在燕京大学创办社会学系，分为理论社会学和应用社会学两科，1924 年，步济时来到齐鲁大学宣传"社会服务研究班"，李安宅被介绍至该班学习。

② 步济时（John S. Burgess, 1883～1949），美国传教士，1909 年来到中国北平基督教青年会工作，组织成立北平社会实进会，被认为是中国社会工作的开端，步济时也被誉为"中国社会工作之父"。1922 年，步济时在燕京大学创办社会学系，并担任系主任，培养中国本土的社会工作人才。1924 年步济时到齐鲁大学宣传"社会服务研究班"，李安宅被介绍至该班学习。

③ 李安宅曾将步济时的演讲《中国社会服务工作之意义》翻译整理后发表于《社会学杂志》1925 年第 2 卷第 5～6 期合刊。

④ 即海淀——本文作者注。

二 创办拉卜楞女子小学的社会工作实践

"七·七"事变爆发后，日本侵占北平，要求于式玉接办女子文理学院，于推辞。此时陶孟和、顾颉刚邀请李安宅到甘肃科学教育馆工作，于式玉便将四个子女送回老家，并向燕京大学请假，不带工资，同丈夫一起绕道上海、香港和云、贵、川、陕等地，于 1938 年 10 月底到达兰州。李安宅任甘肃科学教育馆社会科学组组长，于式玉到兰州后无事可做，"又不甘于坐在家里吃闲饭"，所以于 1938 年 11 月 29 日从兰州动身，骑马 7 天后抵达拉卜楞，"打算好好学会番话，做一点社会教育工作"①。当时于式玉的三妹、四妹都在延安革命根据地，曾写信邀请她也到延安工作。于式玉回信说，虽然拉卜楞的生活"寂寞万分"，"可是又觉得此地工作十分值得做，总拿不定主意，我想还是暂时在此做做看"。"番民是这样聪明，我们不该不理他们。""此地生活虽枯燥，我要忍耐着想法叫此地有了文化，使此地人有了知识，对中国前途总是有用的……希望多有几个能暂时舍弃了物质的享受来此工作，开发这片处女地！"②"拉卜楞真是值得建设起来的地方。"③

笔者认为，于式玉之所以走上为边民服务之路，并非没有思想理论准备的偶然为之，而是有着清晰的社会工作服务思路的，如前所述，这是与李安宅的影响分不开的。于式玉也曾表示："我的爱人李安宅是学人类学（民族学）的，他常对我讲：中国幅员极广，经济文化发展的区域只限于黄河、长江、珠江流域地带，而大片地区如新疆、内蒙古、西藏等地却各方面都很落后，现在政府视若无睹，学校的知识分子都愿意集中在大城市里，不愿意去艰苦的地方，可是处心积虑想侵略中国的帝国主义者，却不怕艰苦。日本人大批大批地前往内蒙古，英国人不断进入西藏去进行挑拨离间。我们自己的国土，我们为什么

---

① 于式玉给四妹紫薇（于式坤的小名，后改名于陆琳）的信，手稿，1939 年 1 月 17 日。夏河县文化馆藏。

② 同上。

③ 于式玉给三妹绿华（于式谷小名，后改名于若木）和四妹紫薇的信，手稿，1939 年 4 月 25 日。夏河县文化馆藏。

不进去工作呢?"（于式玉，2011）从 1938 年底到拉卜楞至 1942 年离开，于式玉在拉卜楞生活了近四年，在当地创办第一所女子小学，开启了民族社会工作的实践。

（一）寻找到突破口，克服语言障碍

于式玉到拉卜楞之初，看到"许多藏民妇女坐着晒太阳什么事也不做"，便"总想和那些无事的妇女们接近，设法了解她们，帮助她们，但是由于言语不通始终没法进行"（于式玉，1943）。后来，于式玉发现拾粪队中的回族孩子①懂汉语，"就着手由这条路进去"。于式玉写道：

> 以后我每天穿上一件大衣，大衣的口袋里塞满了画片，跟着拾粪的孩子们漫山遍野地跑着，等他们休息的时候我就拿画片给他们看，这引起他们很大的好奇与兴趣，可怜的这些边地孩子们成天和畜粪为伴，那里见到过画片，我每次拿出来，他们就都抢着围拢了来。由于回回孩子们的翻译，我也渐渐懂一点藏语了。他们看着画片，但不知画片里的意义，我就乘机对他们说，你们如果能认字，就会懂得画的是什么了。于是我就将自己的房间作为教室，每天有十多个十岁以下的小姑娘来学字，每次来只教三个字，交换的条件是教字之后让她们看画片。人数渐渐地多了起来，有时竟有二十八个孩子，一间小房实在无法容纳。过了三个月，那些本来连汉话一句不懂的孩子都能认得两三百个字了，并且都晓得字的意义。（于式玉，1943）

就这样，于式玉逐渐找到了在当地进行社会教育的突破口，自己也慢慢习得了藏语，越过了语言的樊篱。

（二）争取当地上层，创办女子小学

于式玉在自己的出租屋里教孩子们认字的时候，拉卜楞的藏民领

---

① 拉卜楞为汉、满、蒙、回、藏五族杂处之地，回民皆经商，因而懂得汉语，其子女也大多会一些汉语。

袖黄正清①请她去教他的太太学汉文。于式玉考虑了很久之后决定暂时放弃孩子们的功课去教边民领袖的太太，"因为从那位太太身上我见到了将来设立一个学校的一线曙光"（于式玉，1943）。当时拉卜楞设有藏民小学一所，即拉卜楞小学，另有县政府附设中山小学一所（马无忌，1947：12），但藏民女孩则无学可上，从五六岁开始就背水拾粪（于式玉a，1990：81），"女子自十五岁以下，多拾马粪（做）苦工"（马无忌，1947：9），因此，于式玉便想为藏民女孩创办一所小学，这就需要获得当地上层的支持。

于式玉教黄太太（藏名宫保错，汉名蒋毓美）一年汉文，黄太太不仅汉文有所进步，而且观念也有很大的改变，这自然与于式玉的影响分不开。当时的藏族贵族妇女以不工作为荣，因身份关系也很少与百姓接近。于式玉谋划请黄太太"出来为民间的儿童服务，所以除了教书之外，有机会就劝她，鼓励她有许多工作等待她去做，做了之后会使她更受人的尊敬，又说现在中央的一些大人物的太太们都非常忙碌地做许多对民众有益处的事，藉以使她相信工作不是失掉身份的事"（于式玉，1943）。终于，黄太太答应出任拉卜楞女子小学校长。

正巧此时甘肃省教育厅长来拉卜楞视察工作，于式玉趁机向其建议设立女子小学。刚开始厅长"听了很觉奇怪，认为这简直是妄想，决不能成为事实"，并称"这里原来已有两个边民的小学，办了多年还招不到真正边胞子弟，如果再办一所专为边胞设立的女子小学，更是没有人来上学了"（于式玉，1943）。原因是当地藏民视学校为畏途，如拉卜楞小学完全是为推进藏民教育而设，而学生中藏民仅占3/10，再如当地的中级职业学校也是专为藏民而设，而1947年的四十名毕业生内只有藏民一人（马无忌，1947：12～13）。于式玉就将之前她在自己出租房里教孩子们学习的情形一再说明，厅长最终答应每月由教育厅补助五十元，由县政府指定一所房子作为校舍。在于式玉的建议下，厅长也答应由黄太太担任校长，于式玉任学校主任。

---

① 黄正清（1903～1997），四川理塘藏族，藏文名罗桑泽旺，早年习读汉文，1920年春同被选定为拉卜楞寺第五世嘉木样活佛的二弟迁至拉卜楞。1925年后在兰州参加创办"拉卜楞藏民文化促进会"和"少年同志会"等活动，并当选为国民党兰州市党部监察委员，组建"甘青藏民大同盟"。1928年起任拉卜楞保安司令部保安司令。中华人民共和国成立后，历任甘肃省副省长、政协全国委员会常委等职。

1940 年初拉卜楞女子小学成立，学校当时的房子"只有四墙而已，无窗无门无顶"，县政府的修理费一直无法兑现，于式玉就向黄正清募捐了一百元修理房子，又向县政府借了几张桌凳。黄太太的描述是"在高低不平的一个无大门的荒凉院子里，有几间门窗不全的房子就开了学"（蒋毓美，1942）。开学之初只招收了"20 余名学生"（司俊，1984），于式玉因为平时常做"家庭拜访"，与每个小孩的家长都熟悉，便一家一家地向家长要学生。此外，于式玉在 1940 年 6 月见到拉卜楞寺的嘉木样活佛时，也请求他"向百姓宣解，劝他们入学"，得到了活佛的应许（于式玉 b，1990：118）。家长们之前也了解了学校是怎样一回事，因此招收学生并无困难，两个月后就有 40 多名了（于式玉，1943），到年底有 80 余名（蒋毓美，1942）。

（三） 链接社会资源，建设充实学校

学校开学后，桌椅板凳是借用的，教育厅的补助费请了一位教员便无剩余了。于式玉因为是向燕京大学请假而来，并无工资收入，在拉卜楞女子小学任职也是义务的，不领薪水。要建设学校，只有靠社会资源，于式玉向各方劝捐，竟获捐九千多元（于式玉，1943；马无忌，1947：45；俞湘文，1941）。个中艰辛，不言而喻，如 1940 年春于式玉到几百里之外的兰州募捐，一路早起晚睡地赶路，经常要忍饥挨饿地步行，"疲劳寒冷相煎"（于式玉，1990：127）。最终利用这笔捐款，学校新建了八间教室，购置了学生的桌椅板凳（蒋毓美，1942）。后来教育部视察王文萱经过拉卜楞，看到女子小学的办学成就十分感动，立刻电请教育部按月补助一百五十元，此后学校经费就"稍稍活动一点了"（于式玉，1943）。除募捐之外，于式玉也利用熟人关系为学校争取优惠（于式玉，1990d：45）。

（四） 教育因地制宜，实现助人自助

1941 年嘉木样活佛划了一块地给学校开展生产教育，于式玉并没有像当地藏民一样种植青稞、豌豆、土豆等，而是选择种植蔬菜。因为藏民是从不吃青菜的，在藏民的观念里："牛吃青草，汉人也吃青草！"（于式玉，1943）1940 年代曾在拉卜楞寺学习的黄明信回忆，当时"日常的饮食是酥油、糌粑，脂肪和碳水化合物丰富而缺少青菜

VC，因而导致牙龈出血、牙根动摇……以致四十几岁就把牙齿全部拔掉，改用总义齿"（黄明信，2006）。早在1939年，于式玉就计划改变这一传统观念，她在给妹妹的信中曾写道："本地藏民一年四季吃藏巴（炒面）……其余的蔬菜半点全无。就是一棵葱也是由三百里外的临夏来。但是据礼拜堂洋人的实验，他们种的萝卜、洋白菜、杨梅等十几种菜都十二分好，比下边长得还大，但是无人教本地人种，教他们吃，奈何？我很希望我们能有机会在此地常住。把生产由此地提高起来，使藏民的生活能一天一天更丰富。"①

于式玉把这块地作为学生劳作的园场，"到了五六月间，满园的白菜、萝卜、葱，也青青可爱的长起来了"（蒋毓美，1942）。虽然在拉卜楞青菜确实是一种值得提倡的食物，可是如何打破藏民们成见的堡垒呢？经过思考后，于式玉"就开始有计划地进攻了"：第一步是由她亲自做一次青菜请学生们吃，学生们发觉青菜是可吃的，并且味道很好。以后于式玉每周请学生们吃一次青菜，同时教她们煮菜的方法。学生们回家宣传之后，藏民开始对青菜不和青草一样看待了，于是每周于式玉都把青菜分给学生带回去，让他们回家煮给家人吃，"好慢慢养成他们多吃菜的习惯"（于式玉，1943）。当时学生八十余人，每人分菜十二次，每次分萝卜二至五个，白菜六至八棵，"藏族传统的食谱中第一次有了新的内容"（李安宅，2005：205）。此外，在当地"浪帐房"② 期间，女子小学还给这些人送菜八次（蒋毓美，1942）。

当地的汉人想购买学校余下来的蔬菜，因为本地不产青菜，吃的都是脚夫们由二百里以外的临夏县运来的，当然不如本地菜园里长的新鲜。于式玉就利用这一机会教学生们经营种菜、卖菜、收钱、算账，使学生们学到了许多实用的知识。最后结账时，学校共收入230余元，每个学生分了8元。于式玉劝导学生们不要把钱拿回去，大家合起来办一个消费合作社——"拉女小商店"，贩卖笔墨纸砚文具。合作社除了满足学生自己的学习用品需要外，到年底还生了一倍的利（于式

---

① 于式玉给三妹绿华和四妹紫薇的信，手稿，1939年4月25日，夏河县文化馆藏。

② 藏俗每年旧历六七月间，各家皆携帐篷至山顶河滨等野外住七八日，尽兴游玩吃喝，以与大自然接触，大概为的是要温习一下游牧时代的滋味。当地机关工作人员也仿照藏民风俗，到野外消遣几天。

玉，1943；蒋毓美，1942）。

由于学校管理、教学有方，学生"对老师的尊敬胜过于其他一切"，对学校的爱护程度也越来越高。学校经济一直比较困难，起初除桌椅黑板之外什么都没有，地脏了也没办法，学生们就从家里拿来了扫帚、簸箕、木桶、瓦罐等。于式玉怕她们并未得到家长同意偷拿来的，所以对每件东西不但慎重地问她们，还要到学生家里访问，才得知学生家长对学校也是同样爱护（于式玉，1943）。次年学校继续建筑校舍时，如果将建筑所用的土坯承包他人，每千块土坯需要二十多元，老师们便率领学生动手自己制作，由于建筑物的每段墙内"都蓄有学生们自己的劳力，因此她们对校中的公共建筑都爱护异常"（蒋毓美，1942）。学生对学校的热爱还表现在年末放寒假时，学生自治会代表向学校要求不放假，继续学习，有的还在午后到校外去做"小先生"（蒋毓美，1942）。

拉卜楞女子小学是藏区的第一所女子学校，取得了一定成效，在政府和社会中也产生了较大的影响。当时许多赴拉卜楞的学者、记者都会在他们的游记或报道中提到于式玉的办学事迹。1941 年 7 月 2 日《中央日报》发表王科祥的《西陲重镇——拉卜楞》，就专门提到拉卜楞女子小学，称这所学校之所以办得成功，是因为有"专为边疆热心服务的新女性在领导"（张建中，2012）。1942 年于式玉离开拉卜楞，女子小学就被夏河县①政府接管了（李安宅，2005：205）。

（五）促进李安宅边疆社会工作理论的形成

有研究者认为"李安宅是民国时期国民政府对边疆政策的灵魂（mind）"②，可见其在边疆事业中的重要地位。李安宅对于边疆社会工作的总体规划可谓"'研究、服务、训练'三者合一的理论"（李安宅，1943；李安宅，1946：64），在这一理论的形成中，于式玉的实践活动起了重要的促进作用。

1939 年 1 月李安宅到达拉卜楞，计划独立做调查研究工作。由于

① 1928 年拉卜楞开始设夏河县，县治即在拉卜楞市所在地。
② 美籍智利人、牛津大学历史系博士候选人罗安国（Andres Rodriguez）的观点。见陈波，2010：12。

于式玉给黄太太当汉语教师，李安宅才能通过黄正清进行寺院制度和人口调查（王川，2018：42～43），这也使李安宅形成了将研究融于服务之中的观点。李安宅后来在《实地研究与边疆》一文中说："实地研究最好的方法，乃是利用服务的手段，这不但是因为'学以致用'的原则，更是因为旁观式审问式的研究不如同情其处境参加其行动，更来得亲切自然而易洞明其切要。"（李安宅，1942a）在《边疆社会工作》一书中，李安宅再次强调："一般从事边疆工作者，或因其为纯粹研究也，到处多是荆棘，而且研究的结果也多隔靴搔痒之谈，必是借着服务的媒介，才能参加体验，而有可靠的材料。"（李安宅，1946：64）

关于如何训练，1939年李安宅正式提出了"因时因地而制宜"的创化教育①概念："所谓创化教育，即因时制宜，因地制宜，对准了真问题来想办法的有生力的教育。"（李安宅，1940）由上文于式玉的办学经历可知：于式玉是通过一步步进入当地人的生活、服务当地人才成功办成小学并获得当地人认可的。拉卜楞藏族女子小学的筹办，可以说是李安宅的边疆创化教育和社会工作理论的成功实践。表现在果洛三部之中有两部的土官"将自己的女儿送来拉卜楞女校读书之外，并向中央请求了一笔款子，要在地方设立学校"（于式玉，1990b：115）。

综上，有研究者认为，于式玉在拉卜楞筹办女子小学校等活动，实证了"研究、服务、训练三者合一"的理论构想（凌兴珍，2020）。李安宅在《边疆社会工作》的"自序"中坦承："更要紧的，由于生活伴侣于式玉女士的牺牲精神，抛卸了子女，放弃了任何报酬，在当地学习了藏文藏语，创设了女子小学，便利了著者的心理交通以及接触范围。就这样，使著者得以深入，实证了研究、服务、训练三者合一的理论。"（李安宅，1946：《自序》）于式玉后来在《自传》中也表示："当时我的理想是通过服务进行研究，通过服务研究来培养，使服务、研究、训练合一体。"（于式玉，2011）可见两人关于边疆社会工作的见解是完全相同的。

---

① 关于李安宅的创化教育，因篇幅和论题所限，请参见苏杰，2014；凌兴珍，2020。

三 边疆考察研究中的社会工作情怀

于式玉早年从事编目学和文史研究，在李安宅的影响下开始了对边疆的研究和田野调查。可以说，"如果没有李安宅，于式玉不会走上边疆调查和藏学研究的道路"（汪洪亮，2010）。1941 年，李安宅受聘华西大学社会学系主任，并任华西边疆研究所副所长。1942 年 9 月，于式玉离开拉卜楞前往成都与李安宅会合，并被华西边疆研究所聘为研究员。

李安宅强调，边疆社会工作"要有长久的计划，必得先有深入的研究。必是认识清楚，才能产生可用的方案"（李安宅，1943）。对于如何对边疆进行研究，李安宅尤其重视实地研究，即通过田野调查获取一手材料。他认为："对于边疆，我们已经有的，与其说是认识，毋宁说是误解，说是偏见……哪能根据知己知彼的原则来出奇制胜呢？"（李安宅，1943）"巧妇难作无米炊，没有客观界的材料，势不能产生利用厚生的学术。"（李安宅，1942b）在李安宅的带领下，华西大学社会学系及边疆研究所的众多学者都投入了对康藏地区的实地田野考察（李绍明，2007）。据不完全统计，于式玉在 1940～1946 年共发表文章 26 篇，内容都是她在拉卜楞和川康地区的实地调查所得。

（一）重视研究的应用性

于式玉发表这些成果主要不是为了纯学术研究，而是为了让从事边疆社会工作的服务人员能深入了解当地客观情况，顺利开展工作。如于式玉赴川西黑水藏区考察时，主要目的"乃是看看此地住的什么人，说的什么话，他们的生活习惯怎样？以便在了解之后，作为今后设施的张本"（于式玉，1990e：218）。这与李安宅注重对边疆的应用人类学研究的思想是一致的。李安宅认为所谓边疆，根本上是因为文化与内地的差异，"故边疆的特点乃是实地研究者的乐园，尤其是人类学者（边疆社会工作）的正式对象"（李安宅，1946：8），而"应用人类学即是边疆社会工作学"（李安宅，1946：36）。

于式玉在考察中经常思考的是如何建设边疆，如何更好地为边疆服务。在拉卜楞时，于式玉经常慨叹："夏河县境内到处都是好地方，可惜人口太少，有好多地方无人前来开发，以致使许多地方不能尽其利。"（于式玉，1990b：107）考察途中经过一大片长满马莲的草滩时，于式玉不禁思索其经济价值："我总以为马莲的叶子除了一般人拿来捆东西以外，一定还可做其他东西的原料。马不吃它，因为是泄剂，不知可否提炼出药品。它的纤维既很坚韧，更不知可否造纸？这都要专家来说话。就我自己能力所及，恐怕至少也可编制几个东西来应用。"（于式玉，1990f：137）看到西北边民交易时只用硬通货，而不用法币，于式玉提出的治本之法是"提倡藏民的工业化"，以达到"贸易均等"。治标之法是在法币上加上藏文数额，因为藏民大都不识字，看不懂法币的额面数字，再加铸银质或铜属合金的一分、五分和一角之类的辅币流通藏民区域，以逐渐代替银圆（于式玉，1990f：155）。即使是对西北民歌的研究，于式玉仍表现了对现实的思考，而并非纯粹的文学研究。她认为，"文艺是社会的产品，……已可知道藏人的一切思想多未离开自然的影响，还没有征服自然的色彩。征服自然，当需要更高的文化。……所以用生产教育激发其创造性，再转变其宗教精神，使其从消极而趋于积极，当然是必要的社会政策"（于式玉，1990g：70）。这种"从边疆文艺入手提出边疆社会工作、必要的社会政策的思考，让我们看到了早期应用人类学的历史背影"（郭一丹，2017）。

（二）　了解边民真正需求

1. 游牧藏民的医药需求

于式玉多次提到过着游牧生活的藏民对医药的迫切需求。1940 年夏，于式玉参加到黄河曲迎接嘉木样活佛的活动，在草地上行走月余，目睹了藏民对医药的渴求。在迎接的队伍中有防疫处一队沿途给牲畜注射防疫针，所到之处总有生病的藏民前来恳求医治，每日都达七八十人。防疫人员虽再三申明他们是兽医不管治人，但藏民坚决不肯退去。经实地考察，于式玉断定"传说藏民有病不信医药，而只请僧人诵经的说法"是不确切的（于式玉，1990b：110；于式玉，1944）。为了有针对性地服务藏民的医药需求，于式玉多次分析游牧藏民的疾病来源和种类。①胃病，胃酸过多。因为藏民日常饮食以酸奶子、奶渣子为主，肉类除了生吃，煮食也常是半生不熟，而糌粑在草地上是很稀有的食品。②风湿瘫痪、腰酸关节痛。藏民住的都是黑牛毛帐篷，下雨时里外一样湿，睡觉没有床铺和被褥，老年人身底下或铺一张羊皮，普通人则白天穿一身皮袄，夜间就是被褥，大地就是他们的床铺。③眼病。患病人数达草原藏民的十分之六七，红眼普遍流行。④梅毒、花柳、淋病（于式玉，1990b：110～111；于式玉，1944；于式玉，1990h：12）。

草地上的藏民，经济条件好一点的会到城市去寻医问药，普通民众只要看到有内地人进草原就问是不是大夫。针对这一问题，于式玉认为"若有人肯拿钱出来，组织一个草地医疗队，那是绝对受欢迎的"（于式玉，1990b：110）。她进而提出，边疆社会工作应"先从医药服务入手"（于式玉，1944），取得一定效果后，其余工作便可顺利开展。李安宅也多次提到边疆社会工作的第一步应由医药服务始："其一，要由医药入手。……倘有设备充分的医疗队，巡回于各地边区，真是箪食壶浆、普遍欢迎的局面。如此，不但医药服务可达目的，即其他工作项目所有的困难，亦得因治病原有的信心与便利，迎刃而解。故医药服务，不管就其本身价值而论，还是就其媒介作用而论，都应列为第一位。"（李安宅，1941）

2. 定居藏民提高生产水平需求

于式玉长期在拉卜楞生活，对当地定居藏民的生产情况十分熟悉，认为其"生产方式与技能都保持着原始的状态"（于式玉，1990h：11）。以种青稞为例，"农历四月初下种，七月中即成熟，为期仅三个月。时间虽短，但地主们①除了体力的劳苦不计外，精神上的不安，也非外人所能想象！……他们耕种的用具只有木柄犁，用牛拉着翻土，以后将翻开的土块打碎、摊平，只是用一根棍子，安上一块横木的工具。其余施肥、下种，以及更以后的锄苗、收割，便无一不是用两手当工具了……至于精神上的不安，是因为地方高寒，气候变换太骤，六、七月间常是一阵狂风暴雨，有时还夹着冰雹，几个月的辛苦立刻被打得一粒不存"（于式玉，1990d：44～45）。对此，于式玉呼吁："他们既没有改善的本领，站在国家的立场，站在人道的立场，那些看清问题，而又有技能前进的人，到此来帮他们的忙，使他们觉悟起来，领

---

① 指农户，拉卜楞地方的土地均归嘉木样活佛所有。

着他们向新建设的路上走，不是应该的吗？"（于式玉，1990h：13）

对于草原藏民，于式玉主张解决其首要的医药问题之后，"其次应该提倡的是训练他们增加生产"。"从事社会工作的人们，所能帮忙他们的，也就大有余地，那就是手工业的提倡。"（于式玉，1944）。具体而言，于式玉提出社会工作人员可以引导藏民妇女组织起来在空闲时捻毛线，教她们将捻成的毛线织成毡子，并帮助外销。李安宅在谈到"边疆工作如何做法"时，也提出"第一应该先以医药入手，第二改良生产技术"（李安宅，1946：66）。

3. 其他福利服务需求

在游牧民区域，于式玉看到"儿童实在是最可怜的"，"一个孩子降生之后，即被他母亲裹在一张羊皮里，放在一堆牛粪上——因为这里比土地上要暖和些。做母亲的生出孩子之后，仍旧照常继续工作，并无一日的休息。在这种情况之下，先天饱足的婴儿，抵抗力强，胜过一切而长大起来。至于那些先天不足，身体虚弱的婴儿，则多半受了天然的淘汰"。因而游牧藏民的婴孩死亡率"极高"，"人口日渐减少"。面对此种情形，于式玉提出应指导藏民妇女如何抚养儿童，教育儿童（于式玉，1944）。

在灌县①县城，于式玉看到山里来的羌族人等买东西时，"处处受人歧视，买任何一样东西，都要多出不少钱"，便提出在灌县这种民族杂处之地为边民设立一所福利性服务机关。

　　　　在灌县这样的地方，设立一个边民招待所。以招待所为据点，可以推动一切教育工作，如电影、教育、文物展览之类；政府的一切施政方针，也都可在那里宣传。边民……回到本地后，再由他们亲口向同族的人传播，自可收效更宏。（于式玉，1990i：174）

在黑水考察时，历时两个月，于式玉详细考察了当地的交通、鸦片、牛瘟、治安、商业和教育等问题，均提出了相关建议（于式玉，1990e：239、242、243、251～254、256）。

①　今四川都江堰市。

（三） 平等对待边疆文化

如何对待边疆文化，于式玉首先肯定国土之内的人"都是中华民族的分子"，表达了维护国家统一的坚定立场。于式玉认为，中国国土面积范围极广，不同地域的民族根据地理历史的适应产生了"五花八门的文化型类"，但是仍然是"同中有异，异中有同"的关系。于式玉反对"文化的偏见"，认为偏见的产生乃是由于"自我为中心"的心理。她认为，中原文化与边疆文化之间"只有程度的不同，没有种类的不同"，而且"程度是相对的，不是绝对的"。她举例说：

> 以藏民区而论，你说他没有知识，他正说："你们连字母都不认识，哪里懂得经典？不懂得经典，更哪里说得上知识？"你说他没有技术，他正说："你们技术好，所以彼此相杀的数量越多！"你说他不会享受，他正要问："你们吃的（得）好，穿的（得）好，住的（得）好，为甚么到我们这里来？况且说，纵然你们都好，无常一到，更有甚么可以带了去？"你说他没有法律，他正要说："我们没有法律，可是彼此权界十分明了；你们竟为手掌大的一块地，左一件文契，右一个中保，还会诉讼多年而纠缠不清，是为什么缘故？"诸如此类，不胜枚举。（于式玉，1942a）

要使我国的各种文化之间关系趋于合理，于式玉认为不能采用同化政策，而是要输入"更有源头的机能"。面对不同的文化"型类"，于式玉认为"客观"才是社会工作者应该持有的态度。何谓客观？她认为"追求客观，是我们耳提面命的导师，是一切不自觉的毛病刷肝涤肺的良剂，认识客观，在客观界找办法，始能遇成功而增加我们的效率。遇失败而提醒我们的自反，就藏民区而论，认识客观的工夫，其重要部分之一，即所谓'番例番规是'"（于式玉，1942a）。

于式玉自己的做法也有示范的功能。为了有效地从事田野调查，密切同藏民的关系，于式玉学藏文，说藏语，吃糌粑，住藏房、帐篷，还给自己起了一个藏名叫央金拉姆（周群华，1991）。于式玉很快就掌握了藏语，在拉卜楞地区考察工作达四年之久，在当时于甘南藏区坚守与学术考察的学者中，除了藏学家黄明信的八年坚守之外，恐怕就数她的时间最长了（郭一丹，2017）。于式玉也曾自述她在拉卜楞时，"因与藏民朝夕相处，彼此之间有如家人；遇事相帮助，疾病相扶持；不分彼此，无话不谈"（于式玉，1942b），从而获得了大量关于拉卜楞及周边社会的一手资料。

于式玉对边疆文化的尊重还体现在对当地民众宗教信仰等的尊重。她说："藏民对于宗教有虔诚的信仰，是值得人佩服的。"（于式玉，1990h：11）在去兰州途中看到回民妇女在田间礼拜时，于式玉不禁"佩服她们信仰之虔诚，与礼拜之笃实，不觉油然起敬"（于式玉，1990c：129）。于式玉曾两次参与观察房东、邻居请边疆原始宗教的"拉娃"（端公）作法事的整个过程，端公作法时与她有互动，于式玉"不愿辜负他们的善意"，让端公在她手心、头顶上滴了净水。后来每次端公遇到于式玉，"都特别表示和气"（于式玉，1990j：129）。

总之，于式玉在考察中对边民的文化没有过多主观评价，只是忠实客观地观察、描述，揭示藏文化主体——藏民的"主位"视角（郭一丹，2017）。

（四）甘于吃苦与忍耐

在拉卜楞时，于式玉夫妇的条件非常艰苦。梅贻宝曾描写说："于女士李先生去冬先后到拉卜楞工作，……他们在吴振纲[①]家里租下一间小屋，约一丈见方，一座炕倒占去了大半，起居工作均于是，其间促可想而知。饮食亦即以奶茶、糌粑为主体。……李于两先生恳勤苦干的精神，让我深觉钦佩了。"（梅贻宝，1939）于式玉到兰州给拉卜楞女子小学募捐时，从兰州到临夏必经的二十多里的大沙沟连着出了几次抢劫案，于式玉只好多走一天从另一条路绕过去，路途中经常"疲劳寒冷相煎"（于式玉，1990c：125、127）。

"实地研究，本来是苦事。"（李安宅，1938）由于道路不通、气候恶劣、边民强悍、商旅服务缺乏，于式玉的田野考察也总是充满艰辛，甚至是危险。一次骑马下山时，马受惊后腿滑下山，于式玉连人

---

① 藏族，名戈瑞，中共地下党员，李安宅的学生和朋友，新中国成立后任夏河县团委书记，民兵司令部政委，1949 年 12 月被敌人暗杀牺牲。

带马跌落山下。当时人们都以为于式玉摔死了，出人意料的是在半山找到她时，竟只是左膝受伤晕厥（于式玉，1990f：135）。有时在卫生条件差的旅店住宿，不仅臭气难耐，而且臭虫肆虐，于式玉"尽管一夜捉了二百多个，结果身上还是被咬起了无数的红疮，过了十几天浑身抓破的伤痕依然存在"（于式玉，1990f：150）。在西北旅行，人和马是同住一屋的，有时于式玉夫妇俩竟与"八九个人，八九匹马，住在一个屋子里，'花拉、花拉'的马尿声，便是整夜的音乐了"（于式玉，1990f：154）。

最艰苦的一次田野考察可能数黑水藏区之行了。1943 年底寒假期间的近两个月里，于式玉与同事蒋旨昂①受华西边疆研究所委派赴川西理番县②黑水藏区实地考察，刚到灌县时，蒋旨昂就生病发烧，"两天未吃东西"，于式玉的咳嗽此时也越加厉害（于式玉，1990i：183）。入黑水地界不久，所雇的背夫一个将行李、米面卷逃而走，另一个紧接着也弃物而逃；干粮也曾被人抢夺（于式玉，1990i：186、188、190）。除此之外，山路崎岖，风餐露宿，艰苦异常。下文摘录考察中的几个片段。

> 山愈上愈高，路上多是三角形的石块。……加上背上的负担，在不可能快走的情形之下，又需要紧随在引路的人的后边。在各种困难情形的压迫下，终于使蒋先生靠着石崖闭上了疲劳的眼睛，垂下头无言地休息着，汗从头上往下流。我则坐到地下，眼泪同汗一齐流出来了！……这时一个女孩子捧了一把雪送与我。我分一半与蒋先生。两人把雪吃完，觉得精神稍微振奋起来。又继续前进。自己也找一些盖满尘土的雪，就干饼而食，比在家中按维生素多少而配的饮食，香甜不知多少倍。（于式玉，1990i：191～192）

> 这时回顾茫茫，雪花怒飞，两人站在雪天中观望，见有两条路，一路是过桥。我们不知哪条是去马塘的正路。问到别人，也

---

① 蒋旨昂（1911～1970），河北省丰润县（现丰润区）人，1930 年入燕京大学攻读社会学，1937 年于美国西北大学获得硕士学位，1941 年任华西协合大学社会学系副教授，代表作有《社会工作导论》，由李安宅为之作序。

② 即现在的四川理县。

言各不同，不知如何是好。蒋先生提议，先填饱肚子再说，他乃到河中取来一杯水，我取出糌粑用冷水调食。……朝香的人三三五五从面前经过，看见我们坐在雪地里用冻僵的手抓糌粑吃，甚以为异……（于式玉，1990i：211）

有时他们在黑水的百姓家住宿，"围着火塘的地上铺满玉米的包皮，在上边展开铺盖的时候，手所按处，几次沾起许多狗屎（也许是孩子屎）"（于式玉，1990i：194）。有时他们露宿河岸边，清晨"被上结了一层冰，衣服也成了铁甲，拿起披到身上，一股冷气，凉澈心田"（于式玉，1990i：207）。

这的确是一次冒险之旅。旅行前，当时外界对于黑水的实情都不了解，"黑水的实在情形既不知什么样，大家又说得神奇鬼怪"（于式玉，1990i：182）。各种传闻满天飞（于式玉，1990e：216～217），一般人们都不敢贸然前行。旅行中，成都教育厅、民政厅，省训团曾多次电报理番县政府打听两人的下落，由于通信不便，都怀疑他们"或已做了探险者的牺牲了"（于式玉，1990i：215）。

于式玉不仅自己甘于吃苦奉献，也号召边疆同人要肯于吃苦，"在这种区域里从事工作，……关键乃在是否有人肯于吃苦就是了"（于式玉，1944）。同时，于式玉提出要全面理解"到边疆吃苦"的含义，"不但有物质条件的不适，还有精神条件的闷损，甚至于受气"（于式玉，1942a）。所谓精神方面的"闷损"和"受气"，多指边疆的冷清与孤独，以及边民对汉人的排斥，甚至敌意。因此，"这种内无奥援外多孤立的钉子，只有片面的吃苦是胜不过；必在吃苦的预算以内，打上了精神上的损失，才有忍耐到底的希望"（于式玉，1942a）。接着，于式玉又谈到"吃苦"与边疆社会工作的另一层关系，即"吃苦本是一种手段，事业成功才算目的"。有的同人在边疆事业"上了轨道"后，没有苦再吃，竟然连工作也觉得"兴味索然"，"此时便不乐于继续了"。对此，于式玉更为强调忍耐，即对平淡的忍耐和对平凡事业的坚持。她总结说："殊不知创作难，守成而有创作性更难。盖创作尚有一部分可凭心血来潮去干，守成而有创作性，则非稳扎稳打，有持久的任劳任怨的素养不为功也。"（于式玉，1942a）

四 结语

于式玉早年从事编目学和文史研究，在李安宅的影响下开始关注社会工作和边疆，进行了边疆社会工作实践和人类学的田野调查。于式玉回忆说，早在抗战前，"闲常谈及边地荒凉，人民生活低落，而知识分子不肯去帮助他们。我有机会一定要到那类地方去工作。但常被人笑话，那是'想去当土皇帝'！九一八以后，内地始唱出了'知识分子下乡'的口号，北京不断有人组织到内蒙（古）等地去的参观团"（于式玉，2011）。1937 年，于式玉跟随李安宅、段绳武赴内蒙古等地参观考察，这一方面体现了她的家国情怀，另一方面也表明她向边疆社会工作和人类学的转向。

到了拉卜楞之后，于式玉觉得那里的藏民国家观念淡薄，习俗宗教特殊，乃请李安宅前去。李安宅到拉卜楞后，与于式玉分工互助，"希望在沟通汉藏文化，及为藏族人民服务上，给抗战建国贡献力量"（李安宅，1955）。于式玉四年的办学实践，不仅证明了在边疆开展社会工作的可行性，也辅助李安宅形成了边疆社会工作的理论——"通过服务进行研究，通过服务研究来培养，使服务、研究、训练合一体"。

在拉卜楞期间和进入华西边疆研究所之后，于式玉进行了大量人类学的田野调查，以期得到一手的边疆材料，更好地为边疆社会工作事业服务。她重视人类学研究的应用性，认同李安宅的"应用人类学就是边疆社会工作"的观点。在研究中，她了解到边民对现代医药的迫切需求，认为这是边疆社会工作的首要切入点，因为"社会工作是放射性的，只要捉住一个中心作得成功之后，即可以此为据点，向外推展其它有关的工作"（于式玉，1944）。她主张平等地对待边疆民族的文化，反对民族同化政策，而是强调各美其美，互惠共荣。她不仅自己在边疆工作时能吃苦忍耐，在考察中历尽艰辛而不退缩，而且呼吁边疆的同道能全面认识"到边疆吃苦"的含义。此外，当边疆服务工作走向正轨后，没有苦头再吃时，还要忍受平凡和寂寞。于式玉不仅是这样说的，也是这样做的。新中国成立后，1950 年于式玉夫妇又抛家别子，随军踏上了入藏的征程，开创解放西藏、发展西藏教育等事业（魏克，1996；王先梅，2001）。

参考文献

陈波，2010，《李安宅与华西学派人类学·前言》，巴蜀书社。

郭一丹（2017）："边疆的社会事实考察——论于式玉对中国早期文化人类学的贡献"，《文史杂志》第 5 期，第 32～39 页。

黄明信口述（2006），黄维忠、央宗整理："我的藏学人生"，《中国藏学》第 S2 期，第 4～39 页。

蒋毓美（1942）："拉卜楞女子小学的产生和成长"，《国民教育指导月刊》第 1 卷第 6 期，第 41～42 页。

李安宅（1940）："论西北藏民区应用创化教育"，《甘肃科学教育馆学报》第 2 期，第 7～18 页。

李安宅（1941）："社会行政与边疆社会工作"，孙本文等：《社会行政概论》，中国文化服务社，第 119 页。

李安宅（1942a）："实地研究与边疆"，《边疆通讯》第 1 卷第 1 期，第 2～4 页。

李安宅（1942b）："边民社区实地研究纲要"，《华文月刊》第 1 卷第 1 期，第 35～38 页。

李安宅（1943）："研究服务训练要连合起来"，《边疆服务》第 1 卷第 4 期，第 8～9 页。

李安宅（1946）：《边疆社会工作》，中华书局。

李安宅（1955）："报告"，1955 年 2 月 20 日于呼和浩特。转引自汪洪亮 "李安宅的学术成长与政治纠结——两个版本自传比较阅读札记"，《民族学刊》2016 年第 1 期，第 8～19 页。

李安宅（2005）：《藏族宗教史之实地研究》，上海人民出版社。

李安宅编著（1938）：《社会学论集：一种人生观》，燕京大学出版社，第 407 页。

李绍明，1991，《〈于式玉藏区考察文集〉评介》，《中国藏学》第 4 期。

李绍明（2007）："略论中国人类学的华西学派"，《广西民族研究》第 3 期，第 43～52 页。

凌兴珍（2020）："'人本·创化·适应'：李安宅教育思想及其在边疆教育中的应用——一个社会学/人类学家对中国汉藏教育文化问题的探寻与应对"，《四川师范大学学报》（社会科学版）第 3 期，第 119～141 页。

马无忌（1947）：《甘肃夏河县藏民调查记》，贵阳：文通书局。

梅贻宝（1939）："拉卜楞之行（续）"，《西北论衡》，第 7 卷第 21 期，第 21～23 页。

司俊（1984）："解放前甘南教育事业的发展概况"，《甘南文史资料选辑》（第 3 辑），第 78 页。

苏杰，2014，《试论李安宅的教育思想》，《民族教育研究》第 5 期。

汤芸，2007，《评〈李安宅、于式玉藏学文论选〉》，《中国人类学评论》（第 3 辑），世界图书出版公司。

田利军，2015，《李安宅、于式玉对民国川西北及德格土司头人的调查与特点》，《中国藏学》第 2 期。

汪洪亮（2010）："建设科学理论和寻求'活的人生'——李安宅的人生轨迹与学术历程"，《民族学刊》，第 1 期，第 154～160 页。

汪洪亮，2011，《藏学界的"天涯同命鸟"——于式玉与李安宅的人生与学术》，《民族学刊》第 2 期。

汪洪亮，2020，《于式玉的藏学研究与中华民族整体性追求》，《中国藏学》第 3 期。

王川（2018）：《〈李安宅自传〉的整理与研究》，中国藏学出版社。

王先梅（2001）："五十书行出边关，何惧征鞍路三千——忆李安宅、于式玉教授"，《中国藏学》第 4 期，第 125～137 页。

魏克（1996）："汉族教授夫妇赴藏办学记"，载《少城文史资料》（第九辑），成都市红旗印刷厂印刷，第 79～92 页。

于式玉（1942a）："边疆工作经验谈"，《学思》第 2 卷第 1 期，第 352～354 页。

于式玉（1942b）："一个藏民妇女的故事"，《妇女新运》第 4 卷第 8 期，第 49～50 页。

于式玉（1943）："拉不楞办学记"，《边疆服务》第 1 卷第 4 期，第 9～12 页。

于式玉（1944）："边疆妇女的福利工作"，《社会行政季刊》第 1 卷第 1 期，第 45～48 页。

于式玉（1990a）："藏民妇女"，《于式玉藏区考察文集》，中国藏学出版社。

于式玉（1990b）："到黄河曲迎接嘉木样活佛日记"，《于式玉藏区考察文集》，中国藏学出版社。

于式玉（1990c）："兰临途中见闻记"，《于式玉藏区考察文集》，中国藏学出版社。

于式玉（1990d）："藏民防雹"，《于式玉藏区考察文集》，中国藏学出版社。

于式玉（1990e）："黑水民风"，《于式玉藏区考察文集》，中国藏学出版社。

于式玉（1990f）："黑错、临潭、卓尼一带旅行日记"，《于式玉藏区考察文集》，中国藏学出版社。

于式玉（1990g）："拉卜楞藏区民间文学举例——民歌"，《于式玉藏区考察文集》，中国藏学出版社。

于式玉（1990h）："拉卜楞寺祈祷大会的布施"，《于式玉藏区考察文集》，中国藏学出版社。

于式玉（1990i）："记黑水旅行"，《于式玉藏区考察文集》，中国藏学出版社。

于式玉（1990j）：" '拉娃'，西藏人的巫师"，《于式玉藏区考察文集》，中国藏学出版社。

于式玉（2011）："自传"。转引自汪洪亮："藏学界的'天涯同命鸟'——于式玉与李安宅的人生与学术"，《民族学刊》第 2 期，第 32～41 页。

俞湘文（1941）："拉卜楞城区机关调查报告（附表）"，《新西北》，第 5 卷第 1～2 期，第 39 页。

张建中（2012）："早期民族学界参与边疆教育述略"，《元史及民族与边疆研究集刊》（第二十四辑）第 1 期，第 145～161 页。

张庆有，1989，《记中国藏学先辈—李安宅、于式玉教授在拉卜楞的岁月》，《西藏研究》第 1 期。

周群华，1991，《著名藏学家于式玉教授》，《文史杂志》第 4 期。

周群华（1991）："著名藏学家于式玉教授"，《文史杂志》第 4 期，第 29～30 页。

宗喀·漾正冈布、蔡文君，2020，《拉卜楞的央金拉姆：于式玉对拉卜楞及其周边游牧地区的考察研究（1938－1942）》，《中国藏学》，第 3 期。

《中国社会工作研究》 征稿启事

为推动社会工作专业在中国的发展，加强各院校、机构及相关方面专业人士之间的联系，中国社会工作教育协会决定与出版机构合作出版《中国社会工作研究》。本集刊为小16开本，每本25万字左右，计划每年出版两本。特此向全国专业界人士征集稿件，同时也欢迎中国香港、台湾，以及海外专业界人士来稿。

一　出版宗旨

①推动社会工作专业在中国的发展。协会希望借出版集刊的机会，总结中国社会工作专业发展的经验，介绍西方社会工作研究成果，以推动中国社会工作专业发展。

②推动学术自由，促进社会工作研究的规范化。本集刊提倡用严谨的社会工作研究方法开展社会工作理论与实务研究，提倡广大作者充分发表不同的学术观点，共同探索中国社会工作专业的发展道路，以满足中国社会发展对社会工作专业的需求。本集刊要求来稿遵循国际公认的学术规范，共同推动中国社会工作研究的规范化。

③推动专业理论与实务工作的结合。本集刊希望通过发表实务研究报告和论文，推动理论与社会工作实务的结合。

④推动社会工作专业知识在中国的创新。社会工作是一个新学科、新专业，它的发展与成熟需要不断有新探索、新发现，不断创造新的知识，完善知识和学科体系。中国社会工作在这方面既有迫切的需要，也有创造的空间。因此，这也就必然成为本集刊的任务。

⑤推动对本土知识的总结和积累。在我国传统文化和现实社会中，

存在大量可以用来建构社会工作知识的元素，对其进行总结，推动本土社会工作知识的积累是专业人士不可推卸的责任，也是中国社会工作参与国际社会工作发展进程的必然要求。

二 来稿要求

①稿件范围：本集刊欢迎一切社会工作、社会福利、社会政策以及相关社会理论方面的学术论文、研究报告、学术评论、书评和学术动态综述。一般来稿以 10000 字为限（包括注释和参考文献），特殊稿件可增至 15000 字，书评和学术动态综述以 3000～4000 字为限。

②来稿必须遵循国际公认的学术规范，引文注释必须清楚准确，论述言之有据，论证逻辑全文一致，使用研究方法和分析工具清楚、准确。来稿应特别注意社会工作专业术语的规范性。在专业术语的使用上，一般专业术语可参考《社会工作概论》（王思斌主编，高等教育出版社，1999 年第 1 版），国际通用术语可参照美国社会工作者协会（NASW）出版的《社会工作词典》或《社会工作百科全书》（均为英文）。特殊术语应给出明确界定，或注明出处，如属翻译术语请用圆括号附原文。文章格式可参考《社会学研究》（中国社会科学院社会学研究所）或《中国社会科学季刊》（香港）。

③来稿中出现外国人名时，一律按商务印书馆出版的《英文姓名译名手册》翻译，并在第一次出现时用圆括号附原文，以后出现时不再附原文。

④海外来稿主题应是与中国问题相关或是对中国社会工作及中国社会发展有借鉴价值的理论与实务研究，同时也欢迎具有普遍价值的理论与实务研究论文。

⑤来稿请同时寄上打印稿一式三份和软盘一份。软盘请以 HTML 文件格式存储。来稿一律不退，请自留底稿。来稿请在封面上打印如下内容：文章标题、作者及简介（包括学位、职称、工作单位）、联络办法（包括寄信地址、E-mail、电话、传真）。内文请勿署名。

⑥本书编辑对稿件有修改和删改权，如不同意请注明。

⑦来稿请自备副本，概不退稿。采用与否，编辑部均于 3 个月内通知作者，作者可自行处理稿件。

⑧来稿文责由作者自负，来稿必须未经正式出版，本集刊严禁一稿多投。

⑨被本集刊选中出版的稿件，著作权属于作者本人，版权属于中国社会工作教育协会。

⑩来稿要求以中文写作，来稿请附 200 字的中英文摘要。

投稿本集刊的文章，即视为作者同意上述约定。

来稿请寄：中国社会工作教育协会《中国社会工作研究》编辑部。

地址：北京大学社会学系中国社会工作教育协会秘书处（法学楼5246 室）。

邮编：100871；请在信封上注明"来稿"字样。

欢迎通过电子邮件投稿和联络，邮址为：caswecswr@126.com。

三　审稿制度

为保证集刊的质量，本集刊对来稿采用匿名审稿制度。

①所有来稿首先经编辑委员会进行初审，主要审查稿件的一般规范、稿件是否与出版宗旨相符。

②通过初审的稿件即送交不少于两名学术评审委员会委员或相关学科的专家进行匿名评审。

③稿件是否采用，基本以评审委员的评审意见为准，当两位评审委员意见不一致时，由主编最终决定是否采用。

四　来稿文献征引规范

投稿本集刊的作者，请遵循以下文献引征规范。

①为保护著作权、版权，投稿本集刊的文章如有征引他人著作，必须注明出处。应包括：作者/编者/译者、出版年份、书名/论文题目、出版地、出版者，如是对原文直接引用则必须注明页码。

②参考文献应在文章末尾列出征引出处，在文内则简要列出作者/编者姓名和年份，例如：

（正文）对于处于初步专业化的社会工作来说，应采取这种专门化的发展模式，而在专业化程度比较高的阶段，就应采取整合的社会工作模式（李增禄，1996）。

（文末）李增禄（1996）：《社会工作概论》，台北：巨流图书公司。

例如：征引书籍

对作者的观点做综述性引用：

（文内）（Richmond，1907）

（文末）Richmond，M.（1907）. *The Good Neighbor in the Modern City*. Philadelphia：J. B. Lippincott.

（文内）（李增禄，1996）

（文末）李增禄（1996）：《社会工作概论》，台北：巨流图书公司。

引用原文应注明页码，如：

（文内）（李增禄，1996）

（文末）李增禄（1996）：《社会工作概论》，台北：巨流图书公司，第25页。

说明：英文参考文献中，书名请用斜体字；中文参考文献中，书名请用书名号。

例如：征引文集中的单篇文章

（文内）（Hill，1987）

（文末）Hill，J.（1987）. Evaluating Effectiveness. In J. Harding（ed.），*Probation and the Community：A Practice and Policy Reader*（pp. 226 – 238）. London：Tavistock.

（文内）（阮曾媛琪，1999）

（文末）阮曾媛琪（1999）："迈向21世纪香港社会工作的趋势、挑战与使命"，载何洁云、阮曾媛琪主编《迈向新世纪社会工作理论与实践新趋势》，香港：八方文化企业公司，第441~472页。

说明：英文参考文献中，书名请用斜体字，并标明页码；中文参考文献中，文章题目请用引号，书名请用书名号，并标明页码。

例如：征引期刊中的单篇文章

（文内）（Reamer，1998）

（文末）Reamer，F. G.（1998）. The Evaluation of Social Work Ethic. *Social Work*，Vol. 43，No. 3，pp. 488 – 500.

（文内）（王思斌，1995）

（文末）王思斌（1995）："中国社会工作的经验与发展"，《中国社会科学》，第 2 期，第 97~106 页。

说明：英文参考文献中，刊名请用斜体字；中文参考文献中，文章题目请用引号，刊名请用书名号，并标明页码。

③转引文献，应注明原作者和所转引的文献，如：

（文内）在成立大会上，会长崔乃夫对社会工作做了如下界定："社会工作是……"（崔乃夫，1991）。

（文末）崔乃夫（1991）：《1991 年 7 月 5 日在中国社会工作者协会成立大会上的讲话》，转引自《中国社会工作百科全书》，1994 年第 1 版，第 2 页，北京：中国社会出版社。

④在文献的使用中，请避免使用"据统计……""据研究……"字样。使用文献、数据必须注明准确的出处。

⑤参考文献的排序采取中文、英文分别排列，中文在前，英文在后；中文按作者姓氏的汉语拼音、英文按作者姓氏分别以字典序列排列。

⑥作者对文内需要进一步说明的，采用脚注，序号一律采用"①、②、③……"。

⑦行文中，外国人名第一次出现时，请用圆括号附原文，文章中再次出现时则不再附原文。在英文参考文献中，外国人名一律姓氏在前，名字以缩写随后，以逗号分隔。

如：Mary Richmond 应写为：Richmond，M.

中国人的外文作品，除按外文规范注明外，在文末应在其所属外文姓名之后以圆括号附准确的中文姓名，如无法确认中文姓名则不在此列。

⑧外国人名、地名的翻译以商务印书馆 1983 年出版的《英语姓名译名书册》和《外国地名译名书册》为标准。

中国社会工作教育协会

《中国社会工作研究》编辑委员会

China Social Work Research
Vol. 20 , 2021

Table of Contents and Abstracts

Abstract: The crisis of professional confidence and legitimacy in social work is mainly rooted in the absence of independent theory and the ambiguity of multiple epistemology. How to construct a unified and unique knowledge framework is practical reflection and theoretical consciousness of social work after one hundred years of development. This paper focuses on the scientific paradigms of Chinese and western social work about rational and romantic artistic paradigm debate and division from the epistemology, methodology, and its deficiency in practice orientation. By combing and summary, the authors attempt to construct an integrated paradigm of social work, and reiterate that the social work of multiple attributes would bridge the paradigm for social work development division, in response to theoretical guidance and practical needs, and finally open new imagination space for China's social work theory construction.

Keywords: Social Work; Scientific Paradigm; Artistic Paradigm; Integrated Paradigm

Abstract: Practical wisdom, which is based on and transcends the category of pure social work theoretical knowledge, has become an important entry point for cracking the tension between theory and practice and reconstructing the style of social work knowledge. Although the current social work academic circles are aware of the importance of practical wisdom, there are fragmented and "personalized" pragmatism myths. This article

Abstract: As a new social service framework for responding to crises, the family resilience theory provides a diverse and positive framework that shifts the service perspective from defect-based to capability-based, and its connotation is deeply influenced by cultural factors. Based on the applications of the concept, there have been many explorations in China in this field. However, studies are insufficient on the in-depth expansion of the attributes and connotations of the concept around the cultural sittings, which yields a new trend of research and practice on family resilience. The practice wisdom of families with disabilities provides new empirical data for the debate on the attributes of family resilience. This study is based on local investigations and practices, and the theory of family resilience is applied in the context of Chinese culture for a certain degree of extension. In this paper, the author analyzes the issue from three perspectives: the reinterpretation of the "family" of family resilience, the local "force" culture of family resilience, and the native "process" of family resilience, the local cultural dialogue of family resilience is carried out to enhance the interpretability and feasibility of the concept. This study shows that, unlike the radical thinking of Western family resilience, family resilience presents a moderate form in the local area.

Keywords: The Disabled; Family Resilience; Culture; Localization; Moderate Form

Abstract: Since the professionalization of social work, social workers in social work services organizations (SWSO) in China's mainland are facing multiple challenges, social support networks play essential roles in coping strategies of the aforementioned challenges, but how to construct social support networks for social workers in SWSO needs further exploration. This study, based on Ecosystems theory, takes a SWSO named WX in Xiamen City of Fujian Province as a case of four-year action research, and analyzes the action process and strategies of the construction of social support network for social workers. The findings show that, the construction of social support network for social workers in SWSO in China can be carried out from four dimensions: (1) the promotion of personal professional competences and core capacities of social workers; (2) the optimization of project management and interactions between social workers and related stakeholders; (3) the improvement of participatory organizational management and support; (4) the promotion of policy and external cooperation and support. In particular, the role of social support networks at the macro-system level is critical to the construction of social support networks for social workers, although it is double-edged. Compared with the uncertainty caused by the external factors, actions applied within WX organization are more controllable and fundamental to the construction process of social support networks.

Keywords: Social Worker; Social Support Network; Action Research

The Mismatch between High Expectations and Low Responses: The Determinants and Mechanisms of Senior Social Workers' Occupational Turnover

Wang Yean   Zheng Guanghuai   Liu Haijuan / 206

Abstract: In response to the prominent problem of the high occupational turnover among experienced social workers in China, this study develops an exit model based on expectancy theory to explore how intrinsic motivation affects senior social workers' willingness to leave the profession and their occupational turnover paths. This study adopts a mixed methods approach. First, we conduct a quantitative study to analyze the effect of professional competence on senior social workers' willingness to leave the profession, using professional competence as the independent variable and cynicism as the mediating variable, and professional identity as the moderating variable of the model. Then, we followed up with a qualitative study to explore the key factors and mechanisms that affect social workers' willingness to leave the profession. The study found that senior social workers faced the mismatch between high expectations and low responses. Senior social workers with higher professional identity were more willing to leave the profession when their competence increased compared to senior social workers with lower professional identity. This strong willingness to leave the profession stems from the multiple mismatches between their expectations and the professional environment. Senior social workers with high professional identity focus more on professional impact and achievement and tend to set more challenging goals. Comparing to the social workers with lower professional identity, they experience more disillusionment with their worthwhile goals. This paper suggests that social work should create a professional environment to alleviate cynicism, focus on value cultivation to improve professional resilience, and strengthen professional support to reinforce professional identity.

Key Words: Occupational Turnover Intention; Senior Social Workers; Professional Competence; Professional Identity; Cynicism

Modern Anthropologist YuShiyu's Practice and Research on Frontier Social Work   *Wang Chunxia   WuJing* / 232

Abstract: Influenced by her husband Li anzhai, Yu Shiyu, a modern anthropologist in China, also actively engaged in the practice and research of social work in the border areas. She successfully founded women's primary school in Labrang in Northwest China, conducted field investigations in Labrang and Sichuan Tibetan area for many times, and published a large number of research articles. Yu Shiyu's practical activities have a direct impact on Li anzhai's frontier social work theory. In the field investigation, she attaches great importance to the application of research. Yu Shiyu pointed out that the medical demand of Tibetans is the primary intervention point of frontier social work; we should not adopt the assimilation policy for the frontier culture, but should respect equally and achieve mutual benefit and prosperity; the quality of suffering and patience is essential for the frontier social work, and people should have a comprehensive understanding of this quality.

Keywords: Yu Shiyu; Frontier Social Work; Li AnZhai; Labrang Women's Primary School; Applied Anthropology

图书在版编目（CIP）数据

中国社会工作研究. 第二十辑／王思斌主编. -- 北京：社会科学文献出版社，2021.12
ISBN 978 - 7 - 5201 - 9435 - 8

Ⅰ. ①中… Ⅱ. ①王… Ⅲ. ①社会工作 – 研究 – 中国 Ⅳ. ①D632

中国版本图书馆 CIP 数据核字（2021）第 249367 号

中国社会工作研究 第二十辑

编　　者／中国社会工作教育协会
主　　编／王思斌

出 版 人／王利民
责任编辑／胡庆英
责任印制／王京美

出　　版／社会科学文献出版社·群学出版分社（010）59366453
　　　　　地址：北京市北三环中路甲 29 号院华龙大厦　邮编：100029
　　　　　网址：www. ssap. com. cn
发　　行／社会科学文献出版社（010）59367028
印　　装／三河市尚艺印装有限公司

规　　格／开　本：787mm × 1092mm　1/16
　　　　　印　张：16.75　字　数：264 千字
版　　次／2021 年 12 月第 1 版　2021 年 12 月第 1 次印刷
书　　号／ISBN 978 - 7 - 5201 - 9435 - 8
定　　价／89.00 元

读者服务电话：4008918866